Diogenes Taschenbuch 20497

Gespenster

Die besten
Gespenstergeschichten
aus England
Herausgegeben von
Mary Hottinger

Diogenes

Die vorliegende Sammlung erschien
erstmals 1956 unter dem Titel
›Die besten englischen Gespenstergeschichten‹
als Diogenes Sonderband
›Der Apfelbaum‹ wurde von Werner Peterich übersetzt
Alle anderen Erzählungen übersetzte Peter Naujack
Nachweis der einzelnen Geschichten
am Schluß des Bandes
Umschlagillustration:
James Ensor, ›Die Intrige‹, 1890 (?)
(Ausschnitt)
Copyright © 1999 ProLitteris, Zürich
Foto: Photographie Giraudon, Paris

Veröffentlicht als Diogenes Taschenbuch, 1982
Alle Rechte an dieser Auswahl vorbehalten
Copyright © 1956
Diogenes Verlag AG Zürich
40/00/8/6
ISBN 3 257 20497 3

Inhalt

Vorwort

E s mag vielleicht notwendig sein, das Gebiet der vorliegenden Sammlung von Erzählungen fester zu umreißen.

Zuallererst muß gesagt werden, daß es sich um eine Sammlung von Gespenster-*Geschichten* handelt; alle sind reine Produkte der Erfindung und wollen, mit Ausnahme vielleicht der ersten dieses Buches, nicht den Anschein wirklicher Begebenheiten erwecken oder Material für eine parapsychologische Gesellschaft abgeben.

Zweitens ist es eine Sammlung echter *Gespenster*-Geschichten; mit wenigen Ausnahmen kommt in jeder Geschichte eine tatsächliche Erscheinung vor. Dies unterscheidet sie von der Gattung, mit der sie so oft verbunden wird – der Erzählung des Grauens. Zwischen diesen beiden besteht ein großer Unterschied, und es wäre ein Fehler, sie miteinander zu verwechseln. Die Erzählung des Grauens legt es darauf an, im Leser ein Gefühl zu wecken, das man vielleicht als ›Lehnsesselfurcht‹ bezeichnen könnte; denn Furcht, vorausgesetzt daß man sie in einer uneinnehmbar sicheren Stellung empfindet, kann eines der angenehmsten Gefühle sein. Die Gespenstergeschichte dagegen muß nicht notwendigerweise darauf abzielen, Furcht zu erregen. Es gibt zwar auch Gespenster – wie bei M. R. James –, die außerordentlich furchteinflößend sind; aber der eigentliche Gegenstand der modernen Gespenstergeschichte ist der

Einbruch jener völlig fremdartigen, anderen Welt in die Nüchternheit unseres Alltagslebens; genau genommen ist ihr Herrschaftsbereich jenes Grenzgebiet, in dem diese beiden Welten ineinander übergehen. Ihr Ziel ist nicht so sehr, den Leser in Schrecken zu versetzen, als ihn staunen und wundern zu lassen, ihn zum besten zu halten und ratlos zu machen.

Dieser Unterschied läßt sich am besten durch zwei Beispiele verdeutlichen, die allerdings keinen Anspruch auf besondere Originalität erheben.

Eine Gesellschaft von jungen Leuten war in einem Hause zusammengekommen, in dem sich ein Spukzimmer befinden sollte. In der Ausgelassenheit des Augenblicks wettete eines der jungen Mädchen darum, daß sie die Nacht darin verbringen würde. Die anderen glaubten zwar nicht an ein Gespenst, waren aber entschlossen, sie auf die Probe zu stellen. Sie kamen auf die Idee, eine mumifizierte Hand, die der Gastgeber sich auf irgendeine Weise beschafft hatte, mit Leuchtfarbe anzustreichen und auf das Kopfkissen des Bettes in jenem Zimmer zu legen. Sie erwarteten, daß das Mädchen mit einem Aufschrei aus dem Zimmer stürzen und die ganze Angelegenheit sich in Gelächter auflösen würde. Die Nacht kam, sie führten sie zu dem Zimmer und ließen sie ein. Aber die erwarteten Schreie blieben aus. Lange Zeit blieb alles ruhig, doch dann vernahmen die Wartenden Laute, die ihnen das Blut in den Adern gefrieren ließen. Sie rissen die Tür auf und sahen das Mädchen völlig von Sinnen auf dem Bett sitzen, wie es gerade die Hand verzehrte. Das ist eine Erzählung des Grauens.

Ein Mann saß eines Tages im Zuge und las ein Buch;

plötzlich warf er es ungeduldig beiseite. »Blödes Zeug, diese Gespenstergeschichten«, sagte er zu seinem Gegenüber. »Außerdem glaube ich sowieso nicht an Gespenster.« »Wirklich nicht?« fragte der Angeredete und löste sich in Nichts auf. Das ist eine Gespenstergeschichte.

Und ferner kommen alle diese Geschichten aus England. Wenn die Gespenstergeschichte auch so alt und weitverbreitet ist wie die Menschheit selbst, so scheint sie doch in ihrer modernen Form ihren ständigen Wohnsitz bei den englischsprechenden Völkern genommen zu haben. Sie werden hier keine amerikanischen Geschichten finden, zum Teil, weil die Einbeziehung des reichhaltigen amerikanischen Erzählungsschatzes zu einem schwer zu bewältigenden *embarras de richesse* geführt haben würde.

Es ist natürlich fruchtlos, Betrachtungen darüber anzustellen, warum gewisse literarische Gattungen besser auf dem Boden des einen als des anderen Landes gedeihen. Aber in diesem besonderen Falle kann man bestimmte Umstände anführen, die dazu beigetragen haben. Die Geisterwelt der Britischen Inseln ist außerordentlich reich und mannigfaltig, und das beharrliche Weiterbestehen des Irrationalen in Leben und Schrifttum läßt die Menschen dort mehr als anderswo zu einem ›bewußten Aufschub des Zweifels‹ neigen. Ein gewisses Etwas liegt dort in der Luft, vor allem in Schottland; wenn jemand einige Zeit in Schottland verbracht hat, ohne dieses Fremdartige um ihn herum verspürt zu haben, muß etwas nicht mit ihm in Ordnung sein. Und schließlich ist da noch die Sprache, obwohl die Gefahr der Verwechslung von Ursache und Wirkung in diesem

Punkte besonders groß ist. Hat sich die Gespenstergeschichte in ihrer modernen Form in England entwickelt, weil dort die Sprache vorhanden war, um sie zum Ausdruck zu bringen, oder ist die Sprache nur mit diesen Anforderungen gewachsen? Wie dem aber auch sein mag, der Wortschatz des Englischen, ganz abgesehen von der subtilen Ausdrucksfähigkeit seiner Verben, bietet sich ganz natürlich der Erzählung solcher Geschichten an.

Und zu guter Letzt: alle diese Geschichten sind *moderne* Gespenstergeschichten, selbst die Erzählung von Defoe, obwohl sie schon im Jahre 1706 veröffentlicht wurde.

Dies führt uns zu der interessanten Tatsache, daß es so etwas wie eine *moderne* Gespenstergeschichte gibt, ja, daß sie in ihrer gegenwärtigen Form eine gänzlich neue Art darstellt.

Hauptsächlich kann man dies an dem jeweiligen Status des Gespenstes erkennen. Das große klassische Gespenst erschien voller Autorität; es war Sendbote einer höheren Macht, des Guten oder des Bösen; es nahm direkten Anteil an den Handlungen des Menschen und seinem sittlichen Empfinden. Horatio spricht den Geist von Hamlets Vater mit folgenden Worten an:

> *Steh, Phantom!*
> *Hast du Gebrauch der Stimm' und einen Laut:*
> *Sprich zu mir!*
> *Ist irgendeine gute Tat zu tun,*
> *Die Ruh' dir bringen kann und Ehre mir:*
> *Sprich zu mir!*

Bist du vertraut mit deines Landes Schicksal,
Das etwa noch Voraussicht wenden kann:
O sprich!
Und hast du aufgehäuft in deinem Leben
Erpreßte Schätze in der Erde Schoß,
Wofür ihr Geister, sagt man, oft im Tode
Umhergeht: sprich davon!

Aber nur wenige Gespenster der modernen Dichtung haben überhaupt eine Aufgabe zu erfüllen, geschweige denn eine sittliche. Sie erscheinen, verwirren den Leser und verschwinden. Dies trifft zum Beispiel zu bei Richard Middletons kleinem Meisterstück, bei Alans ›Abenteuer in Norfolk‹, bei W. F. Harveys ›Nacht über dem Moor‹ und Enid Bagnolds ›verliebtem Gespenst‹. Es hat schon immer Leute gegeben, die von Geistern verfolgt wurden, wie zum Beispiel in Daphne du Mauriers ›Apfelbaum‹; Orte, an denen es spukt, wie in Bulwer-Lyttons Erzählung, und Dinge, die verflucht sind, wie die Pfeife bei M. R. James, die Affenpfote bei Jacobs oder Algernon Blackwoods Puppe. Verschwunden ist jedoch die große sittliche oder sogar religiöse Aufgabe des Gespenstes; seine Zweckbestimmung ist zusehends zurückgegangen. Seltsamerweise aber hat die Gespenstergeschichte nicht auch gleichzeitig an Bedeutung verloren, sondern ist im Gegenteil zu neuem Leben erwacht.

Ferner wäre hier noch die Stellung der Gespenstergeschichte innerhalb der sonstigen Arbeiten ihres Verfassers zu betrachten. Nur wenige Schriftsteller haben ausschließlich Gespenstergeschichten geschrieben. Im allgemeinen bieten sie anspruchslose Zerstreuung, und die Verfasser geben sich ihretwegen häufig ein wenig verschämt; sie bestreiten entschieden ihre Ernsthaftigkeit, erklären, daß die Geschichten ›so nebenbei‹ entstanden seien oder daß sie sie nur zu ihrem Vergnügen geschrieben hätten. Henry James nannte seine Geschichte ›The Turn of the Screw‹, die vielleicht die größte aller modernen Gespenstergeschichten ist, eine *amusette* und glaubte sicherlich auch selbst, was er sagte. Unwillkürlich möchte man meinen, daß manch eine Gespenstergeschichte sich gleichsam dem Schreiber aufgedrängt hat, und es ist eine nicht unbekannte Erfahrungstatsache unter den Schriftstellern, daß irgendeine beliebige Geschichte während des Schreibens zu einer Gespenstergeschichte wird. Dies wiederum öffnet der Betrachtung über die Wechselbeziehungen zwischen der Mentalität des modernen Menschen und dem Übernatürlichen Tür und Tor. Es würde jedoch zu weit führen, sich hier damit zu befassen.

Wenn diese Sammlung mit Defoes berühmter Geschichte beginnt, so lassen sich dafür gute Gründe anführen. Sie ist in der Tat die erste wirklich moderne Geistergeschichte. Es stimmt wohl, daß sie tatsächlich der Bericht einer seinerzeit wohlbekannten und für wahr gehaltenen Begebenheit ist, wenn man sie auch lange für eine *tour de force* von Defoes Einbildungskraft hielt. Aber das entwertet sie nicht als ein klassisches Beispiel ihrer Gattung, das richtungsweisend für den einzuschlagenden Weg der modernen Geistergeschichte war. Denn hier wird der Geist mitten in die alltäglichsten Verhältnisse gestellt, in die nüchterne Atmosphäre einer öffentlichen Untersuchung, und mit äußerster Genauigkeit beschrieben. Eine solche Atmosphäre ist alles andere als gespenstisch. Ferner hat dieser Geist keine Aufgabe und keine Autorität; nichts an ihm läßt den Einfluß einer höheren Macht vermuten. All dieses befindet sich völlig in einer Linie mit den Geistern der modernen Literatur und mit der Entwicklung dieser Gattung.

Gleichwohl wird man zugeben müssen, daß die Gespenstergeschichte, nachdem sie sich zu einem unabhängigen Literaturzweig entwickelt hat, schon bis an den Rand der Größe vorgedrungen ist. Nicht *viele* hervorragende Schriftsteller, die sich mit ihr befaßten, haben ihr Bestes darin erreicht; Kipling ist dafür ein Beispiel. Aber es gibt natürlich Ausnahmen. Elizabeth Bowen hat all ihr außerordentliches Einfühlungsvermögen in die Regungen des weiblichen Herzens in ihre Erzählung ›Der dämonische Liebhaber‹ hineingelegt, und ein guter Teil des einzigartigen Wissens von M.R. James – er war Provost von Eton und einer der größten Gelehrten seiner Zeit – hat bei der Entstehung der ›verwunschenen Pfeife‹ Pate gestanden. Man erzählt, daß er seine Gespenstergeschichten auf die Rückseiten alter Briefumschläge schrieb und sie sich am Abend laut vorlas. Das Ergebnis ist oft mitreißend, bedeutet aber für das Gespenst selber einen Abstieg.

Andererseits gibt es auch Schriftsteller, deren übriges Werk untergegangen ist, während ihre Gespenstergeschichten weiterleben. Dies trifft besonders bei W.W. Jacobs zu. Seine Skizzen und Erzählungen von den Bootsmännern und Werftarbeitern an der Themse, die ihn zu Beginn des gegenwärtigen Jahrhunderts so berühmt machten, gehören zum großen Teil schon der Vergangenheit an; ›Die Affenpfote‹ aber bleibt ein Meisterstück. E.F. Benson, einer der drei berühmten Söhne eines Erzbischofs von Canterbury – alle waren sie Schriftsteller –, erwarb sich einen Namen als Verfasser von Gesellschaftsromanen vor dem Ersten Weltkrieg; seine Romane werden nicht mehr genannt, aber keine Anthologie ist komplett ohne eine seiner Gespenstergeschichten. W.F. Harvey ist einer der wenigen, die sich auf Gespenstergeschichten spezialisiert hatten; sie waren sein Steckenpferd. A.J. Alan ist ein interessanter Fall. Er war ein Schriftsteller von außergewöhnlicher Begabung, der seine eigenen Erzählungen über den Rundfunk vortrug; als er starb, ließ er nur Manuskripte zurück. Er hatte die Story mit einem völlig unerwarteten, überraschenden Schluß bis zur Perfektion entwickelt, und diese Fähigkeit benutzte er mit bewundernswerter Wirkung in seinen Gespenstergeschichten. Man ist gerade bereit, die ganze Sache als eine Illusion abzutun, wenn plötzlich Beweise auftauchen – materielle Beweise, die nicht wegzuerklären sind. Die Gefahr bei dieser außerordentlich effektvollen Art der Erzählung ist nur, daß sie zu einer zu häufigen Anwendung verführt.

Zwei Schriftsteller stehen hier ein wenig abseits. Bulwer-Lytton war zu seiner Zeit (1803–1873) ungeheuer berühmt als Verfasser von historischen Romanen; die Kritiker bemühen sich stets, sie anzupreisen und zu bewundern, aber offen gestanden sind sie heute unverdaulich. Nicht so sehr bekannt ist, daß er ein Jünger der Zauberei und der letzte Schüler in der Kunst des großen

Eliphaz Levi war. Genau genommen handelt seine Geschichte auch von Zauberei, aber sie ist ein so vorzügliches Beispiel für ein Haus, in dem es spukt, daß sie aus diesem Grunde hier Aufnahme gefunden hat.

Algernon Blackwood dagegen, der vor nicht langer Zeit in hohem Alter verstarb, stand mit beiden Beinen stets fest in der ›anderen‹ Welt und schien von der diesseitigen nur als eine Art Hintergrund für jene Notiz zu nehmen. Er ergriff jede Gelegenheit zu einer Exkursion in das Unbekannte. Leider sind nicht viele seiner Geschichten im eigentlichen Sinne Gespenstergeschichten; sie sind eher Geschichten über die unsichtbaren, aber unermeßlich mächtigen, geheimnisvollen Gewalten, welche die gleiche Luft bevölkern, die wir täglich einatmen. Ein Fall von Erfrierung in einem kanadischen Holzfällerlager ist ihm Anlaß für eine seiner hinreißendsten Enthüllungen, und zwei die Donau im Kanu abwärts fahrende Männer läßt er einen kurzen Einblick in das Walten einer bösen und feindseligen Natur tun. Er ist vielleicht der einzige Schriftsteller in dieser Auswahl, der ohne Scheu und ohne sich dessen zu schämen stets und ständig in einer Geisterwelt lebte.

Sowohl die leidenschaftlichen Liebhaber als auch die Verfasser von Gespenstergeschichten betrachten sie heutzutage mehr oder weniger übereinstimmend als reine Unterhaltung. Dies aber wirft neue Fragen auf. Warum bietet die heutige Zeit eine so reiche Auswahl von Gespenstergeschichten, wenn doch das Gespenst seine Funktion als Sendbote einer höheren Macht verloren hat? Eines ist gewiß – man kann niemanden mit etwas unterhalten, das ihm vollkommen fremd ist; und es gibt viele Leute, die der Gespenstergeschichte ablehnend gegenüberstehen, selbst in ihrem Heimatland. Sie bestreiten sie mit einem entschiedenen ›Ich glaube einfach nicht daran‹. Aber vielleicht gibt uns gerade dieses Verhalten einen Schlüssel zu diesem Geheimnis. In einer Zeit, die alles erklärt, die selbst die verborgensten und geheimsten Regungen des menschlichen Gemütes zum Objekt wissenschaftlicher Untersuchungen gemacht hat, bietet die Gespenstergeschichte eine Fluchtmöglichkeit in das Unglaubliche und Unerklärbare; sie ist eine Mahnung, daß der Mensch die Fähigkeit zu Wahrnehmungen besitzt, die seinem Verstand für immer ein Geheimnis bleiben müssen.

Mary Hottinger

Daniel Defoe

Die Erscheinung
der Mrs. Veal

Die Umstände dieses Geschehens sind so außergewöhnlich und so gut verbürgt, daß keine Lektüre und keine Unterhaltung mir jemals etwas Ähnliches geboten haben. Sie werden auch den scharfsinnigsten und ernsthaftesten Fragesteller befriedigen. Die Person, der Mrs. Veal nach ihrem Tode erschien, ist Mrs. Bargrave; sie ist seit fünfzehn oder sechzehn Jahren meine vertraute Freundin, und ich kann mit bestem Gewissen für ihren vortrefflichen Ruf in dieser Zeit bürgen; und ich kann auch ihren makellosen Charakter bestätigen, den sie von frühester Jugend bis zur Zeit unserer Bekanntschaft bewiesen hat. Seit sie diese Begebenheit erzählt hat, wird sie jedoch von den Freunden des Bruders der Mrs. Veal verleumdet; diese Leute scheinen zu denken, daß die Erzählung von jener Erscheinung nur eine schändliche Erfindung der Mrs. Bargrave ist, und sie versuchen alles mögliche, ihren guten Ruf zu untergraben und die Geschichte lächerlich zu machen. Aber auch unter diesen Umständen und ungeachtet der schlechten Behandlung durch einen sehr boshaften Ehegemahl trägt Mrs. Bargrave stets ein liebenswürdiges Wesen zur Schau, und nicht das geringste Zeichen von Kummer und Niedergeschlagenheit zeigt sich in ihrem Gesicht; nein, auch nicht unter der rohen Behandlung durch ihren Mann, deren ich und verschiedene andere Personen unzweifelhaften Rufes Zeuge gewesen sind.

Sie müssen wissen, daß Mrs. Veal ein vornehmes Fräulein im Alter von ungefähr dreißig Jahren war; seit einiger Zeit hatten Krämpfe sie geplagt, deren Beginn man daran erkennen konnte, daß sie plötzlich und unerwartet vom Thema ihrer Unterhaltung abschweifte. Sie wurde von ihrem einzigen Bruder unterhalten und führte dessen Haushalt in Dover. Sie war eine sehr fromme Frau und ihr Bruder seinem ganzen Wesen nach ein sehr besonnener Mann; aber jetzt tut er alles, was in seinen Kräften steht, um die Geschichte zu unterdrücken und als unrichtig hinzustellen. Mrs. Veal war von Kindheit an aufs engste mit Mrs. Bargrave befreundet. Mrs. Veals Verhältnisse waren damals denkbar schlecht; ihr Vater sorgte nicht ausreichend für seine Kinder, so daß sie mancherlei Härten ausgesetzt waren. Und Mrs. Bargrave hatte damals ebenfalls einen schlechten Vater, wenn es ihr auch nicht an Kleidung und Essen fehlte, wohingegen Mrs. Veal an beidem Mangel litt. Daher lag es oftmals in der Macht von Mrs. Bargrave, ihr bei verschiedenen Gelegenheiten wie eine gute Freundin auszuhelfen, was Mrs. Veal so sehr rührte, daß sie oftmals zu sagen pflegte: »Mrs. Bargrave, Sie sind nicht nur die einzige, sondern auch die beste Freundin, die ich auf der ganzen Welt habe, und nichts im Leben soll jemals meine Freundschaft zu Ihnen lösen.« Sie pflegten oft ihr Schicksal gegenseitig zu beklagen und zusammen Drelincourts Buch ›Über den Tod‹ sowie andere gute Bücher zu lesen; und wie zwei gute, christliche Freunde trösteten sie einander in ihren Sorgen.

Einige Zeit darauf verschafften Mr. Veals Freunde ihm eine Stellung bei der Zollverwaltung in Dover, wodurch Mrs. Veal sich nach und nach von Mrs. Bargrave abkehrte, obgleich es niemals etwas wie einen Streit zwischen ihnen gegeben hatte; aber mit der Zeit wurden sie einander gleichgültig, bis Mrs. Bargrave sie schließlich zweieinhalb Jahre lang nicht mehr gesehen hatte, von welchen sie allerdings zwölf Monate von Dover abwesend war. Seit einem halben Jahr lebte sie in Canterbury und bewohnte dort seit etwa zwei Monaten ein eigenes Haus.

In diesem Haus saß sie ganz allein am Vormittag des achten September 1705, dachte über ihr unglückliches Leben nach und ergab sich nach einigem Hadern geziemend in ihr Schicksal, wenngleich ihre Verhältnisse ihr bitter schienen. »Bis hierher bin ich wohlversorgt worden«, sagte sie; »ich zweifle nicht daran, daß es auch in Zukunft so sein wird, und ich bin es zufrieden, daß meine Leiden enden werden, wenn es zu meinem Besten sein wird.« Sie hatte gerade wieder ihr Nähzeug aufgenommen, als sie ein Klopfen an der Tür hörte. Sie ging nachsehen, und vor ihr stand Mrs. Veal, ihre alte Freundin, angetan mit einem Reitkleid. Im gleichen Augenblick schlug es zwölf Uhr mittags.

»Madame«, sagte Mrs. Bargrave, »ich bin überrascht, Sie zu sehen, Sie, die Sie so lange eine Fremde für mich gewesen sind«; aber dann sagte sie, daß sie sich über ihr Wiedersehen freute und bot ihr den Mund zum Kuß. Mrs. Veal beugte sich vor, bis ihre Lippen sich fast berührten, legte dann aber die Hand über ihre Augen und sagte: »Mir ist nicht ganz gut«, wodurch sie den Kuß vermied. Sie erzählte Mrs. Bargrave, daß sie im Begriffe wäre, auf eine Reise zu gehen, aber zuvor ihre Freundin noch einmal besuchen wollte.

»Aber wie kommt es«, sagte Mrs. Bargrave, »daß Sie allein auf eine Reise gehen? Ich bin erstaunt darüber, denn ich weiß, daß Sie einen sehr besorgten Bruder haben.«

»Oh«, erwiderte Mrs. Veal, »ich bin meinem Bruder heimlich entwischt und davongelaufen, denn ich wollte Sie so sehr gern sehen, bevor ich auf meine Reise ging.«

Mrs. Bargrave führte sie in das Zimmer, und Mrs. Veal setzte sich in den Lehnstuhl, in welchem Mrs. Bargrave gesessen hatte, als sie das Klopfen hörte.

»Wohlan, meine teure Freundin«, sagte Mrs. Veal dann, »ich bin gekommen, unsere alte Freundschaft zu erneuern und um mich dafür zu entschuldigen, daß ich sie gebrochen habe; und wenn Sie mir vergeben können, sind Sie die beste aller Frauen.«

»Ach«, antwortete Mrs. Bargrave, »sprechen Sie nicht mehr davon; es hat mich nicht weiter beunruhigt.«

»Was haben Sie eigentlich von mir gedacht?« fragte Mrs. Veal.

»Ich dachte, daß Sie wie alle anderen wären und daß Sie infolge Ihres Wohlstandes sich und mich vergessen hätten«, versetzte Mrs. Bargrave.

Mrs. Veal jedoch erinnerte Mrs. Bargrave an die vielen Freundschaftsdienste, die sie in früheren Tagen von ihr erfahren hatte, und an die Gespräche, die sie damals, als sie in so verschiedenen Verhältnissen lebten, miteinander geführt hatten; an die Bücher, die sie zusammen gelesen hatten, und welchen Trost sie dabei insbesondere aus Drelincourts Buch ›Über den Tod‹ geschöpft hätten, welches das beste sei, das je über dieses Thema geschrieben worden wäre. Sie erwähnte auch Dr. Sherlock und zwei holländische Bücher über den Tod, die man übersetzt hatte, sowie verschiedene andere. Aber Drelincourt, sagte sie, hätte die klarste Konzeption über den Tod und über den Zustand danach, besser als jeder andere, der sich mit diesem Gegenstand befaßt hätte. Dann fragte sie Mrs. Bargrave, ob sie Drelincourt besäße.

Mrs. Bargrave stand auf und holte das Buch.

»Liebste Mrs. Bargrave«, sagte Mrs. Veal, »wenn die Augen unseres Glaubens so weit geöffnet wären wie die Augen unseres Körpers, würden wir Heerscharen von Engeln sehen, die uns beschützen. Unsere Vorstellungen vom Himmel sind nichts dagegen, wie er wirklich ist, und glauben Sie mir daß der Allmächtige ein besonderes Augenmerk auf Sie hat, und daß Ihre Leiden die äußeren Merkmale von Gottes Gnade sind; und wenn sie ihre Aufgabe erfüllt haben, weswegen sie ihnen gesandt sind, werden sie von Ihnen genommen werden. Und glauben Sie mir, meine teure Freundin, glauben Sie, was ich Ihnen sage: eine Minute Ihrer zukünftigen Glückseligkeit wird Sie unendlich für alle Ihre Leiden belohnen. Denn ich kann niemals glauben« (und dabei schlug sie sich mit der Hand in großer Ernsthaftigkeit, die in der Tat ihre ganze Rede beherrschte, auf das Knie), »daß Gott Sie jemals leiden lassen würde, damit Sie alle Ihre irdischen Tage in diesem schmerzlichen Zustand verbringen. Seien Sie versichert, daß in kurzer Zeit entweder Ihre Leiden Sie verlassen oder Sie von ihnen scheiden werden.« Sie sprach auf so ergreifende, verklärte Art, daß Mrs. Bargrave mehrere Male in Tränen ausbrach, so tief war sie gerührt.

Dann erwähnte Mrs. Veal Dr. Kendricks ›Asket‹, in welchem Buche er am Ende eine Schilderung der Lebensart der frühen Christen gibt. Ihr Vorbild empfahl sie unserer Nachahmung und sagte: »Ihre Unterhaltungen waren nicht wie diejenigen unseres Zeitalters. Denn jetzt«, so fuhr sie fort, »gibt es nur noch eitles, nichtiges Geschwätz, das sich weit von ihren Gesprächen unterscheidet. Die ihren dienten der Erbauung und waren dazu bestimmt, sich am Glauben des anderen aufzurichten, so daß diese Leute nicht waren, wie wir heute sind, noch sind wir ihnen gleich. Aber wir sollten ihnen nacheifern«, sagte sie, »denn eine herzliche Freundschaft verband sie miteinander; doch wo ist dergleichen heute noch zu finden?«

»Es ist in der Tat sehr schwer«, antwortete Mrs.Bargrave, »heutzutage einen treuen Freund zu finden.«

Worauf Mrs.Veal entgegnete: »Mr.Norris hat ein schönes Gedichtbüchlein, genannt ›Freundschaft in ihrer Vollkommenheit‹, das ich aufs höchste verehre. Besitzen Sie vielleicht dieses Bändchen?«

»Nein«, versetzte Mrs.Bargrave, »aber ich habe mir diese Gedichte einmal herausgeschrieben.«

»Haben Sie?« fragte Mrs.Veal; »dann holen Sie sie bitte.«

Und Mrs.Bargrave holte sie aus dem oberen Stockwerk und gab sie Mrs.Veal zum Lesen, welches diese jedoch ablehnte, indem sie sagte, ihr Kopf würde schmerzen, wenn sie ihn niederbeugte; sie bat jedoch Mrs.Bargrave, ihr daraus vorzulesen, was jene also tat. Während sie sich so an der ›Freundschaft‹ ergötzten, sagte Mrs. Veal: »Teuerste Mrs.Bargrave, ich werde Sie für alle Zeiten lieben.«

In diesen Versen kommt zweimal die Bezeichnung ›Elysium‹ vor.

»Ah«, sagte Mrs.Veal bei diesen Worten, »was diese

Poeten doch herrliche Namen für den Himmel haben!« Oftmals legte sie währenddessen die Hand über ihre Augen und fragte: »Mrs. Bargrave, meinen Sie nicht, daß ich durch meine Anfälle sehr in meiner Gesundheit behindert bin?«

»Nein«, erwiderte Mrs. Bargrave, »ich glaube, Sie sehen besser aus, als ich Sie jemals gesehen habe.«

Nach dieser Unterhaltung, welche die Erscheinung in viel gewählteren Worten führte und die noch mehr umfaßte, als Mrs. Bargrave, wie sie sagte, wiederholen konnte – denn man sollte nicht denken, daß man eine und eine dreiviertel Stunde Unterhaltung in allen Einzelheiten behalten könnte, obwohl sie glaubte, daß sie sich an das Hauptsächlichste erinnert hätte –, sagte Mrs. Veal zu Mrs. Bargrave, sie möchte doch bitte einen Brief an ihren Bruder schreiben und darin sagen, sie bäte ihn, ihre Ringe an den und den zu geben; und daß sich ein Beutel mit Gold in ihrem Schränkchen befände, von welchem er zwei große Stücke ihrem Vetter Watson geben sollte.

Aus ihrer Sprechweise schloß Mrs. Bargrave, daß Mrs. Veal einem Anfall nahe war und setzte sich auf einen Stuhl dicht vor ihre Knie, um zu verhüten, daß ihre Krämpfe sie zu Boden würfen; denn nach der Seite, dachte sie, könnte sie nicht fallen, da der Lehnstuhl sie davor bewahren würde. Und um Mrs. Veal abzulenken, ergriff sie mehrmals den Ärmel ihres Kleides und lobte den Stoff. Mrs. Veal erzählte ihr, daß es aus reiner Seide wäre und erst kürzlich angefertigt; aber trotz allem bestand Mrs. Veal auf ihrer Bitte und flehte Mrs. Bargrave an, sie nicht im Stiche zu lassen. Und sie möchte doch ihrem Bruder die heutige Unterhaltung wiedererzählen, sobald sich dazu die Gelegenheit böte.

»Meine liebe Mrs. Veal«, sagte Mrs. Bargrave, »mich deucht, es wäre besser, Sie täten es selbst.«

»Nein«, versetzte Mrs. Veal, »wenn es Ihnen auch im Augenblick sonderbar erscheinen mag, so werden Sie doch später den Grund hierfür verstehen.«

Um ihrem so dringlich vorgebrachten Ersuchen stattzugeben, wollte Mrs. Bargrave daraufhin Tinte und Feder holen, aber Mrs. Veal sagte:

»Lassen Sie es jetzt; tun Sie es erst, wenn ich gegangen bin. Sie dürfen es aber auf keinen Fall vergessen!« Das war eines der letzten Dinge, die sie Mrs. Bargrave vor ihrem Abschied einschärfte, und Mrs. Bargrave versprach es ihr.

Dann erkundigte Mrs. Veal sich nach Mrs. Bargraves Tochter. Sie antwortete, sie wäre nicht zu Hause. »Aber wenn es Sie danach verlangt, sie zu sehen«, sagte Mrs. Bargrave, »werde ich sie holen lassen.«

»Ach bitte«, versetzte Mrs. Veal, woraufhin Mrs. Bargrave sie verließ und zu einem Nachbarn ging, um ihn zu bitten, ihre Tochter zu holen. Als sie aber nach einer Weile zurückkam, stand Mrs. Veal vor der Tür auf der Straße, gegenüber dem Viehmarkt (es war Sonnabend und Markttag), und offensichtlich bereit sich zu verabschieden, sobald Mrs. Bargrave wiederkommen würde. Sie fragte sie, warum sie es so eilig hätte. Mrs. Veal antwortete, sie müßte gehen, wenn sie auch vielleicht erst am Montag ihre Reise antreten würde, und sagte zu Mrs. Bargrave, sie hoffte, sie noch einmal bei ihrem Vetter Watson zu sehen, bevor sie abreiste. Dann sagte sie, sie müßte sich jetzt verabschieden, und Mrs. Bargrave folgte ihr mit den Blicken, bis eine Straßenbiegung sie ihrer Sicht entzog. Das war drei Viertelstunden nach eins am Nachmittag.

Mrs. Veal war am siebten September um zwölf Uhr mittags an ihren Krämpfen gestorben und schon vier Stunden vor ihrem Tode nicht mehr bei Bewußtsein gewesen; während dieser Zeit hatte sie die heiligen Sakramente empfangen.

Am nächsten Tage nach Mrs. Veals Besuch, einem Sonntag, fühlte Mrs. Bargrave sich wegen einer Erkältung und eines entzündeten Halses sehr unpäßlich, so daß sie an jenem Tage nicht ausgehen konnte. Am Morgen des Montag jedoch schickte sie jemand zu Captain Watson, um festzustellen, ob Mrs. Veal dort wäre. Dort wunderte man sich über Mrs. Bargraves Nachfrage und ließ ihr ausrichten, daß Mrs. Veal nicht da wäre und auch nicht erwartet würde. Auf diese Antwort hin sagte Mrs. Bargrave dem Mädchen, sie hätte sicherlich den Namen mißverstanden oder sonst einen Fehler gemacht. Und obwohl sie krank war, setzte sie einen Hut auf und ging selbst zu Captain Watson –, wenngleich sie niemand aus dieser Familie kannte –, um festzustellen, ob Mrs. Veal tatsächlich nicht da wäre. Sie sagten, sie wären erstaunt über ihre Frage, denn Mrs. Veal wäre nicht in der Stadt gewesen; anderenfalls hätte sie ihnen einen Besuch abgestattet.

Worauf Mrs. Bargrave versetzte: »Aber sie war bestimmt am Sonnabend bei mir, fast zwei Stunden lang!«

Man erwiderte ihr, das wäre nicht gut möglich, denn dann hätte sie sich bestimmt sehen lassen. Während sie noch darüber stritten, trat Captain Watson ein und sagte, daß Mrs. Veal ganz gewißlich tot wäre und daß schon Vorbereitungen zu ihrer Bestattung getroffen würden. Mrs. Bargrave ließ daraufhin sofort bei dem Manne, der damit beauftragt war, Erkundigungen einziehen, und zu ihrem höchsten Erstaunen hörte sie, daß diese befremdliche Nachricht auf Wahrheit beruhte. Dann erzählte sie die ganze Begebenheit der Familie von Captain Watson: was für ein Kleid sie angehabt hatte, wie es gestreift war und wie Mrs. Veal ihr erzählt hatte, daß es aus reiner Seide wäre. Bei diesen Worten rief Mrs. Watson aus:

»Sie haben sie in der Tat gesehen, denn niemand außer Mrs. Veal und mir wußte, daß es aus reiner Seide war!« Und Mrs. Watson bestätigte, daß sie das Kleid genauestens beschrieben hätte; »denn«, so sagte sie, »ich habe ihr dabei geholfen, als sie es anfertigte.«

Mrs. Watson verbreitete dies durch die ganze Stadt und beschwor die Wahrhaftigkeit von Mrs. Bargraves Erzählung, daß sie die Erscheinung der Mrs. Veal gesehen hätte. Und Captain Watson brachte sogleich zwei Herren zu Mrs. Bargrave, damit sie die Erzählung aus ihrem eigenen Munde hörten. Die Kunde verbreitete sich so schnell, daß angesehene und gebildete Herren, Gelehrte und Zweifler, von überallher zu ihr hinströmten, und zuletzt wurde ihr Andrang so groß, daß sie ihnen aus dem Wege gehen mußte; denn wenn sie auch alle im allgemeinen vollkommen von der Wahrheit der Sache überzeugt waren und klar erkannten, daß Mrs. Bargrave kein Hypochonder war – sie begegnete nämlich jedem in so frohgemuter Stimmung und mit so freundlicher Miene, daß sie die Gunst und Wertschätzung der gesamten besseren Gesellschaft gewann –, so betrachteten sie es doch als eine große Bevorzugung, wenn sie die Begebenheit aus ihrem eigenen·Munde hören konnten.

Ich hätte Ihnen schon früher erzählen sollen, daß Mrs. Veal der Mrs. Bargrave erzählt hatte, ihre Schwester und ihr Schwager wären gerade aus London gekommen, um sie zu besuchen. Im gleichen Augenblick, als diese in Dover eintrafen, lag Mrs. Veal im Sterben. –

»Wie sind Sie darauf gekommen«, hatte Mrs. Bargrave noch gefragt, »die Dinge auf so seltsame Art zu ordnen?«

»Es ließ sich nicht ändern«, hatte Mrs. Veal geantwortet.

Und dann fragte Mrs. Bargrave sie, ob sie etwas Tee trinken wollte.

»Warum nicht«, antwortete Mrs. Veal; »aber ich garantiere Ihnen, daß dieser verrückte Bursche« – womit sie den Mann von Mrs. Bargrave meinte – »alle Ihre Teetassen zerbrochen hat.«

»Nun«, sagte Mrs. Bargrave, »ich werde schon etwas finden, woraus Sie trinken können.«

Aber Mrs. Veal wehrte ab und sagte: »Lassen Sie nur, es ist nicht nötig«, und so ließen sie es bleiben.

Während der ganzen Zeit, die ich bei Mrs. Bargrave saß – es waren einige Stunden –, erinnerte sie sich frischer Redewendungen von Mrs. Veal. Und noch eine wesentliche Sache fiel ihr ein, die Mrs. Veal ihr erzählt hatte: daß der alte Mr. Bretton Mrs. Veal zehn Pfund im Jahr ausgesetzt hatte, was ein Geheimnis und Mrs. Bargrave nicht bekannt gewesen war, bis Mrs. Veal es ihr verriet.

Mrs. Bargrave weicht nie von der ersten Darstellung ihrer Erzählung ab, was denjenigen, die an der Wahrheit zweifeln oder nicht daran glauben wollen, zu denken gibt. Ein Diener des Nachbarn, der sich zur gleichen Zeit, als Mrs. Veal bei ihr war, in dem an Mrs. Bargraves Haus grenzenden Garten befand, hatte sie eine Stunde lang mit jemand sprechen hören. Und Mrs. Bargrave war im gleichen Moment, in dem sie sich von Mrs. Veal getrennt hatte, zu ihrer nächsten Nachbarin gegangen und hatte ihr erzählt, was für eine hinreißende Unterhaltung sie gerade mit einer alten Freundin gehabt hätte; und dann hatte sie ihr den ganzen Inhalt des Gesprächs wiedererzählt. Drelincourts Buch ›Über den Tod‹ ist seitdem seltsamerweise gänzlich aufgekauft. Und es ist zu beachten, daß Mrs. Bargrave ungeachtet all der Mühen und Strapazen, denen sie sich wegen dieser Geschichte unterziehen mußte, niemals auch nur den geringsten Geldbetrag dafür angenommen hat und daher auch kein Interesse daran haben kann, die Geschichte deswegen zu erzählen.

Aber Mr. Veal tut, was er kann, um die Angelegenheit zu unterdrücken, und sagt, er würde Mrs. Bargrave besuchen; doch es ist allgemein bekannt, daß er nach dem Tode seiner Schwester bei Captain Watson gewesen und trotzdem niemals auch nur in die Nähe von Mrs. Bargrave gekommen ist; und einige seiner Freunde verbreiten, daß sie eine große Lügnerin wäre und von Mr. Brettons zehn Pfund im Jahr gewußt habe. Aber die Person, die solches fälschlicherweise erzählt, ist bei Leuten, deren untadeligen Ruf ich kenne, als notorischer Lügner verschrien. Wohingegen Mr. Veal zwar zu sehr ein Ehrenmann ist, um zu behaupten, daß sie lüge; dafür aber sagt er, ein schlechter Ehemann hätte sie verrückt gemacht. Doch Mrs. Bargrave braucht sich nur zu zeigen, um diese Behauptung zu entkräften. Mr. Veal sagt, er habe seine Schwester auf dem Totenbett gefragt, ob sie noch irgend etwas zu verfügen hätte, und sie habe mit »nein« geantwortet. Die Dinge aber, über die Mrs. Veals Erscheinung verfügt haben soll, sind so geringfügig, und nichts daran ist ungerecht, daß die ganze Art und Weise dieser Verfügung mir nur dazu angetan scheint, die Welt von der Wahrheit dessen, was Mrs. Bargrave gesehen und gehört hat, zu überzeugen und ihren Ruf bei dem verständigen und vernünftigen Teil der Menschheit zu sichern. Dazu kommt noch, daß Mr. Veal das Vorhandensein eines Beutels mit Gold gesteht, jedoch behauptet, es wäre nicht in ihrem Schränkchen, sondern in einer Kammschachtel gefunden worden. Dies ist jedoch unwahrscheinlich, denn Mrs. Watson bekannte, daß Mrs. Veal so sorgsam mit dem Schlüssel ihres Schränkchens umging, daß sie ihn niemand anvertrauen wollte; und wenn dies der Fall gewesen ist, würde sie unzweifelhaft auch nicht ihr Gold außerhalb des Schränkchens aufbewahrt haben.

Und daß Mrs. Veal oftmals die Hand über ihre Augen gelegt und Mrs. Bargrave gefragt haben soll, ob ihre Anfälle nicht ihrer Gesundheit geschadet hätten, scheint mir, als ob sie es mit Absicht getan hätte, damit es Mrs. Bargrave nicht seltsam vorkommen sollte, daß sie sie bat, an ihren Bruder zu schreiben, um über die Ringe und das Gold zu verfügen, was doch ganz nach dem Letzten Willen eines Sterbenden aussieht; und Mrs. Bargrave hielt es ja dann auch entsprechend für die Wirkung der Krämpfe, die sich bei Mrs. Veal ankündigten. Dies war eines jener vielen Beispiele ihrer wunderbaren Liebe zu ihr und Sorge um sie, damit sie nicht erschrekken würde, was auch in ihrer ganzen Handhabung der Angelegenheit augenfällig wird, besonders darin, daß sie ihr am Tage erschien und den Begrüßungskuß vermied, und in der Art und Weise ihres Abschieds, indem sie einen zweiten Versuch von Mrs. Bargrave, sie zu küssen, geschickt abwehrte.

Warum Mr. Veal nun diese Geschichte als eine krankhafte Einbildung betrachten sollte – was er doch offensichtlich tut, indem er versucht, sie zu unterdrücken –, kann ich mir nicht vorstellen; denn die Mehrzahl hält sie für einen guten Geist, da ihre Rede so himmlisch war. Ihre beiden Hauptanliegen bestanden darin, Mrs. Bargrave in ihrem Leide zu trösten und um Vergebung für ihren Freundschaftsbruch zu bitten, und ein frommes Gespräch zu führen, um sie zu ermutigen.

Nach all diesem anzunehmen, daß Mrs. Bargrave in der Zeit von Freitag mittag bis Sonnabend mittag eine solche Erfindung ausbrüten könnte – vorausgesetzt, daß ihr der Tod von Mrs. Veal vom ersten Augenblick an bekannt war –, ohne die Umstände durcheinanderzubringen und ohne einen Gewinn daraus zu ziehen, müßte sie gewitzter, glücklicher und zugleich sündhafter sein, als irgendein unparteilicher Mensch behaupten könnte.

Ich habe Mrs. Bargrave mehrere Male gefragt, ob sie das Kleid gefühlt hätte, und sie antwortete bescheiden:

»Wenn ich meinen Sinnen trauen kann, bin ich dessen gewiß.«

Ich fragte sie, ob sie ein Geräusch gehört hätte, als Mrs. Veal sich mit der Hand auf ihr Knie schlug. Sie antwortete, daran könnte sie sich nicht so genau erinnern, aber sie wäre ihr zumindest genau so aus Fleisch und Blut erschienen wie ich, der ich jetzt mit ihr spräche.

»Und ebenso«, fügte sie hinzu, »könnte man mich davon überzeugen, daß es nur Ihre Erscheinung ist, die jetzt mit mir spricht, wie davon, daß ich sie nicht wirklich gesehen hätte; denn ich empfand nicht die geringste Furcht, empfing sie als eine Freundin und schied von ihr als eine Freundin. Ich würde nicht einen roten Heller darum geben«, sagte sie, »jemanden meine Erzählung glauben zu machen; ich habe nicht das Geringste davon, nichts als Kummer und Verdruß sind mir daraus erwachsen; und wäre sie nicht durch einen Zufall ans Licht gekommen, sie wäre niemals bekannt geworden.«

Aber jetzt, so sagt sie, würde sie sich aus der ganzen Angelegenheit heraushalten, so gut sie könnte; und das hat sie seither auch getan. Sie sagt, ein Herr wäre sogar dreißig Meilen weit gekommen, um die Erzählung zu hören, und einmal hätte sie vor einem ganzen Zimmer voller Leute von dem Ereignis berichtet. Verschiedene besonders anspruchsvolle feine Herren haben die Geschichte aus Mrs. Bargraves eigenem Munde vernommen.

Diese Sache hat einen großen Eindruck auf mich gemacht, und ich bin davon überzeugt, wie von einer aufs sicherste verbürgten Tatsache. Und es erscheint mir wunderlich, warum wir Dinge bestreiten sollten, nur weil wir keine sicheren oder beweiskräftigen Vorstellungen von ihnen haben. Mrs. Bargraves Glaubwürdigkeit und Aufrichtigkeit würden in keinem anderen Falle bezweifelt worden sein.

Edward Bulwer-Lytton

Das verfluchte Haus in der Oxford Street

Einer meiner Freunde, ein Gelehrter und Philosoph, sagte eines Tages halb ernsthaft, halb scherzend zu mir: »Stell dir vor, seit wir uns das letzte Mal sahen, habe ich mitten in London ein Haus entdeckt, in dem es spukt!«

»In dem es richtig spukt? – und was? Gespenster?«

»Diese Frage kann ich nicht beantworten; alles, was ich weiß, ist dies: vor sechs Wochen suchten meine Frau und ich eine möblierte Wohnung. Als wir durch eine ruhige Straße gingen, sahen wir am Fenster eines Hauses einen Zettel ›Möblierte Wohnungen zu vermieten‹. Die Gegend gefiel uns; wir betraten das Haus, die Zimmer sagten uns zu, wir mieteten sie für eine Woche. – Aber schon nach drei Tagen zogen wir wieder aus. Keine Macht der Welt hätte meine Frau bewegen können, länger zu bleiben; und ich wundere mich auch nicht darüber.«

»Was habt ihr gesehen?«

»Entschuldige bitte – ich habe keine Lust, als abergläubischer Träumer verlacht zu werden – andererseits könnte ich aber auch nicht von dir verlangen, mir auf meine Versicherung hin zu glauben, was du ohne Bestätigung deiner eigenen Sinne für unglaublich halten müßtest. Laß mich nur das eine sagen: nicht was wir sahen oder hörten (denn dann könntest du uns verständlicherweise für die Opfer unserer überreizten Nerven oder einer Täuschung durch andere halten), war in erster Linie der Anlaß für unsere Flucht, sondern mehr ein unbeschreibliches Grauen, das uns beide jedesmal ergriff, wenn wir an der Tür eines bestimmten, unmöblierten Zimmers vorbeigingen, in dem wir weder etwas sahen noch hörten. Und das seltsamste aller Wunder war, daß ich zum ersten Mal in meinem Leben die Meinung meiner Frau teilte – so töricht sie auch sonst sein mag – und nach der dritten Nacht zustimmte, daß es unmöglich wäre, eine vierte in jenem Haus zu verbringen. Am vierten Morgen rief ich also die Frau, die das Haus verwaltete und uns betreute, und sagte ihr, daß die Zimmer doch nicht ganz unseren Anforderungen entsprächen und wir daher nicht mehr die ganze Woche bleiben wollten. Sie antwortete trocken: ›Ich weiß, warum – Sie sind länger geblieben als jeder bisherige Mieter. Wenige blieben eine zweite Nacht, keiner vor Ihnen eine dritte. Aber ich nehme an, sie sind sehr sanft mit Ihnen umgesprungen.‹

›Wer ist – sie?‹ fragte ich mit gekünsteltem Lächeln.

›Nun, sie – die in diesem Hause umgehen – wer sie auch sein mögen. Ich mache mir nichts mehr aus ihnen; schon vor vielen Jahren, als ich noch nicht als Angestellte in diesem Hause lebte, war das so. Ich weiß, eines Tages werden sie mein Tod sein. Aber deswegen mache ich mir keine Sorgen – ich bin alt und muß doch bald sterben; und dann werde ich weiter in diesem Hause sein, zusammen mit ihnen.‹ Die Frau sprach mit gefaßter, aber so trauriger Stimme, daß eine Art ehrfurchtsvoller Scheu mich davon abhielt, mich länger mit ihr zu unterhalten. Ich bezahlte für die ganze Woche, und meine Frau und ich waren überglücklich, so billig davongekommen zu sein.«

»Du machst mich neugierig«, sagte ich; »ich täte nichts lieber als einmal in einem Gespensterhaus schlafen. Bitte, gib mir die Adresse des Hauses, das du so schmählich verlassen hast.«

Mein Freund gab sie mir, und nachdem wir uns getrennt hatten, ging ich auf schnellstem Wege dorthin.

Das Haus befindet sich auf der Nordseite der Oxford Street, in einer langweiligen, aber vornehmen Gegend. Ich fand es abgeschlossen und verlassen – kein Zettel hing am Fenster, und niemand war da, der auf mein Klopfen antwortete. Als ich mich zum Gehen wandte, sprach mich ein Laufjunge an, der in der Nachbarschaft leere Bierflaschen einsammelte: »Wollen Sie jemand aus diesem Haus sprechen, Sir?«

»Ja; ich hörte, daß es zu vermieten sei.«

»Zu vermieten! – Die Frau, die es verwaltete, ist tot – seit drei Wochen tot, und es findet sich niemand, der ihren Posten übernehmen will, obwohl Mr. J— so viel dafür bietet. Er will meiner Mutter, die bei ihm saubermacht, ein Pfund die Woche geben, wenn sie nur die Fenster zum Lüften auf- und zumacht; aber sie hat es nicht angenommen.«

»Und warum nicht?«

»Das Haus ist verflucht: die alte Frau, die es verwaltete, wurde mit weit aufgerissenen Augen in ihrem Bett gefunden. Die Leute sagen, der Teufel hätte sie erwürgt!«

»Dummes Zeug! – Aber du sprachst von Mr. J—. Ist er der Eigentümer dieses Hauses?«

»Ja.«

»Wo wohnt er?«

»In der G— Straße Nr.—.«

»Was tut er – ist er ein Geschäftsmann?«

»Nein, Sir – nicht daß ich wüßte; es ist ein alleinstehender Herr.«

Ich gab dem Jungen ein kleines Trinkgeld, das er für seine freimütigen Informationen verdient hatte, und suchte Mr. J—in der G—Straße auf, die in dem gleichen Viertel lag, das sich eines verfluchten Hauses rühmen konnte. Ich hatte Glück und traf Mr. J— zu Hause an, einen älteren Herrn von intelligentem Aussehen und anziehendem Wesen.

Ohne weitere Umschweife nannte ich ihm meinen Namen und mein Anliegen. Ich sagte, ich hätte gehört, das Haus solle verflucht sein, daß es mich sehr danach verlangte, ein Haus mit einem so zweifelhaften Ruf zu untersuchen, und daß ich ihm sehr dankbar wäre, wenn er es mir wenigstens für eine Nacht vermieten würde. Ich fügte hinzu, daß ich willens wäre, ihm jeden Preis für dieses Vorrecht zu zahlen.

»Sir«, antwortete Mr. J— mit vollendeter Höflichkeit, »das Haus steht zu Ihren Diensten, ganz gleich, wie lange Sie es wollen. Eine Miete kommt nicht in Frage – ich habe Ihnen zu danken, falls es Ihnen gelingen sollte, die seltsamen Vorkommnisse zu ergründen, die es gegenwärtig jeden Wertes berauben. Ich kann es nicht vermieten, ja, ich bekomme noch nicht einmal einen Dienstboten, der es in Ordnung hält und die Leute empfängt. Unseligerweise spukt es in dem Haus, wenn ich diesen Ausdruck gebrauchen darf; und zwar nicht nur in der Nacht, sondern auch am Tage, wenn auch in der Nacht die Geschehnisse unangenehmer und manchmal beunruhigender sind. Die bedauernswerte alte Frau, die vor drei Wochen darin starb, war eine Arme, die ich aus dem Arbeitshaus geholt hatte; in meiner Kindheit hatte meine Familie die ihre gekannt. Sie war früher einmal so wohlhabend, daß sie jenes Haus von meinem Onkel gemietet hatte. Sie war eine gebildete, vernünftige Frau und die einzige Person, die ich je dazu bewegen konnte, in diesem Haus zu bleiben. Seit ihrem plötzlichen Tod und der amtlichen Leichenschau, die in der Nachbarschaft einiges Aufsehen erregte, kann ich niemand mehr finden, der das Haus verwalten will, geschweige denn einen Mieter. Ich bin so verzweifelt, daß ich es mit Freuden einem jeden ein ganzes Jahr lang mietefrei überlassen würde, wenn er nur die Steuern und Gebühren dafür tragen wollte.«

»Wie lange ist es her, seit das Haus diesen finsteren Charakter annahm?«

»Das kann ich Ihnen nicht genau sagen, aber es ist schon viele Jahre her. Die alte Frau, von der ich sprach, behauptete, daß es bereits verflucht war, als sie es vor ungefähr fünfunddreißig Jahren mietete. Ich habe mein Leben als Beamter der East India Company verbracht. Erst vor einem Jahr kehrte ich nach England zurück, weil ich das Vermögen meines Onkels geerbt hatte, unter dessen Nachlaß sich auch jenes Haus befand. Als ich es sah, war es verschlossen und unbewohnt. Man erzählte mir, daß es darin spuke und niemand es bewohnen wolle. Diese Geschichte erschien mir so töricht, daß ich nur darüber lachen konnte. Ich gab einiges Geld aus, um es reparieren zu lassen, kaufte ein paar moderne Stücke zu seinen altmodischen Möbeln dazu, gab eine Anzeige auf und bekam einen Mieter für ein Jahr. Es war ein mit halbem Gehalt pensionierter Oberst. Er zog mit seiner Familie ein; einem Sohn, einer Tochter und vier oder fünf Dienstboten. Sie alle verließen das Haus am nächsten Tage; und obwohl jeder von ihnen erklärte, er habe etwas ganz anderes gesehen als seine Mitbewohner, so war doch etwas Furchtbares allen ihren Erlebnissen gemeinsam. Ich konnte wirklich nicht mit gutem Gewissen den Colonel wegen Vertragsbruch verklagen, ja, nicht einmal übelnehmen konnte ich es ihm. Dann übergab ich das Haus der alten Frau, von der ich sprach, und ermächtigte sie, es in Wohnungen aufgeteilt zu vermieten. Ich hatte nie einen Mieter, der länger als drei Tage blieb. Ich will Ihnen nicht ihre Geschichte erzählen – nicht zwei von ihnen haben genau die gleichen Erscheinungen gesehen. Es ist besser, wenn Sie selbst urteilen und nicht schon beim Betreten des Hauses unter dem Einfluß irgendwelcher Berichte stehen; nur seien Sie darauf vorbereitet, das eine oder das andere zu sehen und zu hören, und treffen Sie alle Vorsichtsmaßnahmen, die Sie für richtig halten.«

»Und sind Sie nie neugierig gewesen, selbst eine Nacht in jenem Haus zu verbringen?«

»Ja. Ich habe jedoch nicht eine Nacht, sondern nur drei Stunden bei hellem Tageslicht darin zugebracht. Meine Neugier ist nicht befriedigt, wohl aber für alle Zeiten zum Schweigen gebracht. Ich habe kein Bedürfnis, das Experiment zu wiederholen. Sie sehen, Sir, Sie können sich nicht darüber beklagen, daß ich nicht offen genug zu Ihnen wäre; und wenn Ihr Interesse nicht außerordentlich groß und Ihre Nerven nicht außergewöhnlich stark sind, möchte ich Ihnen dringend davon abraten, eine Nacht in jenem Haus zu verbringen.«

»Mein Interesse ist aber außerordentlich groß«, gab ich zur Antwort, »und obwohl nur ein Narr sich einer völlig unbekannten Situation gegenüber seiner Nerven rühmt, so sind die meinen doch in einer solchen Vielfalt von Gefahren gereift, daß ich ein Recht dazu habe, mich auf sie zu verlassen – selbst in einem verfluchten Haus.«

Mr. J— sagte nicht mehr viel; er nahm die Schlüssel des Hauses aus seinem Schreibpult und gab sie mir. Ich dankte ihm herzlich für seine Offenheit und die liebenswürdige Erfüllung meines Wunsches, nahm die Schlüssel und trug sie wie einen Preis davon.

Sobald ich zu Hause angekommen war, ließ ich, voller Ungeduld auf mein Experiment, meinen vertrauten Diener rufen – einen fröhlichen jungen Mann, so furchtlos und frei von abergläubischen Vorurteilen, wie ich ihn mir nur wünschen konnte.

»F—«, sagte ich, »erinnerst du dich noch daran, wie enttäuscht wir waren, als uns damals in jenem alten Schloß in Deutschland, in dem eine kopflose Erscheinung hausen sollte, kein Gespenst begegnete? Nun, ich habe hier in London durch Zufall ein Haus ausfindig gemacht, von dem ich die begründete Hoffnung habe, daß es wirklich darin spukt. Ich habe die Absicht, heute nacht dort zu schlafen. Nach allem, was ich gehört habe, besteht kein Zweifel, daß sich irgend etwas sehen oder hören lassen wird – vielleicht etwas ungemein Grauenvolles. Falls ich dich mitnehmen sollte, meinst du, ich könnte mich auf deine Geistesgegenwart verlassen, was auch immer geschehen sollte?«

»Oh, Sir, bitte vertrauen Sie mir!« antwortete F—, vor Freude grinsend.

»Also gut; hier sind die Schlüssel des Hauses, dies ist die Adresse. Geh am besten gleich hin, und suche für mich ein Schlafzimmer aus, das du für geeignet hältst; und da das Haus seit Wochen nicht mehr bewohnt worden ist, mach ein gutes Feuer im Kamin – lüfte das Bett und sorge dafür, daß genügend Kerzen und Brennmaterial vorrätig sind. Nimm als Waffen für mich meinen Revolver und meinen Dolch mit und bewaffne dich selbst ebenfalls gut. Wir wären doch zwei sehr traurige Engländer, wenn wir nicht einem ganzen Dutzend Gespenster gewachsen sein würden!«

Für den Rest des Tages nahmen so dringende Geschäfte mich in Anspruch, daß mir keine Muße blieb, viel an mein nächtliches Abenteuer zu denken, für das ich meine Ehre verpfändet hatte. Ich aß allein und sehr spät zu Abend, und wie es meine Gewohnheit ist, las ich während des Essens. Ich wählte einen Band der Essays von Macaulay. Ich gedachte das Buch mitzunehmen; sein frischer, gesunder Stil und das blutvolle Leben seiner Charaktere würden ein gutes Mittel gegen den Einfluß abergläubischer Vorstellungen sein.

Gegen halb zehn etwa steckte ich mein Buch in die Tasche und spazierte gemächlich zu dem verfluchten Haus. Meinen Lieblingshund – einen ungemein scharfen, kühnen und wachsamen Bullterrier – nahm ich mit: ein Hund, der gern des Nachts in gespenstischen dunklen Ecken und Gängen den Ratten nachspürte – kurz, der Hund der Hunde für ein Gespenst.

Es war eine Sommernacht, jedoch kühl, und der Himmel war etwas düster und bedeckt. Der Mond schien – schwach und trübe zwar nur, aber er schien; und wenn die Wolken es zuließen, würde es nach Mitternacht heller werden.

Ich langte vor dem Haus an, klopfte, und mein Diener öffnete mir mit einem fröhlichen Lächeln.

»Alles in Ordnung, Sir, und sehr bequem.«

»Oh«, sagte ich ziemlich enttäuscht, »hast du nichts Merkwürdiges gesehen oder gehört?«

»Eigentlich schon, Sir; ich muß gestehen, daß ich etwas Seltsames hörte.«

»Gut! Was war es?«

»Es hörte sich an wie Schritte hinter meinem Rücken; und ein- oder zweimal waren es leise Geräusche, wie Flüstern dicht an meinem Ohr – weiter nichts.«

»Und du fürchtest dich auch bestimmt nicht?«

»Ich? Nicht im geringsten, Sir!« und der furchtlose Blick des Mannes beruhigte mich von neuem: mochte geschehen, was da wollte, er würde mich nicht im Stich lassen.

Wir standen in der Diele, die Tür zur Straße war geschlossen, und mein Hund zog jetzt meine Aufmerksamkeit auf sich. Er war zuerst eifrig hineingelaufen, dann aber zur Tür zurückgeschlichen und kratzte und winselte nun dort, um herausgelassen zu werden. Nachdem ich ihm den Kopf gestreichelt und ruhig zugesprochen hatte, schien der Hund sich jedoch der Lage zu fügen und folgte mir und F— durch das Haus. Anstatt aber neugierig vorauszulaufen, wie er es gewöhnlicherweise an allen sonderbaren Orten tat, hielt er sich dicht hinter mir. Zunächst besichtigten wir die unterirdischen Räume des Hauses, die Küche und anderen Gelasse und insbesondere die Keller, wo wir einige Flaschen Wein fanden, die voller Staub und Spinnweben, augenscheinlich seit Jahren unberührt, in einem Flaschengestell

lagen. Offensichtlich waren die Gespenster keine Wein-
trinker. In den übrigen Kellerräumen entdeckten wir
nichts von Interesse. Dann betraten wir einen finsteren
kleinen Hinterhof mit sehr hohen Wänden. Die Steine
auf diesem Hof waren sehr feucht, und in dem schleimi-
gen Belag aus Ruß und Staub auf dem Pflaster hinterließen unsere Füße leichte Spuren.

Und hier ereignete sich das erste seltsame Phänomen,
dessen ich in dieser Behausung Zeuge wurde. Ich sah,
wie sich plötzlich direkt vor mir ein Fußabdruck am
Boden formte. Ich blieb stehen, griff meinen Diener am
Arm und zeigte es ihm. Einen Schritt vor diesem Fußabdruck entstand genau so unvermittelt ein zweiter. Wir
sahen es beide. Ich ging schnell auf die Stelle zu, doch
die Fußabdrücke, klein wie die eines Kindes, wanderten
vor mir her. Die Spur war zu schwach, um ihre Umrisse
genau zu erkennen, aber es schien uns beiden der Abdruck eines nackten Fußes zu sein. Dieses Phänomen
endigte, als wir an der gegenüberliegenden Mauer an-
langten und wiederholte sich auch nicht, als wir zurück-
gingen. Wir stiegen wieder die Treppe hoch und betraten die hinteren Räume im Erdgeschoß, ein Eßzimmer,
ein kleines Wohnzimmer und ein drittes, noch kleineres
Zimmer, die wahrscheinlich alle drei der Familie eines Be-
diensteten gehört hatten. In allen war es totenstill. Dann
inspizierten wir die Gesellschaftszimmer, die neu und
wie frischgemacht aussahen. Im vorderen Zimmer setzte
ich mich in einen Lehnstuhl. F— stellte den Leuchter,
mit dem er uns den Weg gewiesen hatte, auf den Tisch.
Ich sagte ihm, er solle die Tür schließen. Als er sich zu
diesem Zweck umdrehte, setzte sich ein Stuhl an der

gegenüberliegenden Wand schnell und geräuschlos in Bewegung und blieb ungefähr einen Meter entfernt direkt vor meinem Stuhl stehen.

»Nun, das ist besser als Tischrücken«, sagte ich mit einem halben Lächeln; und als ich lachte, legte mein Hund den Kopf zurück und begann zu heulen.

F— kam zurück; er hatte die Bewegung des Stuhles nicht gesehen und beschäftigte sich damit, den Hund zu beruhigen. Ich starrte weiter auf den Stuhl und bildete mir ein, die blassen, bläulichen Umrisse einer menschlichen Gestalt darauf zu sehen. Jedoch waren diese Umrisse so undeutlich, daß ich nur meinen Augen mißtrauen konnte. Der Hund war jetzt ruhig.

»Stell den Stuhl hier zurück«, sagte ich zu F—, »stell ihn zurück an die Wand.«

F— gehorchte. »Waren Sie das, Sir?« fragte er, indem er sich plötzlich umdrehte.

»Ich? – was?«

»Etwas hat mich geschlagen. Ich fühlte es ganz deutlich auf der Schulter – genau hier.«

»Nein«, sagte ich; »aber hier sind Betrüger am Werk, und wenn wir auch ihre Tricks nicht herausbekommen, so werden wir sie doch fangen, bevor sie uns ins Bockshorn jagen.«

Wir blieben nicht länger in den Gesellschaftszimmern – es war in ihnen so feucht und kühl, daß ich mich direkt nach dem Feuer im oberen Stockwerk sehnte. Wir schlossen die Türen der Gesellschaftszimmer hinter uns ab, eine Vorsichtsmaßnahme, die wir bei allen Räumen getroffen hatten, die wir bisher durchsucht hatten. Das Schlafzimmer, das mein Diener für mich ausgewählt hatte, war das beste im ganzen Stockwerk – ein schönes großes Zimmer mit zwei Fenstern nach der Straßenseite zu. Das Himmelbett, das einen beträchtlichen Platz einnahm, stand gegenüber dem hell lodernden Feuer. Eine Tür in der linken Wand, zwischen dem Bett und dem einen Fenster, führte in das Zimmer, das mein Diener sich selbst zugeteilt hatte; es war nur ein kleiner Raum mit einem Schlafsofa, der keine Verbindung zum Treppenhaus hatte – man konnte nur durch mein Zimmer hineingelangen. Auf jeder Seite meines Kamins befand sich ein eingebauter Wandschrank, dessen Türen keine Schlösser hatten und mit der gleichen, langweiligen braunen Tapete bedeckt waren wie das ganze übrige Zimmer. Wir untersuchten die Wandschränke – nur Haken, um Damenkleider aufzuhängen, befanden sich darin – weiter nichts; wir klopften die Wände ab – offenbar fest und solide, die Außenwände des Hauses. Nachdem wir die Untersuchung dieser Räume beendet hatten, wärmte ich mich ein wenig auf und zündete mir eine Zigarre an. Darauf setzte ich, wieder von F— begleitet, meine Erkundungen fort. Auf unserem Treppenabsatz befand sich noch eine Tür; sie war fest verschlossen.

»Sir«, sagte mein Diener überrascht, »als ich kam, habe ich diese Tür genau wie alle anderen aufgeschlossen; sie kann auch nicht von innen verschlossen worden sein, denn – – –«

Ehe er seinen Satz beenden konnte, öffnete sich die Tür geräuschlos ganz von selbst; keiner von uns hatte sie in diesem Augenblick berührt. Unwillkürlich sahen wir einander in die Augen – der gleiche Gedanke war uns beiden gekommen: vielleicht würden wir hier irgendwelche Spuren menschlicher Tätigkeit entdecken. Ich stürmte zuerst hinein, mein Diener folgte. Ein kleiner, leerer, öder Raum ohne Möbel – einige leere Schachteln und Körbe lagen in einer Ecke – keine andere Tür außer der, durch die wir hineingekommen waren – kein Teppich auf dem Fußboden, der sehr alt und wurmstichig aussah, uneben und hier und da ausgebessert war, wie hellere Flecken auf dem Holz zeigten; aber kein lebendes Wesen und kein sichtbares Versteck, in dem sich jemand hätte verbergen können. Während wir so standen und umherblickten, schloß sich die Tür hinter uns genau so leise, wie sie sich geöffnet hatte; wir waren gefangen.

Zum ersten Mal spürte ich ein unbeschreibliches, schleichendes Grauen. Nicht so jedoch mein Diener. »Ha, die sollen nur nicht denken, daß sie uns einfangen können, Sir! Diese baufällige Tür könnte ich mit einem Fußtritt zertrümmern.«

»Versuche erst einmal, ob du sie mit der Hand öffnen kannst«, sagte ich und schüttelte die unbestimmte Furcht ab, die mich ergriffen hatte; »ich will inzwischen die Fensterläden aufmachen und nachsehen, was da draußen ist.«

Ich entriegelte die Läden – das Fenster lag über dem kleinen Hinterhof, den ich vorhin beschrieben habe, kein Fenstersims, kein Vorsprung unterbrach den steilen Sturz der Wand. Kein Mann, der aus jenem Fenster wollte, würde einen Halt finden – er müßte unweigerlich auf die Steine dort unten stürzen.

F— hatte derweil vergeblich versucht, die Tür zu

öffnen. Er drehte sich jetzt um und erbat meine Erlaubnis, Gewalt anwenden zu dürfen.

Und hier muß ich um der Gerechtigkeit willen einfügen, daß die Nerven, die Ruhe und sogar Fröhlichkeit meines Dieners, der selbst inmitten so außergewöhnlicher Ereignisse nicht die geringste abergläubische Furcht zeigte, meine uneingeschränkte Bewunderung hervorriefen; ich konnte mir nur gratulieren, daß ich mir einen in jeder Weise für dieses Unternehmen geeigneten Gefährten gesichert hatte.

Ich gab ihm gern die Erlaubnis. Aber obwohl er ein bemerkenswert kräftiger Mann war, richtete er mit Gewalt nicht mehr aus als vorher mit geringerer Kraftanwendung; die Tür rührte sich auch nicht unter seinen härtesten Fußtritten. Atemlos und keuchend gab er es auf. Da versuchte ich es selbst, aber ebenfalls vergebens. Als ich von meinen Anstrengungen verschnaufte, kroch wieder jenes Grauen in mir empor; aber diesmal war es kälter und hartnäckiger. Mir war, als stiege eine fremdartige, geisterhafte Ausdünstung aus den Ritzen des verfallenen Fußbodens und erfülle die Atmosphäre mit einem für menschliches Leben giftigen Einfluß. Leise und sehr langsam öffnete sich die Tür jetzt wieder von selbst. Wir stürzten hinaus auf den Treppenabsatz. Beide sahen wir nun ein großes, blasses Licht – groß wie eine menschliche Gestalt, aber ohne jede Form – vor uns die Stufen hinaufsteigen, die vom Treppenabsatz zum Dachgeschoß führten. Ich folgte dem Licht, und mein Diener kam hinter mir her. Es verschwand durch eine offenstehende, rechts vom Treppenabsatz in eine kleine Mansardenstube führende Tür. Ich folgte augenblicklich.

Das Licht schrumpfte zu einer kleinen, hell strahlenden und umherzuckenden Kugel zusammen, blieb einen Augenblick auf einem Bett in der Ecke ruhen, flackerte noch einmal auf und verschwand.

Wir traten an das Bett heran und untersuchten es. Es war ein kleines Himmelbett, wie man es gewöhnlich in Dachkammern findet, die den Dienstboten gehören. Auf der Kommode, die neben dem Kopfende des Bettes stand, sahen wir ein altes, verblichenes seidenes Taschentuch mit einem zur Hälfte genähten Riß; Nadel und Faden steckten noch darin, und darüber lag eine leichte Staubschicht; wahrscheinlich hatte es der alten Frau gehört, die kürzlich in diesem Hause gestorben war. Dies mochte ihr Schlafzimmer gewesen sein. Ich war neugierig genug, die Schubladen zu öffnen: einige weibliche Kleidungsstücke lagen darin und zwei Briefe, die fest mit einem ausgeblichenen gelben Band zusammengebunden waren. Ich war so frei, mir die Briefe anzueignen. Sonst fanden wir nichts in diesem Raum, das der Beachtung wert gewesen wäre. Auch das Licht erschien nicht wieder; aber als wir uns zum Gehen wandten, hörten wir deutlich Schritte vor uns auf dem Fußboden – direkt vor uns. Und während wir durch die anderen Dachkammern gingen (im ganzen waren es vier), wanderte das Geräusch der Schritte immer vor uns her. Nichts war zu sehen – nichts zu hören außer den Schritten. Die Briefe hielt ich in der Hand, und gerade als ich die Treppe hinunterging, fühlte ich deutlich, wie mein Handgelenk ergriffen wurde und irgend etwas den schwachen Versuch machte, mir die Briefe zu entwenden. Ich hielt sie nur noch fester, und die Umklammerung löste sich.

Wir gelangten nun wieder in mein Schlafzimmer. Erst jetzt bemerkte ich, daß mein Hund uns nicht gefolgt war, als wir das Zimmer verlassen hatten. Er drängte sich zitternd dicht an das Feuer. Ich brannte verständlicherweise darauf, die Briefe zu öffnen. Während ich sie las, öffnete mein Diener ein kleines Kästchen, in dem sich die Waffen befanden, die ich ihm mitzubringen befohlen hatte, nahm sie heraus und legte sie auf einen Tisch dicht am Kopfende meines Bettes. Dann beschäftigte er sich damit, den Hund zu beruhigen, der jedoch kaum darauf zu reagieren schien.

Die Briefe waren kurz – dem Datum nach genau fünfunddreißig Jahre alt. Augenscheinlich hatte ein Liebhaber sie an seine Geliebte oder ein Ehemann an seine junge Frau geschrieben. Nicht nur die Ausdrucksweise, auch eine deutliche Bezugnahme auf eine frühere Seereise ließen vermuten, daß der Schreiber ein Seemann gewesen war. Rechtschreibung und Handschrift waren die eines unvollkommen gebildeten Mannes, die Sprache selbst jedoch war kraftvoll und eindringlich. In den Zärtlichkeitsbezeugungen lag eine Art rauhe, wilde Liebe; aber hier und da befanden sich Andeutungen eines Geheimnisses, das nichts mit Liebe zu tun hatte – eines Geheimnisses, das auf ein Verbrechen hinzuweisen schien. »Wir müssen uns lieben«, lautete einer der Sätze, »denn wie würden uns alle anderen verfluchen, wenn alles herauskäme!« Weiter hieß es: »Laß niemand nachts mit Dir im selben Zimmer sein – Du redest im Schlaf.« Und weiter: »Was geschehen ist, kann nicht ungeschehen gemacht werden; und ich versichere Dir, nichts kann gegen uns vorgebracht werden, wenn nicht die

Toten wieder lebendig werden!« An dieser Stelle war in einer schöneren, weiblichen Handschrift hinzugefügt: »Sie sind es!« Und unter den Schluß des später datierten Briefes hatte dieselbe Frauenhand geschrieben: »Auf See umgekommen am 4. Juni, dem gleichen Tage, als—«

Ich ließ die Briefe sinken und begann über ihren Inhalt nachzugrübeln.

Ich fürchtete jedoch, daß diese Richtung meiner Gedanken meine Nerven beunruhigen könnte; und um meinen Geist für die möglicherweise zu erwartenden Wunder der fortschreitenden Nacht tauglich zu erhalten, stand ich auf, legte die Briefe auf den Tisch, schürte ein wenig das immer noch hell und fröhlich brennende Feuer und schlug meinen Macaulay auf. Ruhig las ich dann bis ungefähr halb zwölf. Danach warf ich mich angezogen auf mein Bett und sagte meinem Diener, er könne sich in sein Zimmer zurückziehen, solle sich aber bereithalten. Ich bat ihn, die Tür zwischen unseren Zimmern offenzulassen. Allein in meinem Zimmer, ließ ich zwei Kerzen auf dem Tisch am Kopfende meines Bettes brennen. Dann legte ich meine Uhr neben meine Waffen und widmete mich wieder meinem Macaulay. Mir gegenüber prasselte hell das Feuer, und auf dem Läufer vor dem Kamin lag der Hund; anscheinend schlief er.

Nach ungefähr zwanzig Minuten strich ein außerordentlich kalter Luftzug über mein Gesicht. Ich nahm zunächst an, daß die Tür zu meiner Rechten, die zum Treppenhaus führte, sich geöffnet hätte; doch nein – sie war geschlossen. Dann wandte ich meinen Blick nach links und sah, daß die Flammen der beiden Kerzen heftig und wie vom Wind bewegt flackerten. Im gleichen

Augenblick glitt die Uhr neben dem Revolver vom Tisch – sachte, sachte – wie von unsichtbarer Hand ergriffen, dann war sie verschwunden. Ich sprang auf und packte den Revolver mit der einen, den Dolch mit der anderen Hand: ich war nicht gewillt, meine Waffen das Schicksal der Uhr teilen zu lassen. So bewaffnet, ließ ich meine Blicke über den Fußboden schweifen – die Uhr war nirgends zu sehen. Jetzt klopfte es dreimal langsam, laut und deutlich am Kopfende meines Bettes. Mein Diener rief von nebenan: »Waren Sie das, Sir?«

»Nein; aber sei auf der Hut!«

Und nun erhob sich der Hund und setzte sich auf die Hinterbeine; seine Ohren ließ er dabei schnell vor und zurück spielen. Die Augen hielt er starr und mit einem so seltsamen Blick auf mich geheftet, daß ich meine ganze Aufmerksamkeit ihm zuwenden mußte. Langsam stand er auf und blieb mit gesträubtem Fell und dem gleichen wilden Blick stehen. Ich hatte jedoch keine Zeit, den Hund weiter zu beobachten. Mein Diener stürzte plötzlich aus seinem Zimmer, und wenn ich jemals schieres Grauen in einem menschlichen Gesicht gesehen habe, so war es in jenem Augenblick. Wäre ich ihm auf der Straße begegnet, ich hätte ihn nicht erkannt: so verändert waren seine Züge. Während er an mir vorbeirannte, flüsterte er kaum hörbar: »Laufen Sie – laufen Sie! Es ist hinter mir her!« Er erreichte die Tür zum Treppenhaus, riß sie auf und stürmte weiter. Ich folgte ihm unwillkürlich bis auf den Treppenabsatz und rief ihm nach, er solle stehenbleiben; aber ohne mich zu beachten, eilte er die Treppe hinunter, indem er sich am Geländer herabgleiten ließ und mehrere Stufen auf einmal nahm. Von meinem Standpunkt hörte ich, wie sich die Haustür öffnete und wieder zuschlug. Ich war allein in dem verfluchten Haus.

Einen Augenblick lang war ich unentschlossen, ob ich meinem Diener folgen sollte oder nicht; Stolz und Neugier jedoch verboten mir eine so feige Flucht. Ich ging zurück in mein Zimmer, schloß die Tür hinter mir und schritt vorsichtig weiter bis in die dahinterliegende Kammer. Nichts begegnete mir, was den Schrecken meines Dieners hätte rechtfertigen können. Ich untersuchte nochmals sorgfältig die Wände, um festzustellen, ob irgendwo eine verborgene Tür wäre. Ich konnte jedoch keine Spur einer solchen finden – nicht einmal einen Riß in der langweiligen braunen Tapete, mit der auch dieser ganze Raum ausgekleidet war. Auf welchem anderen Weg als durch mein Zimmer hatte also dies Etwas, das ihn so furchtbar entsetzt hatte, in seine Kammer gelangen können?

Ich ging wieder in mein Zimmer, machte die Tür zu der Kammer hinter mir zu, verschloß sie sorgfältig und stellte mich vor den Kamin, erwartungsvoll und vorbereitet. Da bemerkte ich, daß der Hund sich in eine Ecke gedrängt hatte und sich rückwärts mit aller Kraft dagegen stemmte, als wolle er sich mit Gewalt in die Wand hineinpressen. Ich trat zu dem Tier und sprach es an; die arme Kreatur war offensichtlich wahnsinnig vor Angst. Er zeigte die Zähne und Schaum troff von seinen Lefzen; hätte ich ihn berührt, würde er mich bestimmt gebissen haben. Er schien mich nicht zu erkennen. Wer einmal im Zoologischen Garten gesehen hat, wie ein von einer Schlange fasziniertes Kaninchen sich in einer Ecke zusammenkauert, kann sich eine Vorstellung von der Angst machen, die der Hund zeigte. Da alle meine Anstrengungen, das Tier zu beruhigen, vergeblich blieben, und weil ich fürchtete, sein Biß würde in diesem Zustand genau so giftig sein wie bei Tollwut, ließ ich ihn allein. Ich legte meine Waffen auf den Tisch neben dem Kamin, setzte mich hin und nahm meinen Macaulay wieder vor.

Wie der Leser vielleicht glauben mag, sieht es so aus, als übertreibe ich meinen Mut oder meine Ruhe, um dafür seine Bewunderung einzuheimsen; deshalb bitte ich um Verzeihung, wenn ich jetzt meine Schilderung unterbreche und ein oder zwei egoistische Bemerkungen einflechte.

Da ich der Ansicht bin, daß die Geistesgegenwart (die man auch Mut zu nennen pflegt) sich genau proportional zu der Vertrautheit mit den Umständen verhält, die zu ihr geführt haben, muß ich erwähnen, daß ich seit langer Zeit genügend vertraut mit allen Experimenten bin, die sich mit dem Wunderbaren befassen. Ich habe viele unerklärliche Vorgänge in verschiedenen Teilen der Welt gesehen – Phänomene, die entweder überhaupt nicht geglaubt oder übernatürlichen Kräften zugeschrieben würden, wenn ich sie erzählte. Nach meiner Theorie ist das Übernatürliche das Unmögliche, und das, was man übernatürlich nennt, nur ein Glied in der Kette der Naturgesetze, das wir bisher nicht gekannt haben. Sollte daher ein Geist vor mir erscheinen, habe ich nicht das Recht zu sagen: »Also ist das Übernatürliche doch möglich«, sondern ich müßte sagen: »Die Erscheinung eines Geistes bewegt sich, im Gegensatz

zur überkommenen Meinung, im Rahmen der Naturgesetze – das heißt, sie ist nicht übernatürlich.«

Bei allem, dessen ich bisher Zeuge gewesen bin, und
ebenfalls bei all den Wundern, die von den Amateuren
des Geheimnisvollen in unserem Jahrhundert berichtet
worden sind, wurde ein menschliches Medium benötigt.
Auf dem Kontinent werden Sie immer noch Magier finden, die behaupten, Geister beschwören zu können.
Wenn wir für den Augenblick einmal annehmen wollen,
daß ihre Behauptungen wahr sind, so ist dennoch ein
lebendes Wesen in Gestalt des Magiers vorhanden; er ist
das Medium, von dem durch irgendwelche angeborenen, konstitutionell bedingten Fähigkeiten gewisse seltsame Erscheinungen ausgehen und auf unsere Sinne einwirken.

Angenommen, daß die Erzählungen aus Amerika
über Manifestationen von Geistern genauso wahr sind –
ob sie sich nun durch Musik oder Geräusche äußern,
durch Schriften auf Papier, die von keiner sichtbaren
Hand hervorgebracht werden, durch Bewegungen von
Möbelstücken ohne jede wahrnehmbare menschliche
Einwirkung oder durch den tatsächlichen Anblick und
die Berührung von Händen, die zu keinem Körper zu
gehören scheinen –, so muß auch hier das *Medium* oder
das lebende Wesen mit diesen angeborenen, konstitutionell bedingten Fähigkeiten gefunden werden, das
diese Zeichen bewirken kann. Daraus ziehe ich den
Schluß, daß bei all diesen Wundern – selbst wenn wir
auf keinen Fall einen Betrug annehmen wollen – ein
menschliches Wesen wie wir selbst im Spiel sein muß,
von dem oder durch das diese anderen Menschen vor-

geführten Dinge veranlaßt werden. Auch mit dem nunmehr bekannten Phänomen des Mesmerismus oder sogenannten Heilmagnetismus verhält es sich so; der Verstand der behandelten Person wird durch eine materielle, lebendige Kraft beeinflußt. Angenommen, es wäre wahr, daß ein magnetisierter Patient über eine Entfernung von hundert Meilen hinweg auf den Willen oder die Gesten des Magnetiseurs reagiert, so ist seine Antwort doch durch ein materielles Fluidum·– nennen Sie es Elektrizität, nennen Sie es Telepathie, nennen Sie es, wie Sie wollen – hervorgebracht, das die Kraft besitzt, den Raum zu durchqueren, Hindernisse zu überwinden und materielle Wirkungen von dem einen zum anderen zu übertragen. Daher glaubte ich auch, daß alles, was ich bisher in diesem Hause erfahren hatte oder noch erfahren würde, durch irgendeine Kraft oder ein Medium verursacht würde, das genau so sterblich wäre wie ich selbst: und diese meine Vorstellung verhinderte bei mir die Entstehung jener abergläubischen Scheu, von der diejenigen, die alles als übernatürlich betrachten, was sich nicht im Rahmen der normalen Naturereignisse abspielt, angesichts der Abenteuer jener denkwürdigen Nacht befallen worden sein könnten.

Weil ich also vermutete, daß alles, was sich meinen Sinnen geboten hatte oder noch bieten würde, seinen Ursprung in einem mit diesen Fähigkeiten begabten und von irgendeinem Motiv zu diesem Tun getriebenen menschlichen Wesen haben müsse, war mein Interesse an dieser Theorie eher wissenschaftlicher als abergläubischer Natur. Und ich kann mit gutem Gewissen sagen, daß ich mich für meine Beobachtungen in der gleichen ruhigen Verfassung befand, mit der ein experimentierender Forscher das Resultat einer seltenen, vielleicht sogar gefährlichen chemischen Verbindung erwartet. Je mehr ich mich jedoch vor Phantasievorstellungen hütete, um so besser würde ich den für meine Beobachtungen erforderlichen Geisteszustand erreichen; deshalb wendete ich meine Augen und Gedanken auf den kräftigen, gesunden Menschenverstand, der aus den Seiten meines Macaulay sprach.

Plötzlich bemerkte ich, daß sich irgend etwas zwischen mein Buch und das Licht schob – die Seiten wurden überschattet. Ich blickte auf, und was ich jetzt zu sehen bekam, läßt sich nur sehr schwer, vielleicht überhaupt nicht beschreiben.

Es war eine Dunkelheit, die sich selbst und mit sehr unbestimmten Umrissen in der Luft formte. Ich kann nicht sagen, daß sie von menschlicher Gestalt war, und doch hatte sie mehr Ähnlichkeit damit oder, besser gesagt, mit dem Schatten einer menschlichen Gestalt als mit irgend etwas anderem. Wie sie so dastand, vollkommen deutlich gegen das Licht und die Luft um sie herum abgegrenzt, schienen ihre Ausmaße gigantisch zu sein; ihr höchster Punkt berührte fast die Decke. Während ich hinstarrte, ergriff mich ein Gefühl heftiger Kälte. Ein Eisberg hätte mich nicht stärker frösteln lassen können, noch hätte ich die Kälte eines Eisberges rein körperlich stärker empfinden können. Ich bin überzeugt, daß es nicht die Kälte war, die von Furcht verursacht wird. Während ich weiter hinstarrte, meinte ich – aber dies kann ich nicht mit Bestimmtheit behaupten – zwei Augen zu unterscheiden, die von der Höhe auf mich herabblickten. Einen Moment lang glaubte ich sie genau zu erkennen, im nächsten aber schienen sie verschwunden zu sein; zwei Strahlen eines fahlblauen Lichtes jedoch schossen weiterhin unaufhörlich durch die Dunkelheit, und zwar von der Höhe, in der ich, wie ich halb glaubte, halb zweifelte, dem Blick jener Augen begegnet war.

Ich versuchte krampfhaft zu sprechen, aber meine Stimme ließ mich gänzlich im Stich; ich konnte nur denken: »Ist dies Furcht? – nein, es ist *nicht* Furcht!« Ich bemühte mich aufzustehen – vergebens; es war, als laste eine unwiderstehliche Kraft auf mir. Mein Eindruck war in der Tat der einer unermeßlichen und überwältigenden, sich über jede Willenskraft hinwegsetzenden Macht – jenes Gefühl völliger Unzulänglichkeit, sich mit einer übermenschlichen Kraft messen zu können, das man *körperlich* in einem Sturm auf See, bei einer Feuersbrunst oder bei einer Begegnung mit einer wilden Bestie, vielleicht einem Haifisch, verspüren kann. So jedenfalls empfand ich es im moralischen Sinne. Meinem Willen stand ein anderer gegenüber, der so überlegen war, wie Sturm, Feuer oder ein Haifisch als materielle Kraft der Kraft des Menschen überlegen sind.

Und jetzt, während dieser Eindruck in mir wuchs, kam schließlich das Grauen – Grauen in einem Maße, wie keine Worte es vermitteln können. Trotzdem behielt ich meinen Stolz, wenn nicht sogar Mut, und in Gedanken sprach ich zu mir: »Dies ist wohl Grauen, aber es ist nicht Furcht; solange ich mich nicht fürchte, kann mir nichts geschehen; meine Vernunft bestreitet die Existenz dieser Erscheinung, es ist eine Illusion – ich fürchte mich nicht.« Mit einer heftigen Anstrengung gelang es mir schließlich, meine Hand nach der Waffe auf dem Tisch auszustrecken; doch während ich dies tat, erhielt ich auf Arm und Schulter einen seltsamen Schlag, und mein Arm fiel kraftlos zur Seite. Und um mein Grauen noch zu verstärken, begann das Licht von den Kerzen langsam zu schwinden; es wurde nicht gelöscht, sondern die Flammen schienen nach und nach von den Kerzen abgezogen zu werden; genau so geschah es mit dem Feuer im Kamin – das Licht wurde aus dem Brand gezogen. In wenigen Minuten lag der Raum in völliger Finsternis.

Das Entsetzen, das mich bei dem Gedanken überfiel, in dieser Finsternis jenem dunklen Etwas ausgeliefert zu sein, dessen Macht ich so intensiv gefühlt hatte, führte zu einer Reaktion meiner Nerven. Mein Grauen hatte in der Tat jenen Höhepunkt erreicht, an dem ich den Bann durchbrechen mußte, oder meine Sinne hätten mich verlassen. Und ich brach den Bann. Ich fand meine Stimme wieder, wenn es auch nur ein Aufschrei war. Ich erinnere mich, daß ich etwa in folgende Worte ausbrach: »Ich fürchte mich nicht – bei meiner Seele, ich fürchte mich nicht!« und zur gleichen Zeit fand ich die Kraft, mich zu erheben. Weiterhin von dieser tiefen Finsternis umgeben, stürzte ich zu einem der Fenster, zerrte den Vorhang beiseite und riß die Läden auf; mein einziger Gedanke war: *Licht!* Und als ich den Mond sah, klar, hoch und ruhig, empfand ich eine Freude, die mich fast für das vorausgegangene Entsetzen entschädigte. Da war der Mond, und da war auch das Licht der Gaslaternen in der verlassenen, verschlafenen Straße. Ich sah mich um und blickte zurück ins Zimmer; der Mond durchdrang nur sehr schwach und an einigen Stellen die Dunkelheit – aber es war wenigstens Licht. Das dunkle Etwas, was es auch gewesen sein mochte, war verschwunden – nur einen schwachen Schatten konnte ich noch sehen, der wie der Schatten jenes Gespenstes auf die gegenüberliegende Wand fiel.

Mein Blick fiel nun auf den Tisch: unter diesem (es war ein alter runder Mahagonitisch ohne jede Decke) erschien jetzt eine Hand, sichtbar bis zum Handgelenk. Dem Anschein nach war sie aus Fleisch und Blut wie meine eigene, sah aber aus wie die Hand eines alten Menschen – mager, klein und faltig – die Hand einer Frau. Diese Hand schloß sich lautlos um die beiden Briefe, die auf dem Tisch lagen, und verschwand mit ihnen. Dann erklang dreimal das gleiche, laute, gemessene Klopfen am Kopfende meines Bettes, das ich schon zu Beginn dieses außergewöhnlichen Dramas gehört hatte.

Als diese Töne langsam verklangen, fühlte ich, wie der ganze Raum spürbar vibrierte; und am entferntesten Ende des Zimmers stiegen aus dem Fußboden Funken und kleine, wie lichtgefüllte Seifenblasen anzusehende Kugeln in vielen Farben – grün, gelb, feuerrot und azurblau. Auf und nieder, hin und her, hierhin und dorthin wie winzige Irrlichter zuckten die Funken, langsam oder schnell, jeder wie nach eigener Laune. Ein Stuhl (wie unten im Wohnzimmer) wurde jetzt ohne sichtbare Einwirkung von der Wand gerückt und an die gegenüberliegende Seite des Tisches gestellt. Und plötzlich, wie aus dem Holz des Stuhles, wuchs eine Gestalt – die Gestalt einer Frau. Sie war deutlich wie eine Figur des Lebens – gespenstisch wie eine Gestalt des Todes. Das Gesicht hatte ein jugendliches Aussehen, mit einem seltsamen, schmerzlich-schönen Zug. Hals und Schultern waren entblößt, der übrige Körper in eine weite, wolkigweiße Robe gehüllt. Sie begann ihr langes blondes Haar glattzustreichen, das ihr über die Schultern fiel; ihre Augen waren auf die Tür gerichtet. Sie schien zu lauschen, und zu warten. Der schwache Schatten auf der Wand im Hintergrund wurde dunkler, und wiederum meinte ich im höchsten Punkt dieses Schattens ein glimmendes Augenpaar zu erkennen – zwei Augen, die sich auf die Gestalt am Tisch hefteten.

Durch die Tür, obwohl sie sich nicht öffnete, trat jetzt, langsam aus dem Nichts heraus wachsend und genauso gespenstisch, die Gestalt eines Mannes – eines jungen Mannes. Sie war nach der Mode des letzten Jahrhunderts gekleidet, oder genauer gesagt, sie *schien* in eine solche Kleidung gehüllt zu sein (denn obgleich sowohl die männliche als auch die weibliche Gestalt deutlich erkennbar waren, so waren sie doch offensichtlich körperlos, unfaßbare Trugbilder – Phantome). Ein seltsamer, grotesker, jedoch furchterregender Gegensatz lag in dem ganzen Bild – der Gegensatz zwischen dem höfischen Prunk, dem raffinierten Schnitt jener altmodischen, von Rüschen, Spitzen und Schnallen gezierten Tracht und dem leichenhaften Anblick und der gespenstischen Lautlosigkeit ihres vorüberschwebenden Trägers. Gerade als sich die männliche Gestalt der weiblichen näherte, löste sich der Schatten von der Wand und hüllte das ganze Bild in Dunkel. Als das fahle Licht wiederkehrte, sah es so aus, als befänden die beiden

Phantome sich gänzlich in der Gewalt des Schattens, der wie ein Turm zwischen ihnen aufragte. Auf der Brust der weiblichen Gestalt zeichnete sich ein Blutfleck ab, während die männliche sich auf ihr Schwert stützte und Blut aus den Spitzen und Rüschen ihrer Kleidung zu tropfen schien. Dann verschlang sie die Dunkelheit des zwischen ihnen thronenden Schattens – sie waren verschwunden. Und wieder schossen, segelten und wogten die lichtgefüllten Seifenblasen umher, wurden dichter und dichter, wirrer und wirrer in ihren Bewegungen.

Die Tür des Wandschrankes rechts neben dem Kamin öffnete sich jetzt, und heraus trat die Gestalt einer alten Frau. In der Hand hielt sie zwei Briefe – dieselben Briefe, die jene Hand vorhin entwendet hatte. Hinter ihr hörte ich Schritte; sie drehte sich um und schien zu lauschen, dann öffnete sie die Briefe und begann zu lesen – und über ihre Schulter blickte ein bleifarbenes Gesicht, das Gesicht eines Mannes, der lange Zeit ertrunken im Wasser gelegen haben mußte. Es war aufgedunsen und ausgeblichen, Seetang und Algen hingen in seinem tropfenden Haar. Zu ihren Füßen lag eine Gestalt wie ein Leichnam, und neben diesem Körper kauerte ein Kind – ein elendes, schmutziges Kind, dem Hunger in die Wangen und Furcht in die Augen geschrieben waren. Und während ich das Gesicht der alten Frau betrachtete, schwanden die Runzeln und Falten, und das Gesicht wurde jugendlich – mit harten Augen zwar und wie aus Stein gehauenen Zügen, aber doch jugendlich. Und dann glitt der Schatten auf sie zu und löschte auch diese Phantome aus.

Nichts war nun geblieben als jener Schatten, auf den

ich starr meine Blicke geheftet hielt, bis wiederum ein Augenpaar aus dem Dunkel wuchs – boshafte, schlangenartige Augen. Und wieder stiegen und fielen die Lichtblasen, und ihre ungeordnete, wirre Masse mischte sich mit dem blassen Mondlicht. Und wie aus der Schale eines Eies barsten jetzt aus jeder dieser kleinen Kugeln scheußliche Dinge; so blutlose und entsetzliche Larven, daß ich sie auf keine andere Weise beschreiben kann, als den Leser an das schwärmende Leben in einem Wassertropfen zu erinnern, das ein starkes Mikroskop seinem Auge sichtbar macht – durchsichtige, geschmeidige, bewegliche Wesen, die einander jagten und gegenseitig verschlangen – Formen, die noch nie ein bloßes Auge erblickt hatte. So unsymmetrisch wie ihre Gestalten, so sinnlos und ohne jegliche Ordnung waren auch ihre Bewegungen. In ihrem höllischen Tanz lag nichts Belustigendes; dichter und dichter, schneller und immer schneller umkreisten sie mich, schwärmten über meinem Kopf und krochen über meinen rechten Arm, den ich in einer unwillkürlichen Reflexbewegung abwehrend gegen diese üblen Wesen ausgestreckt hatte. Manchmal fühlte ich mich berührt, aber nicht von ihnen – unsichtbare Hände betasteten mich. Einmal war es mir, als legten sich kalte, weiche Finger um meine Kehle. Ich war mir jedoch bewußt, daß ich mich in größter körperlicher Gefahr befinden würde, sobald die Furcht über mich die Oberhand gewann; ich konzentrierte also alle meine Kräfte und Fähigkeiten auf einen einzigen Brennpunkt: hartnäckigen Widerstand! Und ich wandte meinen Blick von dem Schatten ab – vor allem von diesen boshaften, schlangenartigen Augen, die jetzt ganz deutlich sichtbar geworden waren. Denn nur von dort und von nirgendwo anders, das wußte ich, ging dieser *Wille* aus – ein Wille von ungleich stärkerer, Böses schöpfender Kraft, der meinen eigenen zu zermalmen drohte.

Das fahle Licht im Zimmer begann sich jetzt zu röten, wie die Luft in der Nähe einer Feuersbrunst. Die gespenstischen Larven wurden leuchtender, wie Wesen, die im Feuer leben. Wieder vibrierte der Raum, wieder hörte ich die drei lauten, gemessenen Schläge, und wieder wurde alles von der Dunkelheit des finsteren Schattens verschlungen, als wäre alles aus dieser Dunkelheit entsprungen und kehre nun in ihren Schoß zurück.

Als das Dunkel sich verzogen hatte, war der Schatten vollständig verschwunden. Langsam, wie sie abgezogen worden waren, wuchsen die Flammen wieder aus den Kerzen, wuchs die Lohe wieder aus dem Holz auf dem Kaminrost. Das ganze Zimmer wurde wieder ruhig, freundlich und hell.

Die beiden Türen waren ungeöffnet, die Kammer meines Dieners immer noch verschlossen, wie ich sie verlassen hatte. In der einen Ecke des Zimmers, in die er sich so krampfhaft gepreßt hatte, lag mein Hund. Ich rief ihn an – er bewegte sich nicht. Ich ging zu ihm – das Tier war tot; die Zunge hing ihm weit aus dem Maul, und Schaum bedeckte seine Kiefer. Ich nahm ihn in die Arme und trug ihn zum Feuer. Brennender Schmerz um den Verlust meines armen Lieblings erfaßte mich – quälende Selbstanklage. Ich beschuldigte mich der Ursache an seinem Tode, denn ich nahm an, daß er vor Furcht gestorben sei. Aber wie groß war meine Überraschung, als ich feststellte, daß sein Genick gebrochen war! War dies während der Dunkelheit geschehen? – mußte es nicht eine Hand getan haben, die so irdisch war wie meine? – mußte nicht irgendeine materielle Kraft außer mir die ganze Zeit über in diesem Zimmer gewesen sein? Dies war ein guter Grund zu einer solchen Vermutung. Ich will es jedoch nicht behaupten. Ich kann nicht mehr tun als gewissenhaft die Tatsachen berichten. Der Leser mag seine eigenen Schlüsse ziehen.

Noch einen überraschenden Umstand muß ich berichten: meine Uhr, die auf so mysteriöse Weise vom Tisch verschwunden war, lag wieder an ihrem Platz; aber sie ging nicht mehr. Sie war im gleichen Augenblick, als sie verschwand, stehengeblieben und geht trotz aller Kunst des Uhrmachers bis zum heutigen Tag nicht wieder – das heißt, sie geht manchmal für ein paar Stunden auf eine seltsame, unregelmäßige Weise, um dann aber wieder stehenzubleiben – sie ist praktisch wertlos geworden.

Für den Rest der Nacht ereignete sich nichts mehr. Auch brauchte ich nicht mehr lange auf die Dämmerung zu warten, aber erst bei hellem Tageslicht verließ ich das verfluchte Haus. Bevor ich jedoch ging, besuchte ich noch einmal das kleine, geheimnisvolle Zimmer, in dem mein Diener und ich eine Zeitlang gefangen gewesen waren. Ich hatte die starke Vermutung – weshalb, kann ich nicht genau sagen –, daß von jenem Raum aus der ›Mechanismus‹ der Erscheinungen (wenn ich diesen Ausdruck gebrauchen darf) gesteuert wurde, die ich in meinem Zimmer erlebt hatte. Und obgleich ich ihn jetzt am hellen Tage betrat und die Sonne durch die trüben Fensterscheiben schien, empfand ich wieder dieses aus dem Fußboden und in mir hochkriechende Grauen, das ich zum ersten Mal am Abend davor gespürt hatte und welches durch die Ereignisse in meinem Zimmer noch so vertieft worden war. Ich konnte es in der Tat nicht länger als eine halbe Minute zwischen diesen Wänden aushalten. Als ich die Treppe hinunterstieg, hörte ich wieder die Schritte vor mir, und als ich die Haustür öffnete, meinte ich ein leises Lachen hinter mir zu hören.

In der Erwartung, meinen fortgelaufenen Diener dort zu finden, erreichte ich meine Wohnung. Aber weder hatte er sich hier gezeigt, noch hörte ich drei volle Tage lang etwas von ihm. Erst am vierten Tag erhielt ich einen Brief von ihm aus Liverpool mit etwa folgendem Inhalt:

»Sehr verehrter gnädiger Herr – ich bitte untertänigst um Ihre Verzeihung, wenn ich auch kaum hoffen kann, daß Sie mich dieser für würdig erachten werden; es sei denn – was der Himmel verhüten möge –, Sie hätten das gleiche gesehen wie ich. Ich fühle, daß es Jahre dauern wird, ehe ich mich davon erholt habe. Es besteht kein Zweifel, daß ich daher weiterhin nicht mehr für Ihren Dienst tauglich bin. Ich fahre deshalb zu meinem Schwager nach Melbourne. Das Schiff läuft morgen aus. Vielleicht wird mir die lange Seereise guttun; denn noch jetzt zittere ich am ganzen Leibe, fahre dauernd erschrokken hoch und bilde mir ein, Es stände hinter mir. Ich bitte Sie untertänigst, verehrter gnädiger Herr, meine Kleider und was vielleicht noch an Lohn für mich aussteht, an meine Mutter in Walworth schicken zu lassen. John weiß ihre Adresse.«

Der Brief endete mit weiteren, etwas unzusammenhängenden Entschuldigungen sowie erklärenden Einzelheiten zu verschiedenen Dingen, die während seiner Dienstzeit bei mir unter seiner Obhut gestanden hatten.

Diese Flucht mag bei dem Leser vielleicht den Verdacht erwecken, daß der Mann auf jeden Fall nach Australien wollte und auf diese oder jene Weise betrügerisch mit den Geschehnissen der letzten Nacht zu tun hatte. Ich will nichts gegen diese Vermutung sagen, möchte sie aber für eine Lösung halten, die vielen Leuten als die wahrscheinlichste bei unwahrscheinlichen Ereignissen erscheinen mag. Mein Glaube an meine eigene Theorie blieb jedoch davon unerschüttert. Ich kehrte am Abend mit einer gemieteten Pferdedroschke zu dem verfluchten Haus zurück, um meine zurückgelassenen Sachen und den Körper meines armen Hundes abzutransportieren. Bei diesem Unternehmen wurde ich weder gestört, noch ereignete sich irgend etwas Bemerkenswertes, mit Ausnahme der Schritte, die ich wiederum beim Erklimmen und Herabsteigen der Treppe vor mir hörte.

Nachdem ich das Haus verlassen hatte, begab ich mich sofort zu Mr. J—. Er war zu Hause. Ich gab ihm die Schlüssel zurück, sagte ihm, daß meine Neugier ausreichend befriedigt wäre und wollte gerade eine kurze Schilderung der Vorgänge der letzten Nacht geben, als er mich unterbrach und höflich darauf hinwies, daß er kein Interesse daran habe, noch mehr über ein Geheimnis zu hören, das doch niemand bis jetzt gelöst hätte.

Ich entschloß mich aber, ihm wenigstens von den zwei Briefen zu erzählen, die ich gelesen hatte, und auf welch außergewöhnliche Art sie verschwunden waren. Dann fragte ich ihn, ob sie vielleicht an die alte Frau adressiert gewesen sein könnten, die vor kurzem in diesem Haus gestorben war, und ob es irgend etwas in ihrer Vergangenheit gäbe, was möglicherweise die dunklen Andeutungen in jenen Briefen bestätigen könnte. Mr. J— schien überrascht zu sein, und nachdem er einige Augenblicke nachgedacht hatte, antwortete er: »Mit der frühesten Vergangenheit dieser Frau bin ich nur wenig vertraut; ich weiß lediglich, wie ich Ihnen schon erzählte, daß ihre Familie der meinen bekannt war. Aber Sie wecken in mir einige verschwommene Erinnerungen, die nicht zu ihrem Vorteil gereichen. Ich werde Nachforschungen anstellen und Sie von den Ergebnissen unterrichten. Doch auch wenn wir den volkstümlichen Aberglauben nicht bestreiten wollen, nach dem jemand, der ein Verbrechen begangen hat oder das Opfer eines solchen geworden ist, nach seinem Tode den Schauplatz jenes Geschehens als rastloser Geist wieder aufsucht, so müßten wir doch beachten, daß das Haus schon lange vor dem Tode der alten Frau von seltsamen Gesichtern und Geräuschen unsicher gemacht wurde – Sie lächeln – was wollten Sie sagen?«

»Ich wollte nur sagen, daß ich davon überzeugt bin, die Spuren menschlicher Tätigkeit zu finden, wenn wir diesen Geheimnissen auf den Grund gehen würden.«

»Wie! Sie glauben, daß alles nur Betrug ist? Aber zu welchem Zweck?«

»Nicht ein Betrug im gewöhnlichen Sinne des Wortes. Wenn ich plötzlich in einen tiefen Schlaf sinken würde, aus dem Sie mich nicht erwecken könnten, in dem ich aber Fragen mit einer Genauigkeit beantworten könnte, die ich in wachem Zustand nie erreichen würde – Ihnen zum Beispiel sagen, was für Geld und wieviel davon Sie in der Tasche haben, ja sogar Ihre Gedanken erraten könnte –, so braucht dies nicht notwendigerweise ein Betrug zu sein, wie es auch nicht unbedingt übernatürlich zu sein braucht. Ich könnte mich, mir selbst nicht bewußt, unter einem mesmerischen Einfluß befinden, der aus Entfernung von irgendeinem menschlichen Wesen auf mich ausgeübt wird, das durch eine frühere Kontaktnahme Macht über mich gewonnen hat.«

»Aber wenn der Magnetiseur auch imstande ist, andere Lebewesen zu beeinflussen, können Sie sich auch vorstellen, daß er ebenfalls auf leblose Gegenstände einwirken kann: Stühle bewegen – Türen öffnen und schließen?«

»Oder an alle diese Fähigkeiten glauben, obwohl wir doch niemals in Kontakt mit der Person gekommen sind, die so auf uns einwirkt? Nein. Was man gewöhnlich Mesmerismus nennt, ist nicht dazu imstande; aber es mag eine Kraft geben, die dem Mesmerismus ähnlich, ihm jedoch überlegen ist – die Kraft, die in alten Zeiten Magie genannt wurde. Daß solch eine Kraft sich auf alle leblosen Gegenstände ausdehnen kann, will ich nicht behaupten; wenn es aber so wäre, verstieße es nicht gegen die Natur – es wäre nur eine sehr seltene Naturkraft, die Personen mit gewissen besonderen Fähigkeiten verliehen sein und durch Übung zu einer außerordentlichen Vervollkommnung gebracht werden könnte. Daß solch eine Kraft sich über den Tod hinaus erstrecken kann – das heißt über gewisse Gedanken und Erinnerungen, die noch den toten Körpern innewohnen können –, ist eine sehr alte, wenn auch unentwickelte Theorie, über die ich mir keine Meinung erlauben möchte; diese Kraft zwingt zwar nicht das, was man im eigentlichen Sinne *Seele* nennt, und welche sich jeder menschlichen Einwirkung entzieht, sondern eher ein Phantom dessen, was auf Erden am Irdischsten gewesen ist, sich unseren Sinnen sichtbar zu machen. Auf keinen Fall aber gebe ich zu, daß diese Kraft übernatürlich wäre. Lassen Sie mich zur Erläuterung ein Experiment schildern, das Paracelsus als nicht schwierig beschreibt und das der Autor der ›Kuriositäten der Literatur‹ als glaubwürdig zitiert: eine Blume verwelkt; man verbrennt sie. Was auch immer die Elemente dieser Blume zu ihren Lebzeiten gewesen sind, sie sind verschwunden, verstreut, niemand weiß, wohin; man kann sie nicht wieder entdecken oder sammeln. Aber mit Hilfe der Chemie kann man aus dem Aschenstaub jener Blume das gleiche Spektrum gewinnen, das sie zu ihren Lebzeiten besessen hat. Genau so mag es mit dem Menschen sein. Die Seele ist genau so entflohen wie die Substanz oder die Elemente der Blume. Und doch kann man noch ein Spektrum daraus gewinnen.

Doch dieses Phantom, das der volkstümliche Aberglaube für die Seele hält, darf auf keinen Fall mit der wahren Seele verwechselt werden; es ist nur ein Idol, ein Trugbild der toten Form. Was uns daher selbst bei den glaubwürdigsten Geister- und Gespenstergeschichten auffällt, ist die Abwesenheit dessen, was wir für das wesentlichste Merkmal der Seele halten: die Abwesenheit höherer, unabhängiger Intelligenz. Diese Erscheinungen kommen ohne jeden ersichtlichen Grund, und nur selten sprechen sie dabei; wenn sie aber sprechen, äußern sie keine Gedanken, die sich über die eines normalen Sterblichen erheben. Amerikanische Geisterseher haben Bände von Berichten solcher Séancen in Prosa und in Versform veröffentlicht, deren Inhalt ihren Versicherungen nach von den berühmtesten Toten stammen soll – Shakespeare, Bacon und weiß der Himmel, von wem noch. Diese Offenbarungen, selbst wenn wir die besten von ihnen nehmen, sind gewiß nicht um ein Jota von höherer Intelligenz, als sie ein talentierter Sterblicher von durchschnittlicher Bildung verfassen könnte; sie sind erstaunlich viel minderwertiger als alles, was Bacon, Shakespeare oder Plato zu Lebzeiten gesagt oder geschrieben haben. Und was noch auffälliger ist, sie enthalten nie eine Idee, die nicht schon vorher auf Erden gewesen ist. So wunderbar daher solche Phänomene auch sein mögen (vorausgesetzt, daß sie wahr sind), sehe ich darin doch vieles, was die Philosophie bezweifeln kann, nichts aber, was es der Philosophie zur Pflicht macht, es zu bestreiten, das heißt: nichts Übernatürliches. Sie sind nur Gedanken, die auf die eine oder andere Weise (die Mittel dazu haben wir noch nicht entdeckt) von einem sterblichen Gehirn zum anderen übertragen werden. Ob dabei nun Tische von selbst spazierengehen, teuflische Gestalten in einem magischen Zirkel erscheinen, Hände aus dem Nichts kommen und feste Gegenstände entfernen oder ein aus Dunkelheit geformter Schemen, wie er sich mir gezeigt hat, unser Blut gerinnen läßt, bleibt sich gleich; es kann mich nicht von meiner Vorstellung abbringen, daß es sich nur um Vorstellungen handelt, die wie durch elektrische Drähte zwischen meinem Gehirn und einem anderen übermittelt werden. In der Struktur des einen Körpers überwiegt eine bestimmte chemische Zusammensetzung, und hier mag diese Übertragung chemische Wunder bewirken; in einem anderen wieder überwiegt ein natürliches Fluidum, nennen wir es Elektrizität, und diese erzeugt vielleicht elektrische Wunder.

Aber diese Wunder unterscheiden sich in folgendem von der normalen Wissenschaft: sie sind zwecklos, ziellos, kindisch und frivol. Sie führen zu keinen großen Resultaten; deswegen beachtet die Welt sie nicht, und die wahren Weisen haben sich nicht tiefergehend damit befaßt. Ich bin jedoch gewiß, daß ein Mensch, so irdisch wie ich selbst, der eigentliche Urheber all dessen ist, was ich gesehen und gehört habe; und ich glaube, daß er sich selbst nicht bewußt ist, welche Wirkungen er dabei hervorruft; und zwar aus diesem Grunde glaube ich es: nicht zwei Personen, wie Sie erzählten, haben je das gleiche erlebt. Nun, wie Sie wissen, haben auch nie zwei Leute genau den gleichen Traum. Wenn dies ein gewöhnlicher Betrug wäre, würde die Maschinerie, die alles in Bewegung setzt, so eingerichtet sein, daß sich die Ergebnisse nur wenig voneinander unterscheiden; wenn es eine übersinnliche Kraft wäre, geduldet von dem Allmächtigen, hätte sie gewiß eine ganz bestimmte Zielsetzung. Dieses Phänomen aber gehört zu keiner dieser Klassen; nach meiner Überzeugung hat es seinen Ursprung in einem Gehirn, das sich jetzt weit entfernt befindet und welches keine fest umrissenen Vorstellungen hat, was eigentlich geschehen sollte. Was hier geschieht, sind nur Reflexionen seiner vom gewöhnlichen Wege abweichenden, ständig wechselnden, halb geformten Gedanken; in Kürze, es sind nur die Träume eines solchen Gehirns, die hier wirksam werden und eine fast stoffliche Gestalt annehmen. Ich glaube, daß dieses Gehirn eine gewaltige Macht besitzt, daß es die Materie in Bewegung setzen kann, daß es bösartig und zerstörerisch ist. Eine stoffliche Kraft muß meinen Hund getötet haben; dieselbe Kraft müßte, soviel ich weiß, ausgereicht haben, auch mich zu töten, wenn die Furcht mich so überwältigt hätte wie meinen Hund, wenn mein Verstand oder mein Mut mir nicht eine entsprechende Widerstandskraft in meinem Willen verliehen hätten.«

»Ihr Hund ist getötet worden! Das ist fürchterlich! Übrigens, seltsamerweise ist tatsächlich kein Tier zu bewegen, in jenem Hause zu bleiben; nicht einmal eine Katze. Auch Ratten und Mäuse hat man nie darin gefunden.«

»Der Instinkt der unverbildeten Kreatur spürt eben die Einflüsse, die tödlich für ihre Existenz sind. Die Sinne des Menschen sind weniger ausgebildet, weil die Natur ihm eine überlegene Widerstandskraft verliehen hat. Können Sie meiner Theorie folgen?«

»Ja, wenn auch unvollkommen – aber ich akzeptiere lieber jede noch so grillenhafte Deutung (verzeihen Sie bitte diesen Ausdruck), als daß ich mich ohne weiteres dem Glauben an Gespenster und Kobolde hingebe, der uns in unseren Kinderstuben eingeflößt worden ist. Aber wie dem auch sei, das Unheil mit meinem Hause bleibt das gleiche. Was um alles in der Welt soll ich nur damit anfangen?«

»Ich will Ihnen sagen, was ich tun würde. Durch ein

ganz bestimmtes Gefühl bin ich davon überzeugt, daß der kleine unmöblierte Raum rechts neben dem Schlafzimmer, das ich benutzte, den Ausgangspunkt oder die Antenne für die Einflüsse bildet, die das Haus beherrschen; ich rate Ihnen dringend, die Wände öffnen und den Fußboden abheben zu lassen – am besten aber das ganze Zimmer niederzureißen. Ich habe festgestellt, daß es außen über dem kleinen Hinterhof angebaut ist und ohne Beschädigung des übrigen Teils des Hauses entfernt werden kann.«

»Und Sie glauben, wenn ich das täte...«

»Ja, dadurch würden Sie die ›Telegraphendrähte‹ durchschneiden. Versuchen Sie es. Ich bin so fest von der Richtigkeit meiner Annahme überzeugt, daß ich die Hälfte der Kosten übernehmen würde, wenn Sie mir erlaubten, die Arbeiten daran zu leiten.«

»Das erstere käme überhaupt nicht in Frage, denn ich bin wohl in der Lage, die Kosten selbst zu tragen; wegen der restlichen Dinge erlauben Sie mir, Ihnen zu schreiben.«

Ungefähr zehn Tage später erhielt ich einen Brief von Mr. J—, in dem er mir mitteilte, daß er in der Zwischenzeit dem Haus einen Besuch abgestattet hätte. Auch hätte er die Briefe, von denen ich ihm erzählt hatte, in der gleichen Schublade gefunden, aus der ich sie genommen hatte; er hätte sie mit ähnlichen Gefühlen gelesen wie ich, und vorsichtige Nachforschungen über die Frau angestellt, die, wie ich ganz richtig vermutet hatte, die Empfängerin derselben gewesen wäre. Allem Anschein nach hätte sie vor sechsunddreißig Jahren (ein Jahr vor dem Datum der Briefe) gegen den Wunsch ihrer Verwandten einen Amerikaner von sehr zweifelhaftem Charakter geheiratet, den man allgemein für einen ehemaligen Seeräuber hielt. Sie selbst war die Tochter angesehener Kaufleute und hatte vor ihrer Heirat als Kinderfräulein gedient. Sie hatte einen Bruder, einen Witwer, der als reich galt und ein Kind von etwa sechs Jahren hatte. Einen Monat nach der Heirat wurde der Bruder in der Themse nahe London Bridge gefunden; Zeichen von Gewaltanwendung schienen sich an seinem Hals zu befinden, doch reichten sie nicht aus, um die Geschworenen bei der gerichtlichen Untersuchung zu einem anderen Urteil zu bewegen als ›ertrunken aufgefunden‹.

Der Amerikaner und seine Frau nahmen den kleinen Jungen zu sich, da der verschiedene Bruder in seinem Testament seine Schwester als Vormund für sein einziges Kind eingesetzt hatte – im Falle des Todes des Kindes erbte die Schwester. Ungefähr sechs Monate danach starb das Kind – vermutlich an Vernachlässigung und schlechter Behandlung. Die Nachbarn sagten vor Gericht aus, sie hätten es des Nachts schreien hören. Der Arzt, der es nach seinem Tode untersucht hatte, sagte, daß sein Körper gänzlich ausgezehrt und von grünblauen Beulen bedeckt gewesen sei. Es schien, daß das Kind in einer Winternacht versucht hatte zu entkommen, sich in den Hinterhof geschleppt hatte und über die Mauer klettern wollte. Dabei war es erschöpft zusammengebrochen. Am nächsten Morgen fand man es sterbend auf den Steinen liegen. Aber obgleich man Beweise für Grausamkeit hatte, fand man doch keine für Mord, und die Tante und ihr Mann hatten versucht, die

Grausamkeiten zu bemänteln, indem sie die außerordentliche Widerspenstigkeit und Verderbtheit des Kindes anführten, das sie als schwachsinnig erklärten. Wie das nun auch gewesen sein mag, auf jeden Fall erbte die Tante nach dem Tode des Waisenkindes das Vermögen ihres Bruders. Bevor das erste Ehejahr um war, verließ der Amerikaner ganz plötzlich England und kehrte nie wieder zurück. Er verschaffte sich ein Segelschiff, das zwei Jahre später im Atlantik unterging. Die Witwe blieb im Überfluß zurück, aber Schicksalsschläge der verschiedensten Art befielen sie: eine Bank brach zusammen – eine Investition ging fehl – sie beteiligte sich an einem Geschäft und wurde insolvent; dann verdingte sie sich zu Dienstleistungen und sank dabei tiefer und tiefer, von der Haushälterin bis zum Mädchen für alles; niemals blieb sie lange in einer Stellung, obwohl nie etwas Abfälliges über ihren Charakter gesagt werden konnte. Man hielt sie für vernünftig, ehrlich und außergewöhnlich ruhig in allem, was sie tat. Doch dessen ungeachtet mißlang ihr alles, und so war sie weiter heruntergekommen bis ins Arbeitshaus, aus dem Mr. J— sie herausholte und ihr die Sorge für das gleiche Haus übertrug, das sie als Herrin im ersten Jahr ihrer Ehe bewohnt hatte.

Mr. J— berichtete weiter, daß er allein eine Stunde in dem unmöblierten Zimmer verbracht hätte, zu dessen Abbruch ich ihm geraten hatte. Er hätte in dieser Zeit zwar weder etwas gesehen noch gehört, seine Angstgefühle wären aber so groß gewesen, daß er es kaum erwarten könne, den Fußboden abheben und die Wände niederreißen zu lassen, wie ich es vorgeschlagen hatte. Er hätte bereits Leute bestellt und könnte jeden Tag beginnen, den ich bestimmen würde.

Wir vereinbarten einen Tag. Ich begab mich zu dem verfluchten Haus, ging mit ihm in jenes düstere, kleine Zimmer, ließ die Fußleiste abnehmen und die Dielen aufreißen. Darunter fanden wir eine schmutz- und staubbedeckte Falltür, durch die ein Mann bequem hinabsteigen konnte. Sie war mit langen Nägeln und Haken fest vernagelt. Nachdem wir sie geöffnet hatten, stiegen wir in einen darunter befindlichen Raum hinab, dessen Existenz niemand vermutet hatte. In diesem Raum befanden sich ein Fenster und ein Kamin, die augenscheinlich schon seit vielen Jahren zugemauert waren. Mit Hilfe von Kerzen untersuchten wir diesen Ort; er enthielt einige vermodernde Möbelstücke: drei Stühle, einen eichenen Sessel, einen Tisch – alle nach der Mode von vor ungefähr achtzig Jahren. An der Wand stand eine Kommode, in der wir halbzerfallene, altmodische Männerkleidungsstücke fanden, die vor achtzig oder hundert Jahren von einem vornehmen Herrn getragen sein mochten – kostbare Stahlschnallen und Knöpfe befanden sich daran, wie sie ähnlich auch jetzt noch an Hoftrachten getragen werden. Daneben lag ein schöner Kavaliersdegen. In einer Weste, die reich mit Goldtressen besetzt, aber jetzt feucht, verfärbt und schmutzig war, fanden wir fünf Goldstücke, ein paar Silbermünzen und ein Elfenbeintäfelchen, das wahrscheinlich als Eintrittskarte zu einem längst vergessenen Vergnügungsetablissement gedient haben mochte. Aber unsere Hauptentdeckung machten wir in einer Art eisernem

Safe an der Wand, dessen Schloß uns beim Öffnen viel Mühe bereitete.

In diesem Safe waren drei Fächer übereinander und zwei kleine Schubladen. In den Fächern standen verschiedene kleine, luftdicht verschlossene Kristallfläschchen. Sie enthielten farblose, flüchtige Essenzen, von denen ich nur sagen kann, daß sie nicht giftig waren – Phosphor und Ammoniak schien sich darunter zu befinden. Auch einige sehr merkwürdige Glasröhrchen entdeckten wir, einen kleinen, spitzen Eisenstab, einen großen Bergkristall und ein großes Stück Bernstein sowie einen sehr starken Magneten.

In einer der Schubladen stießen wir auf ein in Gold gefaßtes Miniatur-Porträt, dessen Farben sich trotz der langen Zeit, die es hier gelegen haben mußte, erstaunlich frisch erhalten hatten. Das Bild zeigte einen Mann, der die Mitte seines Lebens schon überschritten hatte; er mochte vielleicht siebenundvierzig oder achtundvierzig Jahre alt sein.

Es war ein Gesicht, das man nicht so leicht vergißt. Wenn Sie sich die typischen Merkmale einer mächtigen Schlange in der Gestalt eines Menschen verkörpert denken können, bekämen Sie eine bessere Vorstellung von seinem Aussehen, als eine lange Beschreibung sie vermitteln kann: die Eleganz der spitzzulaufenden Züge, unter der sich die Stärke der tödlichen Kiefer verbarg, die großen, schmalen, fürchterlichen Augen, grün und glitzernd wie Smaragde – und über diesem Gesicht lag eine erbarmungslose Ruhe, in der sich das Bewußtsein überlegener Kraft widerspiegelte.

Mechanisch wendete ich die Miniatur, um die Rück-

seite zu untersuchen; ein Pentagramm war darauf eingraviert und in dessen Mitte eine Leiter. Die dritte
Sprosse dieser Leiter wurde von dem Datum 1765 ge-
bildet. Bei genauerem Hinsehen entdeckte ich eine
Feder, und als ich darauf drückte, öffnete sich die Rückseite der Miniatur wie ein Deckel. Auf der Innenseite
des Deckels waren die Worte eingraviert: ›Für Dich,
Marianna – bewahre die Treue in Leben und Tod – – –‹
hier folgte ein Name, den ich nicht erwähnen möchte,
der mir aber nicht unbekannt war. In meiner Kindheit
hatte ich alte Leute ihn als den Namen eines betrüge-
rischen Scharlatans nennen hören, der etwa ein Jahr
lang die Sensation in London gewesen war; unter der
Anklage, in seinem eigenen Haus zwei Personen ermordet zu haben – seine Mätresse und seinen Neben-
buhler –, war er aus dem Lande geflohen. Ich gab Mr. J—
mit innerlichem Widerstreben die Miniatur zurück, erzählte ihm aber nichts von meinem Wissen.

Die erste Schublade in dem eisernen Safe hatten wir
mühelos öffnen können, die zweite jedoch machte uns
große Schwierigkeiten: sie war nicht verschlossen, hielt
aber allen Bemühungen stand, bis wir einen Meißel in
die Fugen trieben. Nachdem wir sie auf diese Weise geöffnet hatten, fanden wir einen einzigartigen Aufbau in
peinlich sauberer Anordnung: auf einem kleinen, dünnen Büchlein, eigentlich war es mehr ein Notizblock,
stand ein Kristallteller, der mit einer klaren Flüssigkeit
gefüllt war. Auf dieser Flüssigkeit schwamm eine Art
Kompaß, in dem sich eine Nadel schnell herumdrehte;
aber anstelle der üblichen Kompaßzeichen befanden sich
sieben seltsame Schriftzeichen, nicht unähnlich den-

jenigen, welche die Astrologen zur Bezeichnung der Planeten verwenden.

Ein merkwürdiger, jedoch nicht starker oder unangenehmer Geruch stieg aus dieser Schublade, die mit Holz ausgekleidet war; wie wir später feststellten, war es Haselnuß. Dieser Duft, was auch seine Ursache gewesen sein mag, hatte eine sonderbare Wirkung auf unsere Nerven. Wir alle empfanden es, selbst die beiden Arbeiter, die mit uns in diesem Raum waren: ein prikkelndes, kribbelndes Gefühl, das von den Fingerspitzen bis in die Haarwurzeln emporkroch. Voller Ungeduld, das Notizbüchlein zu untersuchen, hob ich den Kristallteller hoch. Während ich dies tat, surrte die Kompaßnadel mit außerordentlicher Geschwindigkeit in die Runde, und wie ein elektrischer Schlag zuckte es durch meine Glieder, so daß ich den Teller auf den Boden fallen ließ. Der Teller zersprang, die Flüssigkeit spritzte auseinander und der Kompaß rollte bis ans Ende des Zimmers – im gleichen Augenblick wankten die Wände hin und her, als hätte ein Riese sie gepackt und rüttelte daran.

Die zwei Arbeiter waren so erschrocken, daß sie die Leiter zu der Falltür hinaufhasteten; als sie aber sahen, daß weiter nichts passierte, ließen sie sich leicht überreden zurückzukommen.

Inzwischen hatte ich das Notizbüchlein geöffnet. Es war in glattes rotes Leder gebunden und mit einer silbernen Schließe zusammengehalten. Es enthielt nur ein einziges Blatt aus dickem, welligem Pergament, und auf diesem Blatt standen in altem Kirchenlatein in einem doppelten Pentagramm zwei Sätze, die wörtlich übersetzt lauteten: »Über alles in diesem Hause – beseelt oder unbeseelt, lebend oder tot – wirke mein Wille, so wie sich die Nadel bewegt! Verflucht sei dieses Haus und rastlos seine Bewohner!«

Mehr fanden wir nicht. Mr. J— verbrannte das Büchlein mit seinem Fluch. Er ließ den Anbau mit dem geheimen Raum und dem darüberliegenden Zimmer bis auf die Grundmauern abreißen. Danach wohnte er selbst einen Monat lang in diesem Haus, und ein ruhigeres, wohnlicheres Haus war in ganz London nicht zu finden. Später vermietete er es sehr vorteilhaft, und sein Mieter hat sich über nichts beklagt.

Wilkie Collins

Das
Traumweib

I

Ich hatte mich noch nicht viel länger als sechs Wochen in meiner Landpraxis niedergelassen, als ich in eine Stadt in der Nachbarschaft gerufen wurde; der dortige Arzt wollte mit mir einen sehr ernsten Krankheitsfall besprechen.

Am Abend vorher war mein Pferd am Ende eines langen Rittes mit mir gestürzt und hatte sich verletzt; glücklicherweise sich selbst mehr als seinen Reiter. Meines Reittieres beraubt, fuhr ich mit der Postkutsche an meinen Bestimmungsort (damals gab es nämlich noch keine Eisenbahnen). Ich hoffte, noch im Laufe des Nachmittags auf die gleiche Weise zurückkehren zu können.

Nach meiner Unterredung ging ich zu dem bedeutendsten Gasthof der Stadt und wartete auf die Kutsche. Als sie endlich kam, war sie restlos überfüllt. Mir blieb nichts anderes übrig, als zu versuchen, einen kleinen Einspänner zu mieten, um so einigermaßen billig nach Hause zu kommen. Der dafür geforderte Preis schien mir aber so unverschämt, daß ich beschloß, mich nach einem etwas weniger gutgehenden Gasthof umzusehen; vielleicht würde ich dort ein besseres Geschäft machen können.

Bald fand ich auch eine solche Wirtschaft. Sie war ruhig und etwas heruntergekommen, und das altertümliche Aushängeschild hatte offensichtlich seit Jahren keine Farbe mehr gesehen. Sobald wir uns geeinigt hatten, läutete ihr Besitzer die Hofglocke, um den Wagen anspannen zu lassen.

»Ist Robert noch nicht von seinem Auftrag zurück?« fragte er den Kellner, der auf das Läuten erschien.

»Nein, Herr, noch nicht.«

»Gut, dann mußt du eben Isaac wecken.«

»Isaac wecken?« wiederholte ich; »das hört sich recht ungewöhnlich an. Gehen Eure Stallknechte am hell-lichten Tage zu Bett?«

»Dieser tut's«, erwiderte der Gastwirt, indem er auf eine eigentümliche Art lächelte.

»Und träumen tut er dabei auch noch«, fügte der Kellner hinzu.

»Das geht dich gar nichts an«, entgegnete sein Herr; »du gehst jetzt und weckst Isaac auf. Der Herr hier wartet auf seinen Wagen.«

Hinter dem Verhalten des Wirtes und seines Kellners verbarg sich ein gut Teil mehr, als sie gesagt hatten. Ich begann zu ahnen, daß ich einer Sache auf der Spur sei, die mich auch in meiner Eigenschaft als Arzt interessieren könnte; ich faßte den Entschluß, mir den Stallknecht einmal anzusehen, bevor der Kellner ihn weckte.

»Einen Augenblick bitte«, warf ich ein, »ich möchte diesen Mann sehr gern einmal sehen, bevor Ihr ihn aufweckt. Ich bin Arzt; und wenn sein merkwürdiges Schlafen und Träumen von irgendeiner seelischen Krankheit herrührt, könnte ich Euch vielleicht sagen, was mit ihm geschehen müßte.«

»Ich glaube eher, Ihr werdet finden, daß bei seiner Krankheit alle ärztliche Kunst umsonst ist, Herr Doktor«, meinte der Wirt. »Aber wenn Ihr ihn sehen wollt, so habe ich bestimmt nichts dagegen.«

Er führte mich über den Hof und durch einen Gang

zu den Ställen. Dort öffnete er eine Tür und forderte mich auf hineinzugehen, während er selbst draußen stehenblieb.

Ich sah einen Stall mit zwei Boxen. In einer der Boxen kaute ein Pferd geräuschvoll seinen Hafer. In der anderen lag ein alter Mann auf der Streu und schlief.

Ich beugte mich nieder und sah ihn mir aufmerksam an. Er hatte ein gefurchtes, von Kummer gezeichnetes Gesicht. Die Brauen waren schmerzlich zusammengezogen, der Mund fest geschlossen und an den Winkeln herabgezogen. Die hohlen, runzligen Wangen und das schüttere, graue Haar sprachen Bände von vergangenen Sorgen oder früherem Leid. Während ich ihn betrachtete, ging sein Atem stoßweise, und schon nach wenigen Augenblicken begann er im Schlaf zu reden.

»Wacht auf!« hörte ich ihn hastig durch seine zusammengebissenen Zähne flüstern. »He, wacht auf! Mord!«

Er zog langsam seinen mageren Arm hoch, bis er über seiner Kehle ruhte, schauderte ein wenig und drehte sich auf die Seite. Dann glitt sein Arm vom Hals weg, die Hand öffnete sich und griff nach der Seite hinüber, zu der er sich gewendet hatte, als ob er einen Halt suchte. Ich sah, wie er die Lippen bewegte, und beugte mich tiefer zu ihm hinab. Er redete immer noch im Schlaf.

»Helle, graue Augen«, murmelte er, »das linke Augenlid hängt etwas herab – flachsblondes Haar mit einer goldgelben Strähne – du hast recht, Mutter – schlanke, weiße Arme mit feinen Härchen darauf – eine kleine Damenhand, zartrosa unter den Nägeln. Das Messer – immer das verfluchte Messer – erst auf der einen Seite, dann auf der anderen. Ah! Du Teufelin, wo ist das Messer?«

Bei den letzten Worten hob sich seine Stimme, und er wurde plötzlich unruhig. Ich sah ihn im Stroh zusammenzucken; sein runzeliges Gesicht verzerrte sich, und mit einem kurzen, hysterischen Aufstöhnen warf er beide Arme in die Höhe. Sie schlugen gegen den Boden der Futterkrippe, unter der er lag, und davon erwachte er. Ich hatte gerade noch Zeit, aus der Tür zu schlüpfen und sie hinter mir zu schließen, bevor er die Augen ganz geöffnet hatte und wieder seiner Sinne mächtig war.

»Wißt Ihr etwas über das frühere Leben dieses Mannes?« fragte ich den Wirt.

»Ja, mein Herr. Ich weiß so ziemlich alles darüber«, war dessen Antwort. »Es ist eine sehr merkwürdige Geschichte. Die meisten Leute glauben sie nicht, aber dennoch ist sie wahr. Seht ihn doch an«, sagte er, indem er die Stalltür wieder öffnete, »der arme Teufel ist so entkräftet von seinen ruhelosen Nächten, daß er schon wieder eingeschlafen ist.«

»Weckt ihn nicht auf«, sagte ich; »ich habe es nicht so eilig. Warten wir, bis der andere von seinem Gang zurück ist. In der Zwischenzeit könnte ich eigentlich etwas essen; was meint Ihr dazu, wenn Ihr mir bei einer Flasche Wein Gesellschaft leistet?«

Wie ich es erwartet hatte, erwärmte sich das Herz meines Wirtes über seinem eigenen Wein für mein Interesse. Bald wurde er gesprächig und erzählte von dem Manne im Stall, und nach und nach holte ich die ganze Geschichte aus ihm heraus. So ungewöhnlich und unglaublich die Ereignisse auch jedem vorkommen müssen: ich habe sie hier so wiedergegeben, wie ich sie hörte und wie sie sich ereigneten.

II

Vor einigen Jahren lebte im Vorort einer großen Hafenstadt an der Westküste Englands ein Mann in einfachen Verhältnissen. Sein Name war Isaac Scatchard. Er lebte davon, daß er jede Arbeit als Hausknecht annahm, die sich gerade bot. Wenn es das Schicksal zufällig besonders gut mit ihm meinte, diente er auch zur Aushilfe als Stallknecht in vornehmen Häusern. Obwohl er treu, zuverlässig und ehrlich war, kam er dennoch nicht recht vorwärts. Sein Pech war sprichwörtlich bei seinen Nachbarn. Gute Gelegenheiten verpaßte er stets ganz ohne eigene Schuld; am längsten stand er immer bei solchen Leuten im Dienst, die es mit der Entlohnung nicht so genau nahmen. ›Pechvogel Isaac‹ war sein Spitzname in der Nachbarschaft – und niemand konnte behaupten, daß er ihn nicht reichlich verdient hätte.

Obgleich er weit mehr Widerwärtigkeiten als ein normaler Sterblicher zu ertragen hatte, so besaß er doch einen Trost, der ihn aufrechthielt – einen sehr traurigen und fragwürdigen Trost jedoch. Er hatte weder Weib noch Kinder, die seine Not vergrößern und die Bitterkeit der zahlreichen Mißerfolge seines Lebens spürbarer machen konnten. Vielleicht war er einfach tieferen Gefühlen nicht zugänglich, vielleicht war er aber auch so edelmütig, keinen anderen Menschen an sein unglückliches Schicksal ketten zu wollen. Auf jeden Fall aber blieb die Tatsache, daß er die Mitte seines Lebens erreichte, ohne je zu heiraten und, was noch beachtlicher war, ohne der Mitwelt zwischen seinem achtzehnten und achtunddreißigsten Lebensjahr den geringsten Anlaß zu dem Verdacht gegeben zu haben, daß er in jemand verliebt wäre.

Wenn er gerade keine Beschäftigung hatte, lebte er allein mit seiner verwitweten Mutter. Mrs. Scatchard besaß eine für Frauen ihres niedrigen Standes überdurchschnittliche Bildung. Sie hatte, wie man so zu sagen pflegt, bessere Tage gesehen; neugierigen Besuchern gegenüber erwähnte sie dies aber nie, und obwohl sie jedem, mit dem sie in Berührung kam, mit vollendeter Höflichkeit begegnete, pflegte sie doch kein vertrauteres Verhältnis zu ihren Nachbarn. Für ihre geringen Ansprüche verdiente sie gerade genug, indem sie Schneiderarbeiten annahm; jedenfalls brachte sie es stets fertig, ihrem Sohn ein anständiges Heim zu bieten, wenn immer sein Pech ihn hilflos der Welt auslieferte.

An einem trüben Herbsttag – Isaac näherte sich schon stark den Vierzig und war wieder einmal, wie gewöhnlich ohne eigene Schuld, ohne Stellung – machte er sich von dem Hause seiner Mutter auf den Weg zu einem Herrensitz weit im Innern des Landes. Wie er gehört hatte, sollte dort die Stelle eines Stallknechtes frei sein.

Es fehlten gerade noch zwei Tage bis zu seinem Geburtstag, und vor seinem Aufbruch mußte er Mrs. Scatchard versprechen, rechtzeitig zurückzukehren, damit sie den Tag so festlich begehen könnten, wie es ihre geringen Mittel erlaubten. Er gab ihr leichten Herzens dieses Versprechen, denn selbst wenn er auf dem Hin-

und Rückwege je eine Nacht in einem Gasthaus verbringen würde, konnte er es gut schaffen.

Er wollte Montag morgen von Hause aufbrechen, und, ob er die Stelle bekäme oder nicht, am Mittwoch mittag um zwei Uhr zum Geburtstagsmahle zurück sein.

Als er an seinem Bestimmungsort ankam, war es schon zu spät am Abend, um sich noch um den Posten zu bewerben. Er schlief in dem Dorfgasthaus und stellte sich am Dienstag morgen zu gebührender Zeit in dem Landhause vor. Aber auch hier verfolgte ihn wieder sein Pech. Seine ausgezeichneten Zeugnisse nützten ihm nichts, umsonst hatte er den langen Weg gemacht – am Tage vorher war die Stelle an einen anderen Mann vergeben worden.

Isaac nahm diese neue Enttäuschung ergeben und wie eine Selbstverständlichkeit hin. Von Natur war er nicht sonderlich beweglich und besaß jene Stumpfheit der Empfindungen und eine abwartende Geduld, mit den Dingen fertig zu werden, die man oft bei Leuten mit langsamer Auffassungsgabe findet. Mit seiner gewöhnlichen, ruhigen Freundlichkeit dankte er dem Gutsverwalter für die Unterredung und ging ohne ein Zeichen besonderer Niedergeschlagenheit in seinen Zügen oder seinem Benehmen davon.

Bevor er wieder den Heimweg antrat, erkundigte er sich in dem Gasthof und erfuhr, daß er durch eine neue Straße seinen Weg um einige Meilen verkürzen könne. Mit genauen und oft wiederholten Anweisungen versehen, welchen Weg er nehmen und wo er abbiegen müsse, wanderte er den ganzen Tag lang in Richtung seiner Heimat und machte nur einmal Rast, um ein

Stück Brot und Käse zu essen. Als die Dämmerung hereinbrach, wurde es windig und begann zu regnen. Seine Lage wurde noch dadurch verschlimmert, daß er sich in einem ihm vollkommen unbekannten Teil des Landes befand, wenn er auch wußte, daß er nur ungefähr fünfzehn Meilen von Hause entfernt war. Das erste Haus, das er fand und in dem er sich erkundigen konnte, war ein einsamer Gasthof am Rande eines dichten Waldes. So verlassen er auch aussah, es war dennoch ein willkommener Anblick für einen verirrten Wanderer. Hungrig und durstig, mit wunden Füßen und vom Regen durchnäßt, pochte er an die Tür. Der Wirt sah freundlich und ehrlich aus, und der Preis, den er für eine Übernachtung verlangte, war nicht hoch. Isaac beschloß daher, die Nacht gemütlich im Wirtshaus zu verbringen.

Er war von jeher ein genügsamer Mensch. Sein Mahl bestand aus zwei Scheiben Speck, einem Stück selbstgebackenen Brotes und einem Glas Bier. Nach diesem einfachen Essen ging er nicht gleich zu Bett, sondern unterhielt sich mit dem Wirt über seine schlechten Aussichten und das Pech, das ihn schon so lange verfolgte. Dann wechselte das Gespräch zu Pferden und Pferderennen. Weder von dem Wirt noch von den Arbeitern, die sich im Schankraum eingefunden hatten, wurde irgend etwas erwähnt, was auch nur im geringsten das spärliche Einbildungsvermögen Isaac Scatchards hätte beunruhigen können.

Kurz nach elf wurde das Haus geschlossen. Isaac ging mit dem Wirt herum und hielt die Kerze, während dieser die Türen und Fenster im Erdgeschoß verriegelte. Mit

Erstaunen sah er die starken Riegel und Bolzen, die eisenbeschlagenen Fensterläden.

»Wie Ihr seht, sind wir hier sehr einsam«, sagte der Wirt. »Bisher hat zwar noch niemand versucht einzubrechen, aber es ist immer besser, für alles gerüstet zu sein. Wenn keine Gäste da sind, bin ich der einzige Mann im Hause. Meine Frau und meine Tochter sind ängstlich und die Dienstmädchen nicht anders. Noch ein Glas Bier, bevor Ihr schlafen geht? – Nein! – Nun, wie so ein enthaltsamer Mann wie Ihr ohne Stellung sein kann, ist mir ein Rätsel... Hier werdet Ihr schlafen. Ihr seid mein einziger Gast heute, und Ihr werdet zugeben müssen, daß meine Frau ihr Bestes getan hat, damit Ihr Euch wohlfühlt. Seid Ihr auch ganz sicher, daß Ihr kein Glas Bier mehr trinken mögt? – Nun gut. Gute Nacht.«

Die Uhr im Gange zeigte halb zwölf, als sie die Treppe zu dem Zimmer hinaufstiegen, dessen Fenster an der Rückseite des Hauses zum Walde hin lag.

Isaac verschloß die Tür, stellte seine Kerze auf die Kommode und legte müde seine Kleider ab. Der rauhe Herbstwind wehte noch immer, und das stöhnende Rauschen des Waldes klang traurig und zugleich grauenerregend durch die Stille der Nacht. Isaac war merkwürdig wach. Als er sich ins Bett legte, beschloß er, die Kerze brennen zu lassen, bis er schläfrig wurde. Der bloße Gedanke, in der Dunkelheit wachzuliegen und dem pausenlosen, unheimlichen Ächzen des Waldes im Winde lauschen zu müssen, hatte etwas unerträglich Bedrückendes.

Der Schlaf überwältigte ihn, ohne daß er es merkte.

Seine Augen fielen zu und er schlief ein, ohne auch nur daran gedacht zu haben, die Kerze zu löschen.

Die erste Empfindung, die er nach dem Einschlafen verspürte, war ein Schauder, der ihn plötzlich vom Kopf bis zu den Füßen überlief, und ein fürchterlicher, stechender Schmerz im Herzen, wie er ihn noch nie verspürt hatte. Der Schauder störte nur seinen Schlaf, der Schmerz aber ließ ihn hochfahren. In einem Augenblick war er hellwach – seine Augen weit geöffnet – sein Verstand wie durch ein Wunder voll aufnahmefähig.

Die Kerze war bis auf den letzten Rest Talg heruntergebrannt, aber die Spitze des Dochtes war gerade abgefallen, und die Flamme brannte noch einmal hell und klar und erleuchtete den ganzen Raum.

Zwischen dem Fußende seines Bettes und der verschlossenen Tür stand eine Frau. Sie hielt ein Messer in der Hand und sah ihn an.

Er war sprachlos vor Entsetzen, aber er verlor nicht die übernatürliche Wachheit seiner Sinne; keinen Augenblick lang ließ er die Frau aus den Augen. Sie sprach kein Wort, als sie einander ins Gesicht starrten; langsam schritt sie auf die linke Seite seines Bettes zu.

Seine Augen folgten ihr. Sie war eine hübsche, feingliedrige Frau mit gelblichem, blondem Haar und lichtgrauen Augen, ihr linkes Augenlid hing etwas herab. Er sah diese Dinge und merkte sie sich, noch bevor sie an der linken Seite seines Bettes stand. Ohne ein Wort, mit ausdruckslosem Gesicht und ohne ein Geräusch mit ihren Schritten zu verursachen, kam sie näher und näher – blieb stehen – und erhob langsam das Messer.

Schützend legte er den rechten Arm über seinen Hals;

aber als er das Messer herabstoßen sah, griff er mit der Hand nach der rechten Kante des Bettes und riß seinen Körper auf die andere Seite hinüber, fast im gleichen Augenblick, als das Messer nur wenige Zentimeter neben seiner Schulter in die Matratze fuhr.

Sein Blick heftete sich auf ihre Hand und ihren Arm, während sie langsam das Messer aus dem Bett zog. Ein weißer, wohlgeformter Arm mit feinen Härchen über der glatten Haut – eine zierliche, gepflegte Hand mit einem zarten Rosa unter und um die Fingernägel.

Sie zog das Messer heraus und ging langsam rückwärts zum Fuß des Bettes; dort stand sie einen Moment und sah auf ihn herab, um dann wieder näher zu kommen – immer noch ohne ein Wort zu sagen, immer noch ohne einen Ausdruck in ihrem schönen Gesicht. Lautlos glitt sie heran und kam an die rechte Seite des Bettes, wo er jetzt lag.

Als sie beim Näherkommen wieder das Messer hob, warf er seinen Körper auf die linke Seite des Bettes hinüber. In einer schwingenden Bewegung ließ sie ihren Arm herniedersausen, und wie beim ersten Male fuhr das Messer tief in die Matratze. Jetzt wanderte sein Blick von ihr zu dem Messer. Es ähnelte den großen Klappmessern, die er oft bei Arbeitern gesehen hatte, wenn sie Brot und Speck damit schnitten. Ihre zierlichen, kleinen Finger verbargen nicht mehr als zwei Drittel des Griffes; er bemerkte, daß er aus Hirschhorn gemacht war; die Klinge des Messers war sauber und glänzte, es sah aus wie neu.

Zum zweiten Male zog sie das Messer heraus. Sie verbarg es im weiten Ärmel ihres Gewandes. Dann blieb sie an der Seite des Bettes stehen und beobachtete ihn. Für einen Augenblick sah er sie so stehen – dann fiel der Docht der abgebrannten Kerze in den Halter. Die Flamme schrumpfte zu einem kleinen blauen Punkt zusammen, und das Zimmer wurde dunkel.

Eine Sekunde verging oder weniger – dann flackerte zum letzten Male eine rauchige Flamme empor. Er blickte noch immer angespannt zur rechten Seite des Bettes, aber er konnte nichts mehr entdecken. Die blonde Frau mit dem Messer war verschwunden.

Die Überzeugung, daß er wieder allein war, löste das Entsetzen, das ihn bis jetzt stumm gemacht hatte. Die durch seinen panischen Schrecken merkwürdigerweise hervorgerufene Schärfe seiner Sinne verließ ihn plötzlich. Seine Gedanken verwirrten sich – sein Herz schlug wild, und zum ersten Mal seit der Erscheinung des Weibes vernahmen seine Ohren wieder das pausenlose, traurige Stöhnen des Windes in den Bäumen. Mit der schrecklichen Gewißheit, daß das, was er eben gesehen hatte, wahr sei, sprang er aus dem Bett, und, »Mord! – Wacht auf, wacht auf!« schreiend, stürzte er, ohne zu überlegen, durch die Dunkelheit zur Tür.

Sie war fest verriegelt, genau wie er sie verschlossen hatte, als er zu Bett ging.

Das Geschrei, mit dem er aus dem Bett fuhr, hatte das ganze Haus alarmiert. Er hörte die verstörten Rufe der Frauen; er sah den Herrn des Hauses den Gang entlang eilen, mit der Sturmlaterne in der einen und der Pistole in der anderen Hand.

»Was ist los?« fragte der Wirt atemlos.

Isaac konnte nur noch flüstern. »Eine Frau mit einem

Messer in der Hand«, brachte er hervor. »In meinem Zimmer – eine schöne, blonde Frau; sie stach mit dem Messer nach mir, zweimal.«

Der Wirt erbleichte. Im unruhigen Licht der Laterne starrte er auf Isaac; doch langsam bekamen seine Wangen wieder Farbe, und mit seinem Gesichtsausdruck änderte sich auch seine Stimme.

»Sie scheint Euch zweimal verfehlt zu haben«, sagte er.

»Ich wich dem Messer aus, als sie zustieß«, fuhr Isaac in dem gleichen furchtsamen Flüstern fort. »Sie traf beide Male das Bett.«

Sofort ging der Wirt mit seiner Laterne in das Zimmer. In weniger als einer Minute erschien er wieder auf dem Gang, rasend vor Zorn.

»Der Teufel soll dich und deine Frau mit dem Messer holen! Nicht das kleinste Loch ist in den Bettlaken zu sehen. Was denkst du dir eigentlich dabei, in anderer Leute Haus zu kommen und sie wegen eines verrückten Traumes halb um den Verstand zu bringen?«

»Ich möchte Euer Haus verlassen«, brachte Isaac schüchtern hervor. »Lieber auf der Straße sein und in Regen und Dunkelheit nach Hause gehen, als nach dem, was ich darin gesehen habe, in diesem Zimmer bleiben zu müssen. Gebt mir Euer Licht, damit ich meine Kleider holen kann, und sagt mir, was ich schuldig bin.«

»Schuldig!« rief der Wirt aus, während er mürrisch mit seiner Laterne in das Zimmer voranging. »Ihr könnt unten auf der Tafel lesen, was Ihr zu zahlen habt. Für all Euer Geld würde ich Euch nicht aufgenommen haben, wenn ich Eure Veranlagung zum Träumen und Herumschreien gekannt hätte. Seht Euch das Bett an! Wo ist es zerschnitten? Da, das Fenster – ist der Riegel gesprungen? Und die Tür – ich habe selbst gehört, wie Ihr sie verschlossen habt – ist sie aufgebrochen? Ein mordlustiges Frauenzimmer in meinem Haus! Ihr solltet Euch schämen!«

Isaac entgegnete kein Wort. Er fuhr in seine Kleider, und dann gingen sie hinunter.

»Fast zwanzig Minuten nach zwei«, sagte der Wirt, als sie an der Uhr vorbeigingen. »Gerade die richtige Zeit, um ehrliche Leute zu erschrecken!«

Isaac zahlte seine Rechnung, und der Wirt ließ ihn aus dem Tor. Während er die schweren Riegel löste, fragte er mit einem verächtlichen Grinsen, ob das Mordweib etwa hier hereingekommen wäre.

Sie trennten sich ohne ein weiteres Wort. Es hatte aufgehört zu regnen, doch die Nacht war finster und der Wind heftiger als zuvor. Aber nur wenig beunruhigte Isaac die Dunkelheit, die Kälte oder seine Unkenntnis des richtigen Weges nach Hause. Selbst wenn man ihn bei einem Gewittersturm in die Wildnis hinausgetrieben hätte, wäre das nach seinem schrecklichen Erlebnis im Schlafzimmer des Gasthofes eine Erlösung für ihn gewesen.

Wer war die schöne Frau mit dem Messer? Ein Traumgeschöpf – oder ein Wesen jener anderen, unbekannten Welt, das die Menschen ein Gespenst nennen? Er konnte zu keinem Ergebnis kommen; mehrmals irrte er in Gedanken vom Wege ab, und selbst dann noch, als er endlich an der Schwelle seines Hauses stand, blieb das Erlebnis der vergangenen Nacht ihm ein Geheimnis.

III

Seine Mutter kam ihm freudig entgegen und begrüßte ihn. Schon ein Blick auf sein Gesicht verriet ihr, daß etwas nicht in Ordnung war.

»Ich habe die Stelle nicht bekommen, Mutter; aber das ist mein Schicksal. Letzte Nacht hatte ich einen bösen Traum – oder vielleicht sah ich auch ein Gespenst. Nimm es, wie du willst, ich wurde halb verrückt vor Angst und bin auch jetzt noch nicht darüber hinweg.«

»Isaac! Dein Gesicht erschreckt mich. Komm an den Kamin. Komm herein und erzähle mir alles.«

So begierig sie zuhörte, so eifrig erzählte er. Den ganzen Heimweg lang hatte er gehofft, daß seine Mutter mit ihrer schnelleren Auffassungsgabe und ihrem größeren Wissen etwas Licht in das Dunkel dieses Geheimnisses bringen würde, das er allein nicht aufklären konnte. Seine Erinnerung an den Traum war noch vollständig und lebendig, wenn seine Gedanken auch davon verwirrt waren...

Je weiter er kam, desto blasser wurde das Gesicht seiner Mutter. Sie unterbrach ihn mit keinem einzigen Wort; aber als er fertig war, rückte sie ihren Stuhl näher, legte ihren Arm um seine Schultern und sprach:

»Isaac, du hattest diesen Traum an einem Mittwochmorgen. Wie spät war es, als du die blonde Frau mit dem Messer sahst?«

Isaac dachte darüber nach, was der Wirt gesagt hatte, als sie bei seinem Fortgang aus dem Gasthof an der Uhr vorbeikamen. So gut er konnte, berechnete er die Zeitspanne, die zwischen dem Öffnen seiner Tür und dem Zahlen der Rechnung verstrichen war und antwortete dann:

»Es muß gegen zwei Uhr morgens gewesen sein.«

Sofort ließ seine Mutter ihn los und schlug mit einem Ausdruck der Verzweiflung die Hände zusammen.

»Dieser Mittwoch ist dein Geburtstag; und um zwei Uhr morgens wurdest du geboren, Isaac!«

Isaac war nicht beweglich genug, um sofort von den abergläubischen Befürchtungen seiner Mutter angesteckt zu werden. Er war erstaunt und sogar ein wenig bestürzt, als sie sich plötzlich erhob, ihr altes Schreibpult öffnete, Papier, Feder und Tinte herausnahm und zu ihm sagte:

»Du hast kein gutes Gedächtnis, Isaac, und da ich schon eine alte Frau bin, ist meines nicht viel besser. Ich möchte, daß wir beide auch in kommenden Jahren uns noch genau wie jetzt auf diesen Traum besinnen können. Erzähle mir noch einmal, genau wie eben, wie die Frau mit dem Messer ausgesehen hat.«

Isaac gehorchte und wunderte sich sehr darüber, als er sah, wie sie sorgfältig Wort für Wort seiner Erzählung zu Papier brachte.

»Helle, graue Augen«, schrieb sie, als er zu der Beschreibung kam, »mit einem leicht herabhängenden linken Augenlid. Weiße Arme mit feinen Härchen darauf. Kleine gepflegte Hände mit einem rötlichen Schimmer unter den Fingernägeln. Klappmesser mit Hirschhorngriff, das so gut wie neu aussah.« Zu diesen Einzelheiten fügte Mrs. Scatchard noch die Jahreszahl, Monat, Wochentag und die genaue Zeit, zu der das Traumweib ihrem Sohn erschienen war. Dann verschloß sie das Papier sorgfältig in ihrem Pult.

Weder an diesem noch an irgendeinem der folgenden Tage konnte ihr Sohn sie dazu bewegen, noch einmal auf die Geschichte seines Traumes zurückzukommen. Hartnäckig behielt sie ihre Gedanken für sich und vermied es sogar, jemals die Aufzeichnungen in ihrem Pult zu erwähnen. Es dauerte nicht lange, und Isaac gab es auf, ihr Schweigen brechen zu wollen. Nach und nach verwischte die Zeit den Eindruck, den der Traum auf ihn gemacht hatte. Bald beunruhigten die Gedanken daran ihn nicht mehr sonderlich, und schließlich dachte er überhaupt nicht mehr darüber nach.

Nicht lange nach dem furchtbaren Erlebnis in jener Nacht im Wirtshaus traten in seinem Leben bedeutende Veränderungen zum Guten ein, die diese Entwicklung noch förderten. Nun endlich ward ihm eine Belohnung für sein langes und geduldiges Ausharren unter einem ungünstigen Schicksal. Er bekam eine ausgezeichnete Stellung, blieb dort für sieben Jahre und schied bei dem Tode seines Herrn nicht nur mit guten Zeugnissen aus dem Dienst: Bei einem Wagenunfall hatte er das Leben seiner Herrin retten können, wofür ihm jetzt eine ansehnliche jährliche Rente als Belohnung ausgesetzt wurde. So geschah es, daß Isaac Scatchard – sieben Jahre nach seinem Traumerlebnis in dem Gasthof – wieder zu seiner alten Mutter zurückkehrte. Jetzt stand ihm jährlich eine bestimmte Summe Geldes zur Verfügung; genug für beide, um den Rest ihres Lebens in Ruhe und Unabhängigkeit zu verbringen.

Seine Mutter, die in den letzten Jahren recht hinfällig

geworden war, erholte sich unter seiner Pflege und durch das Fehlen geldlicher Sorgen so, daß sie an seinem Geburtstag wieder mit ihm zusammen am Tisch sitzen und essen konnte.

Am Abend dieses Tages mußte Mrs. Scatchard entdecken, daß eine Flasche mit einem Kräftigungsmittel, von dem sie regelmäßig nahm, leergeworden war. Sie hatte geglaubt, noch einen Rest darin zu finden. Sofort erbot sich Isaac, zum Apotheker zu laufen und die Flasche wieder auffüllen zu lassen. Die Nacht war ebenso naß und windig wie damals, als er seinen Weg verlor und in dem Gasthaus an der Straße übernachtete.

Als er die Apotheke betreten wollte, kam gerade eine armselig gekleidete Frauengestalt heraus und eilte an ihm vorbei. Das wenige, was er von ihrem Antlitz erblickt hatte, fesselte ihn, und er sah ihr nach, als sie die Stufen hinunterstieg.

»Habt Ihr die Frau gesehen?« fragte ihn der hinter dem Verkaufstisch stehende Gehilfe des Apothekers. »Meiner Ansicht nach stimmt da etwas nicht. Sie fragte nach Laudanum für ihre Zahnschmerzen. Mein Herr ist für eine halbe Stunde weggegangen; ich sagte ihr, daß ich in seiner Abwesenheit kein Gift an Fremde verkaufen dürfe. Sie lachte so komisch und meinte, sie würde dann in einer halben Stunde wiederkommen. Ich glaube, sie wird enttäuscht werden, wenn sie annimmt, daß mein Herr es ihr verkauft. Wenn ich jemals einen Menschen gesehen habe, der Selbstmord begehen will, dann ist sie es!«

Diese Worte steigerten das plötzliche Interesse, welches Isaac schon bei ihrem ersten Anblick verspürt hatte. Sobald seine Flasche gefüllt war und er wieder auf der Straße stand, sah er sich suchend nach ihr um. Sie wanderte langsam auf der gegenüberliegenden Straßenseite auf und ab. Isaac ging hinüber und sprach sie an. Sehr zu seinem Erstaunen begann sein Herz schneller zu schlagen.

Er fragte, ob sie Kummer hätte. Sie wies auf ihren zerrissenen Schal, ihre dürftige Kleidung und ihren zerdrückten, schäbigen Hut. Dann ging sie unter die nächste Laterne und ließ das Licht auf ihr ernstes, blasses, aber dennoch schönes Gesicht fallen.

»Sehe ich nicht ganz wie eine zufriedene, glückliche Frau aus?« fragte sie mit einem bitteren Lachen.

Sie besaß eine Feinheit der Aussprache, wie sie Isaac nur bei vornehmen Damen gehört hatte. Selbst ihre kleinsten Bewegungen schienen die leichte, selbstverständliche Anmut einer Frau von vornehmer Geburt zu haben. Obwohl die Blässe ihrer Haut von Entbehrungen zeugte, war sie so makellos und glatt, als ob sie ihr Leben lang jegliche Bequemlichkeit genossen habe, die Reichtum verschaffen kann. Und auch ihre kleinen, schöngeformten Hände – sie trug keine Handschuhe – hatten ihr Weiß nicht verloren.

Nach und nach, als Antwort auf seine Fragen, erfuhr er die traurige Geschichte der Frau. Sie braucht hier nicht wiedererzählt zu werden; immer und immer wieder kann man sie in Polizeiberichten und Beschreibungen von Selbstmordversuchen lesen.

»Ich heiße Rebecca Murdoch«, sagte sie am Schluß ihrer Erzählung. »Ich besitze noch genau neun Pence, für die ich mir bei dem Apotheker dort drüben den Weg in eine andere Welt erkaufen wollte. Wie es auch immer dort sein mag, schlimmer als hier kann es mir nicht gehen. – Was sollte mich also hier halten?«

Neben dem natürlichen Mitleid und der Betrübnis, die er bei ihren Worten empfand, verspürte Isaac während ihrer ganzen Rede ein sonderbares Gefühl in seinem Innern, das ihn vollständig verwirrte und ihn fast der Sprache beraubte. Als Antwort auf ihre letzten, verzweifelten Worte konnte er nur sagen, daß er sie davor zurückhalten würde, sich das Leben zu nehmen, und wenn er ihr die ganze Nacht über folgen müßte. Sein tiefer, ergreifender Ernst schien sie zu beeindrucken.

»Ich möchte Euch nicht diese Mühe machen«, entgegnete sie, als er seine Warnung wiederholte. »Durch Eure freundlichen Worte habt ihr mir neuen Lebensmut gegeben. Es bedarf keiner lächerlichen Schwüre und Versprechungen. Ihr dürft mir auch so glauben. Kommt morgen um zwölf zu Fullers Meadow, und Ihr werdet mich dort lebend finden und bereit, Euch weitere Fragen zu beantworten. Nein – bitte kein Geld! Für meine neun Pence werde ich noch ein anständiges Nachtquartier bekommen. «

Sie nickte ihm zu und ging. Er machte auch keinen Versuch, ihr zu folgen, denn er nahm nicht an, daß sie ihn täuschen wollte.

»Es ist seltsam, aber ich muß ihr einfach glauben«, dachte er und ging verwirrt heim.

Als er das Haus betrat, war er noch so sehr mit seinen neuen Eindrücken beschäftigt, daß er nicht darauf achtete, was seine Mutter tat, als er mit der Medizin ins Zimmer kam. Sie hatte in seiner Abwesenheit ihr

altes Schreibpult geöffnet und las aufmerksam ein Schrift-
stück, das sie daraus entnommen hatte. Seit sie damals
die Einzelheiten seines Traumes nach seinen Worten
niedergeschrieben hatte, pflegte sie an jedem Geburtstag von Isaac die Aufzeichnungen durchzulesen und
darüber nachzudenken.

Am nächsten Tage ging er zu Fullers Meadow.

Er hatte nur recht daran getan, ihr uneingeschränkt
zu vertrauen. Pünktlich auf die Minute war sie da. Der
letzte schwache Widerstand in Isaacs Herz gegen den
unerforschlichen Zauber, den jedes ihrer Worte und
jeder ihrer Blicke über ihn auszuüben begann, schwand
für immer an jenem bedeutsamen Morgen.

Wenn ein Mann, der bisher der Anziehungskraft der
Frauen nicht erlegen war, in der Mitte seines Lebens
eine solche Zuneigung empfindet, ist er nur selten imstande, sich aus der Gewalt dieser neuen, alles beherrschenden Leidenschaft zu befreien, mag auch ein unbestimmtes Gefühl ihn warnen. Der Zauber, der von den
vertrauten, zärtlichen und dankbaren Worten dieser
Frau ausging, deren feine Sprache und Manieren immer
noch ihren früheren hohen gesellschaftlichen Stand an-
deuteten, hätte selbst einem zwanzigjährigen Manne
von Isaacs Erziehung und Bildung gefährlich werden
können. Doch es bedeutete weit mehr – es war der
sichere Ruin für ihn, daß sein Herz sich diesem gefährlichen Einfluß in einem Lebensalter geöffnet hatte, in
welchem alle stärkeren Gefühle, wenn sie einmal Fuß
gefaßt haben, tiefe und feste Wurzeln schlagen. Einige
weitere, heimliche Gespräche nach jenem Morgen in
Fullers Meadow machten seine Verblendung vollkom-

men. Kaum einen Monat nach ihrem ersten Zusammentreffen hatte Isaac Scatchard Rebecca Murdoch wieder Lust am Leben und ihren verlorenen Mut wiedergegeben, indem er ihr versprach, sie zu seiner Frau zu machen.

Sie hatte nicht nur Besitz von seinen Gefühlen ergriffen, sondern beeinflußte auch jede seiner Handlungen. Alle seine Gedanken drehten sich nur noch um sie. Sie leitete ihn in jeder Hinsicht und gab ihm sogar Ratschläge, wie er ihre bevorstehende Heirat seiner Mutter auf schonendste Art beibringen könnte.

»Wenn du ihr zuerst erzählst, wie du mich kennengelernt hast und wer ich bin«, sagte die listige Frau, »wird sie Himmel und Hölle in Bewegung setzen, um unsere Heirat zu verhindern. Sage ihr, ich sei die Schwester eines deiner Kollegen, mit denen du früher zusammen gedient hast; und ehe du ihr Einzelheiten mitteilst, bitte sie darum, mich einmal einzuladen. Den Rest überlasse getrost mir. Ich will sie dazu bringen, mich zu lieben wie dich selbst, Isaac, bevor sie erfährt, wer ich wirklich bin.«

Ihr Beweggrund schien Isaac ausreichend, die Täuschung zu rechtfertigen. Dieser Vorschlag nahm ihm eine seiner größten Befürchtungen und beschwichtigte sein schlechtes Gewissen, das er seiner Mutter gegenüber hatte. Dennoch fehlte ihm etwas an seinem vollkommenen Glück – etwas, das er nicht deuten konnte, etwas Geheimnisvolles, Unerforschliches, das sich aber doch fortwährend bemerkbar machte; allerdings nicht, wenn er von Rebecca Murdoch getrennt war, sondern seltsamerweise nur, wenn sie beide zusammen waren.

Sie war die Freundlichkeit selbst ihm gegenüber, und nie ließ sie ihn seine Unterlegenheit in Bildung und Erziehung spüren; sie bemühte sich auf die rührendste Art, ihm in jeder Kleinigkeit zu gefallen. Aber trotz dieser einnehmenden Züge fühlte er sich in ihrer Gegenwart nie so recht wohl. Als sie sich zum ersten Male trafen und er ihr ins Gesicht sah, hatte sich in seine Bewunderung ein leiser, unwillkürlicher Zweifel gemischt, ob dieses Gesicht ihm wirklich völlig unbekannt wäre. Auch das spätere Vertrautwerden mit ihr hatte keinen Einfluß auf diese unerklärliche, bedrückende Unsicherheit.

Wie Rebecca ihm geraten hatte, verbarg er die Wahrheit, als er seiner Mutter überstürzt und verwirrt noch am gleichen Tage seine Verlobung mitteilte. Die arme Mrs. Scatchard zeigte völliges Vertrauen zu ihrem Sohn. Sie legte die Arme um seinen Hals und brachte ihre Freude zum Ausdruck, daß er endlich in der Schwester eines seiner Kollegen eine Frau gefunden hatte, die ihn trösten und für ihn sorgen würde, wenn sie nicht mehr da wäre. Sie freute sich von ganzem Herzen, die Frau kennenzulernen, die ihr Sohn sich erwählt hatte. Der Antrittsbesuch wurde für den nächsten Tag festgelegt.

Es war ein freundlicher, sonniger Morgen, und das Wohnzimmer des kleinen Hauses war von Licht durchflutet, als Mrs. Scatchard in ihrem besten Sonntagsstaat glücklich und voller Ungeduld am Fenster saß und auf ihren Sohn und ihre zukünftige Schwiegertochter wartete.

Pünktlich zur festgesetzten Zeit führte Isaac eilig und etwas nervös seine Verlobte ins Zimmer. Seine Mutter erhob sich, um sie zu begrüßen, kam ihnen lächelnd ein paar Schritte entgegen, sah Rebecca voll in die Augen – und blieb plötzlich stehen. Ihr Gesicht, das eben noch von freudiger Erwartung gerötet war, wurde augenblicklich weiß – ihre Augen verloren den Ausdruck von Sanftheit und Güte und weiteten sich vor Schrecken – ihre ausgestreckten Arme fielen herab, und mit einem leisen Aufschrei taumelte sie zurück.

»Isaac!« flüsterte sie und griff ihn fest beim Arm. »Isaac! Erinnert dich das Gesicht dieser Frau an nichts?«

Bevor er antworten konnte, bevor er sich nach Rebecca umblicken konnte, die erstaunt und ärgerlich über diesen Empfang noch an der Tür stand, zeigte seine Mutter ungeduldig auf ihr Schreibpult und gab ihm den Schlüssel.

»Öffne es, und gib mir das Blatt aus der linken Schublade. Schnell! Schnell! Um Himmels willen!« rief Mrs. Scatchard und zog sich schreckerfüllt noch weiter zurück.

Isaac gab ihr das Blatt. Sie überflog es schnell – dann folgte sie Rebecca, die sich in diesem Augenblick hochmütig abwandte, um das Zimmer zu verlassen, und ergriff sie bei der Schulter. Mit einer jähen Bewegung schob sie den langen, weiten Ärmel von Rebeccas Kleid zurück und starrte auf ihre Hand und ihren Arm. Ein Anflug von Furcht begann sich neben dem Ärger auf Rebeccas Gesicht zu zeigen, als sie die Hand der alten Frau abschüttelte. »Verrückt!« sagte sie wie zu sich selbst, »und Isaac hat mir nie etwas davon erzählt!« Mit diesen wenigen Worten verließ sie das Zimmer.

Isaac wollte ihr nachlaufen, als seine Mutter sich umdrehte und ihm den Weg vertrat. Es gab ihm einen Stich ins Herz, wie er die Pein und den Schrecken in ihrem Gesicht sah, als sie ihn jetzt anblickte.

»Hellgraue Augen«, sagte sie leise und mit trauriger, erschauernder Stimme; sie deutete auf die offene Tür. »Das leicht herabhängende linke Augenlid, das flachs-farbene Haar mit einer goldgelben Strähne darin, die feinen Härchen auf den Armen, die kleinen, damen-haften Hände mit dem rötlichen Schimmer unter den Fingernägeln. Die Frau aus deinem Traum, Isaac! *Das Traumweib!*«

Der schwache, nagende Zweifel, den er nie in Rebecca Murdochs Gegenwart hatte abschütteln können, war zur verhängnisvollen Gewißheit geworden. Also hatte er doch schon einmal ihr Gesicht gesehen – an seinem Geburtstag vor vielen Jahren, im Schlafzimmer des ein-samen Gasthauses.

»Laß dich warnen, mein Sohn! Laß dich warnen, Isaac! Laß ab von ihr, und bleibe bei mir!«

Ein Schatten verdunkelte das Wohnzimmerfenster, als diese Worte fielen. Ein plötzliches Frösteln rann durch seine Glieder, und er wandte den Kopf. Rebecca Murdoch war zurückgekommen. Neugierig blickte sie über die Scheibengardinen zu ihnen hinein.

»Ich habe versprochen zu heiraten, Mutter«, sagte er, »und heiraten muß ich.«

Tränen traten ihm in die Augen, während er sprach, und trübten seine Blicke; er konnte gerade noch er-kennen, wie das Gesicht da draußen sich vom Fenster zurückzog.

Der Kopf seiner Mutter sank tiefer.

»Ist dir nicht gut?« flüsterte er.

»Mein Herz ist gebrochen, Isaac.«

Er beugte sich nieder und küßte sie. In diesem Augenblick fiel der Schatten wieder über das Fenster, und das schicksalhafte Gesicht lugte noch einmal neugierig hinein.

IV

Drei Wochen nach diesem Tag waren Isaac und Rebecca Mann und Frau. Die ganze hoffnungslose Verbohrtheit und Hartnäckigkeit, deren ein Mann fähig ist, schienen sich auf seine verhängnisvolle Leidenschaft zu konzentrieren und sie unauslöschlich in seinem Herzen zu verankern.

Keine Vernunftgründe konnte Mrs. Scatchard nach dieser ersten Begegnung im Wohnzimmer des kleinen Landhäuschens dazu bewegen, die Frau ihres Sohnes noch einmal zu sehen; sie lehnte sogar jedes Gespräch über sie ab, wenn Isaac auch noch so eindringlich für sie einzutreten versuchte.

Dieses Verhalten wurde jedoch in keiner Weise durch die Enthüllung von Rebeccas Vergangenheit verursacht. Darüber bestand zwischen Mutter und Sohn nicht der geringste Zweifel. Den einzigen Grund bildete nur die furchterregende, haargenaue Ähnlichkeit zwischen dieser Frau und dem Schemen aus Isaacs Traum.

Rebecca zeigte oder fühlte ihrerseits nicht das geringste Bedauern über diese Entfremdung zwischen ihr und ihrer Schwiegermutter. Und um des lieben Friedens willen hatte Isaac ihrer zuerst geäußerten Ansicht, daß Alter und lange Krankheit den Geist von Mrs. Scatchard verwirrt hätten, nie widersprochen. Er ließ sich sogar lieber von seiner Frau dafür schelten, daß er ihr dies nicht schon vor der Verlobung mitgeteilt hätte, als durch die Andeutung der Wahrheit irgendein Risiko einzugehen. Es erschien ihm bedeutungslos, damit auch seine Aufrichtigkeit dieser alles andere überwiegenden Verblendung zu opfern, und bedrückte nach all den Opfern, die er bereits gebracht hatte, kaum sein Gewissen.

Die Zeit des Erwachens aus seinem Wahn war nicht mehr fern – eine grausame, reuevolle Zeit. Nach einigen ruhigen Ehemonaten, als der Sommer sich dem Ende zuneigte und Isaacs Geburtstag näherrückte, bemerkte er, wie seine Frau ihr Verhalten ihm gegenüber änderte. Sie wurde mürrisch und abweisend und schloß Bekanntschaften der verwerflichsten Art, trotz all seiner Bitten, Vorwürfe und Beschwörungen. Das Schlimmste war jedoch, daß sie innerhalb kurzer Zeit lernte, nach jedem neuen Streit mit ihrem Mann sich in tödlicher Selbstvergessenheit dem Trunk zu ergeben. Und nach der ersten, bedrückenden Entdeckung, daß seine Frau Umgang mit Trunksüchtigen pflegte, überkam ihn langsam die erschütternde Gewißheit, daß sie selbst völlig der Trunksucht verfallen war.

Schon einige Zeit vor diesem häuslichen Unglück war er traurig und verzagt gewesen. Wie er nur zu deutlich bei jedem Besuch im Hause seiner Mutter sehen konnte, schwand deren Gesundheit rasch dahin, und im geheimen machte er sich die schwersten Vorwürfe, daß er an ihren körperlichen und seelischen Leiden die Schuld trüge. Als zu dieser Sorge noch die Scham und der Kummer über das würdelose Betragen seiner Frau traten, sank er fast unter dieser doppelten Last zusammen; sein Gesicht begann rasch zu verfallen, und man sah es ihm an, was er war: ein gebrochener Mann.

Seine Mutter, die noch tapfer gegen die Krankheit ankämpfte, die sie dem Grabe entgegenzog, bemerkte zuerst seine traurige Veränderung. Sie war auch der erste Mensch, dem er von seiner jüngsten, schlimmsten Sorge um seine Frau erzählte. Sie konnte nur bitterlich weinen, nachdem er ihr dieses erniedrigende Geständnis gemacht hatte. Doch als er sie das nächste Mal besuchte, hatte sie, was seine häuslichen Schwierigkeiten anbetraf, einen Entschluß gefaßt, der ihn in Erstaunen, ja fast in Schrecken versetzte. Sie war bereits fertig zum Ausgehen angekleidet, und auf seine Frage nach dem Grund erhielt er die folgende Antwort:

»Ich bin nicht mehr lange auf dieser Welt, Isaac«, sagte sie; »und ich werde keine Ruhe auf meinem Sterbelager finden, wenn ich nicht alles getan habe, was in meiner Macht steht, meinen Sohn glücklich zu machen. Ich will meine eigene Furcht und meine eigenen Gefühle zurückdrängen, mit dir zu deiner Frau gehen und alles versuchen, sie wieder auf den rechten Weg zurückzuführen. Gib mir deinen Arm, Isaac, und laß mich zum letzten Mal auf dieser Welt versuchen, meinem Sohn zu helfen, bevor es zu spät dazu ist.«

Er konnte ihr nicht widersprechen, und langsam gingen sie Arm in Arm zu seinem unglücklichen Heim. Es war erst ein Uhr mittags, als sie das Häuschen erreichten, in dem er lebte. Es war Essenszeit, und Rebecca machte sich gerade in der Küche zu schaffen. So konnte er seine Mutter ungesehen ins Wohnzimmer bringen und seine Frau auf die Unterredung vorbereiten. Glücklicherweise war sie zu so früher Stunde noch ziemlich nüchtern und auch nicht so mürrisch und launenhaft wie gewöhnlich.

Etwas beruhigt kehrte er zu seiner Mutter zurück. Seine Frau folgte ihm bald, und ihre Begegnung mit Mrs. Scatchard verlief besser, als er zu hoffen gewagt hatte. Mit geheimer Besorgnis bemerkte er jedoch, daß seine Mutter, so sehr sie sich auch sonst zusammennahm, seiner Frau nicht ins Gesicht blicken konnte, wenn sie mit ihr sprach. Es bedeutete daher eine Erlösung für ihn, als Rebecca den Tisch zu decken begann.

Sie legte eine Decke auf, brachte die Brotschüssel herein, schnitt für jeden eine Scheibe von dem Laib und ging wieder in die Küche. Isaac beobachtete seine Mutter immer noch ängstlich und war aufs höchste bestürzt, als er in diesem Augenblick in ihren Zügen die gleiche schreckliche Veränderung sah, wie an jenem Morgen, als Rebecca und sie sich das erste Mal begegneten. Bevor er noch ein Wort sagen konnte, flüsterte sie mit allen Anzeichen des Entsetzens:

»Bring mich zurück! – nach Hause, Isaac, nach Hause! Komm mit mir und geh nie wieder zurück!«

Er hatte Angst, eine Erklärung zu verlangen; er konnte ihr nur noch Zeichen geben, sich ruhig zu verhalten, und brachte sie schnell zur Tür. Als sie an dem Tisch mit der Brotschüssel vorbeikamen, blieb sie stehen und zeigte darauf.

»Hast du gesehen, womit deine Frau das Brot geschnitten hat?« fragte sie leise flüsternd.

»Nein, Mutter, ich habe nicht darauf geachtet. Womit denn?«

»Sieh hin!«

Er sah hin. Ein neues Klappmesser mit einem Hirschhorngriff lag neben dem Brot in der Schüssel. Zitternd streckte er seine Hand aus, um es an sich zu nehmen; in diesem Moment aber hörten sie ein Geräusch in der Küche, und seine Mutter ergriff ihn beim Arm.

»Das Messer aus dem Traum! Ich sterbe vor Angst, Isaac – bring mich weg, bevor sie wiederkommt!«

Er war kaum fähig, sie zu stützen. Die sichtbare, greifbare Wirklichkeit jenes Messers erfüllte ihn mit panischer Furcht und zerstörte auch die letzten, schwachen Zweifel, die er immer noch an der warnenden Bedeutung seines jetzt schon fast acht Jahre zurückliegenden Traumes gehegt hatte. Mit verzweifelter Anstrengung faßte er sich soweit, daß er seine Mutter aus dem Haus bringen konnte – so lautlos, daß das ›Traumweib‹ (so nannte er sie jetzt in Gedanken) ihr Weggehen nicht bemerkte.

»Geh nicht zurück, Isaac, geh nicht zurück!« beschwor Mrs. Scatchard ihn, nachdem sie wieder in der Geborgenheit ihres Zimmers saß.

»Ich muß das Messer haben!« stieß er hervor. Noch einmal versuchte seine Mutter ihn aufzuhalten, aber ohne ein weiteres Wort stürzte er hinaus.

Bei seiner Rückkehr hatte seine Frau ihren heimlichen Fortgang schon bemerkt. Sie hatte getrunken und war rasend vor Wut. Das Essen lag in der Küche in der Asche; die Decke war vom Eßtisch heruntergerissen. Wo war das Messer?

Unüberlegt fragte er danach. Diese Gelegenheit, ihn zu reizen, war ihr nur zu willkommen. Er wollte das Messer haben, ja? Könnte er ihr sagen warum? – Nein? Dann würde er es auch nicht bekommen, selbst wenn er sie auf Knien darum bäte. Auf seine weiteren Fragen erfuhr er, daß sie es günstig gekauft hatte und es als ihr persönliches Eigentum betrachtete. Isaac sah ein, daß es nutzlos wäre, zu versuchen, das Messer auf ehrlichem Wege zu erlangen, und nahm sich vor, später am Tage heimlich danach zu suchen. Diese Suche blieb erfolglos. Als die Nacht kam, verließ er das Haus und lief auf der Straße umher. Jetzt fürchtete er sich, unter einem Dach mit ihr zu schlafen.

So vergingen drei Wochen. Immer noch war sie wütend auf ihn und gab das Messer nicht heraus; immer noch war er von der Furcht besessen, im gleichen Raum mit ihr zu schlafen. Nachts lief er herum, döste im Wohnzimmer oder saß Wache am Bett seiner Mutter. Noch in der ersten Woche des neuen Monats starb sie. Es fehlten nur zehn Tage bis zum Geburtstag ihres Sohnes. Sie hatte sich danach gesehnt, diesen Tag noch erleben zu können. Isaac war bei ihr, als sie starb, und ihre letzten Worte auf dieser Welt waren an ihn gerichtet:

»Geh nicht zurück, mein Sohn – geh nicht zurück!«

Doch er mußte zurückgehen, und sei es auch nur, um seine Frau nicht aus den Augen zu lassen. Völlig außer sich vor Zorn und als Rache für sein Mißtrauen hatte sie einen neuen Weg ersonnen, seinen Schmerz noch zu vertiefen: in den letzten Tagen der Krankheit seiner Mutter hatte sie erklärt, sie würde sich ihr Recht nicht nehmen lassen, an dem Begräbnis teilzunehmen. Er

konnte tun und sagen, was er wollte, mit böser Hartnäckigkeit bestand sie darauf. Zügellos und mit vom
Trunk gerötetem Gesicht vertrat sie ihrem Manne am
Tage der Beerdigung den Weg und erklärte, daß sie im
Trauerzuge zum Grabe seiner Mutter mitgehen wolle.
Dieses letzte, schamlose Ansinnen, von herausfordern-
den und beleidigenden Worten und Blicken begleitet,
raubte ihm für einen Augenblick den Verstand. Er
schlug sie.

Im gleichen Moment aber bereute er den Schlag. Sie
verkroch sich schweigend in einer Ecke des Zimmers
und starrte ihn an. Dieser Blick kühlte sein erhitztes
Blut ab und ließ ihn erzittern. Aber jetzt war keine Zeit,
über eine Versöhnung nachzudenken. Um bis nach der
Beerdigung vor ihr sicher zu sein, mußte er das Schlimmste wagen. Es blieb ihm keine andere Wahl, und so schloß
er sie in ihrem Schlafzimmer ein.

Als er einige Stunden später zurückkam, saß sie, verändert in Aussehen und Haltung, mit einem Bündel im
Schoß auf dem Bett. Sie erhob sich und sah ihn fest an.
Und als sie zu sprechen begann, lag eine ihm unbekannte Gelassenheit in ihrer Stimme, eine seltsame Ruhe
in ihren Augen und eine ungewohnte Ausgeglichenheit
in ihrem Benehmen.

»Nie hat mich ein Mann zweimal geschlagen«, sagte
sie, »und auch mein Ehemann soll keine Gelegenheit
dazu haben. Mach die Tür auf und laß mich gehen. Von
diesem Tage an werden wir uns nie wiedersehen.«

Bevor er noch etwas erwidern konnte, war sie an ihm
vorbei und hatte das Zimmer verlassen. Er sah sie die
Straße hinabgehen.

Würde sie zurückkehren?

Die ganze Nacht über wachte und wartete er, aber keine Schritte näherten sich dem Haus. In der folgenden Nacht lag er, von Müdigkeit übermannt, angezogen auf dem Bett. Die Tür war verschlossen, der Schlüssel lag auf dem Tisch und die Kerze brannte. Sein leichter Schlaf wurde nicht gestört. Die dritte Nacht, die vierte Nacht, die fünfte und eine sechste vergingen, nichts geschah. In der siebten Nacht legte er sich immer noch angekleidet aufs Bett, die Tür hielt er immer noch verschlossen, immer noch lag der Schlüssel auf dem Tisch und die Kerze brannte; aber er war ruhiger geworden.

Ruhigen Gemütes schlief er ein. Doch sein Schlaf wurde gestört. Zweimal wachte er auf, jedoch ohne irgendein Gefühl der Unruhe. Beim dritten Male aber empfand er wieder jenes unvergeßliche Schaudern wie damals in der Nacht in dem einsamen Wirtshaus, den gleichen, fürchterlich bohrenden Schmerz im Herzen, der ihn augenblicklich hellwach werden ließ.

Als er die Augen öffnete, sah er nach der linken Seite des Bettes, und dort stand...

Wieder das Traumweib? Nein! Es war seine Frau, lebendig und wirklich – Gesicht und Haltung glichen genau seinem Traumbild: den schlanken Arm hielt sie hoch erhoben, das Messer fest in der zarten, weißen Hand.

Fast im gleichen Augenblick, in dem er sie erblickte, stürzte er sich auf sie, aber doch nicht schnell genug, um sie daran zu hindern, das Messer zu verbergen. Ohne daß er ein Wort sprach, ohne daß sie einen Schrei ausstieß, preßte er sie in einen Sessel. Mit einer Hand griff er in ihren Ärmel, und dort, wo das Traumweib das Messer verborgen hatte, hielt es auch seine Frau verborgen – das Messer mit dem Hirschhorngriff, das wie neu aussah.

In der Verzweiflung dieser furchtbaren Minuten war sein Kopf klar, und sein Herz schlug ruhig. Mit dem Messer in der Hand blickte er sie fest an und sprach diese letzten Worte:

»Du sagtest, wir würden einander nie mehr sehen, und doch bist du zurückgekommen. Jetzt ist es an mir zu gehen, und zwar für immer. Ich sage dir, daß wir uns nie wiedersehen werden; und *ich* werde mein Wort nicht brechen.«

Er verließ sie und ging in die Nacht hinaus. Es wehte ein rauher Wind, und die Luft roch nach frischgefallenem Regen. In der Ferne schlug es vom Kirchturm die Viertelstunde, als er eilig an den letzten Häusern der Vorstadt vorüberschritt. Er fragte den ersten Polizisten, den er traf, nach welcher Stunde die Glocken soeben ein Viertel geschlagen hätten.

Schläfrig blickte der Mann auf seine Uhr: »Zwei Uhr.«

Zwei Uhr morgens! Welcher Tag des Monats war es, der gerade begonnen hatte? Er rechnete zurück bis zur Beerdigung seiner Mutter. Die verhängnisvolle Parallele stimmte. Es war sein Geburtstag.

War er der tödlichen Gefahr entronnen, die der Traum vorhergesagt hatte? Oder hatte er nur eine zweite Warnung erhalten? Als ihn dieser erschreckende Zweifel befiel, blieb er stehen, überlegte kurz und wendete sich dann wieder der Stadt zu. Er war immer noch fest entschlossen, sein Wort zu halten und ihr nie wieder vor die Augen zu treten; doch es war ihm der Gedanke gekommen, sie beobachten zu lassen. Das Messer war jetzt in seinem Besitz, und die Welt lag vor ihm; aber ein neues Mißtrauen gegen sie hatte ihn ergriffen – eine unbestimmte, unerklärliche, abergläubische Furcht.

»Jetzt, wo sie glaubt, ich habe sie verlassen, muß ich wissen, wohin sie geht«, sprach er zu sich selbst, als er sich müde und vorsichtig wieder seinem Haus näherte.

Es war noch dunkel. Er hatte die Kerze im Schlafzimmer brennen lassen, doch als er jetzt zu dem Fenster hochsah, war es finster. Behutsam schlich er sich bis zur Haustür. Er erinnerte sich, sie beim Fortgehen abgeschlossen zu haben, doch jetzt fand er sie offen.

Er wartete draußen und ließ das Haus bis zum Tagesanbruch nicht aus den Augen. Dann wagte er sich vorsichtig hinein. Er lauschte, konnte aber nichts hören; er blickte in Küche, Kammer und Wohnzimmer – nichts. Zuletzt ging er hinauf ins Schlafzimmer – es war leer. Ein Dietrich lag auf dem Boden und verriet ihm, wie sie sich in jener Nacht Einlaß verschafft hatte. Sonst hatte sie keine Spur hinterlassen.

Wohin war sie gegangen? Kein Mensch konnte es ihm sagen. Im Schutze der Dunkelheit war sie geflohen, und niemand vermochte zu sagen, wo sie jetzt bei Tagesanbruch schon sein könnte.

Bevor er das Haus und die Stadt für immer verließ, beauftragte er einen Freund und Nachbarn damit, seine Möbel für jeden gebotenen Preis zu verkaufen. Mit dem Erlös sollte er die Polizei zu Nachforschungen nach ihr veranlassen. Seine Anweisungen wurden genau befolgt und das ganze Geld darauf verwandt; aber die Suche führte zu keinem Ergebnis. Der Dietrich auf dem Boden des Schlafzimmers war und blieb die letzte, nutzlose Spur des Traumweibes.

An dieser Stelle seiner Erzählung machte der Wirt eine Pause. Er drehte sich um und sah aus dem Fenster unseres Zimmers zu dem Stall hinüber.

»Bis hierher«, sagte er, »habe ich Euch erzählt, was ich auch nur vom Hören weiß. Das wenige, was man noch hinzufügen kann, habe ich selbst miterlebt. Zwei oder drei Monate nach jenen Ereignissen kam Isaac Scatchard zu mir, verhärmt und frühzeitig gealtert, so wie Ihr ihn auch heute saht. Er legte mir Zeugnisse vor und fragte nach Arbeit. Ich wußte, daß er ein entfernter Verwandter meiner Frau ist, und wollte es daher mit ihm versuchen; und trotz seiner merkwürdigen Gewohnheiten mochte ich ihn leiden. Einen nüchterneren, ehrlicheren und willigeren Mann wird man in ganz England nicht finden. Daß er nachts keine Ruhe finden kann und daher in seiner freien Zeit am Tage schläft, kann ihm niemand verdenken, der weiß, was er durchgemacht hat. Außerdem hat er nichts dagegen, jederzeit geweckt zu werden, wenn er gebraucht wird. Es gibt also nichts, worüber man sich beklagen könnte.«

»Ich nehme an, er fürchtet sich vor einer Wiederkehr seines schrecklichen Traumes und vor dem Erwachen in der Dunkelheit?«

»Nein«, erwiderte der Wirt. »Der Traum kehrt jetzt so oft wieder, daß er sich mit der Zeit schon damit abgefunden hat. Es ist der Gedanke an seine Frau, der ihn nachts nicht schlafen läßt, wie er mir mehrmals gesagt hat.«

»Was? Hat man nie wieder etwas von ihr gehört?«

»Nie wieder. Isaac hat immer nur den einen Gedanken, daß sie noch am Leben ist und nach ihm sucht. Ich bin fest davon überzeugt, daß er sich selbst für alle Schätze der Welt nicht überreden lassen würde, gegen zwei Uhr morgens einzuschlafen. Um zwei Uhr morgens wird sie ihn finden, sagt er, irgendwann einmal. Zwei Uhr morgens ist die Zeit, zu der er sich das ganze Jahr hindurch nur sicher fühlt, wenn er das Klappmesser bei sich hat. Solange er wach ist, macht es ihm nichts aus, allein zu sein, außer in der Nacht zu seinem Geburtstag. Dann ist er fest davon überzeugt, in Lebensgefahr zu schweben. Seit er hier ist, hatte er erst einmal Geburtstag, und damals saß er die ganze Nacht mit dem Nachtwächter zusammen. ›Sie sucht mich‹ sagt er nur, wenn man mit ihm über die einzige Angst seines Lebens spricht; ›sie sucht mich‹. Vielleicht hat er recht. Vielleicht sucht sie ihn tatsächlich. Wer weiß?«

»Wer weiß?« sagte auch ich.

W. W. Jacobs

Die
Affenpfote

I

Die Nacht war kalt und naß, aber in dem kleinen Wohnzimmer der ›Villa Laburnam‹ brannte das Feuer hell, und die Vorhänge waren zugezogen. Vater und Sohn spielten Schach. Ersterer, der gern riskant und angriffslustig spielte, setzte seinen König oft so drohenden und unnötigen Gefahren aus, daß sich sogar die weißhaarige alte Dame, die bedächtig am Kamin strickte, zu wiederholten Einwänden veranlaßt sah.

»Hör nur, dieser Wind«, sagte Mr. White, der leider zu spät seinen verhängnisvollen Fehlzug bemerkt hatte und nun gern verhindern wollte, daß auch sein Sohn ihn sah.

»Ich höre«, antwortete dieser, während er aufmerksam das Schachbrett überblickte und seine Hand ausstreckte. »Schach!«

»Ich glaube kaum, daß er heute kommen wird«, sagte sein Vater, die Hand überlegend über dem Brett haltend.

»Matt«, erwiderte der Sohn.

»Das hat man davon, daß man so weit draußen wohnt!« wetterte Mr. White mit plötzlicher und unerwarteter Heftigkeit. »Von allen scheußlichen, dreckigen und abgelegenen Gegenden, wo Leute wohnen, ist dies die schlimmste. Der Fußweg ist ein Sumpf und die Straße ein Gießbach. Weiß der Kuckuck, was die Leute sich so denken! Weil nur zwei Häuser in der Straße bewohnt sind, meinen sie wohl, es macht nichts.«

»Laß nur«, versuchte seine Frau ihn zu beruhigen, »vielleicht gewinnst du das nächste Spiel.«

Mr. White blickte ärgerlich hoch, um gerade noch einen verständnisvollen Blick zwischen Mutter und Sohn aufzufangen. Die Worte erstarben ihm auf den Lippen, und er verbarg ein schuldbewußtes Lächeln in seinem dünnen, grauen Bart.

»Da ist er«, sagte Herbert White, als die Gartenpforte laut zuschlug und schwere Schritte sich der Tür näherten.

Der alte Mann erhob sich mit gastfreier Eile, und als er die Tür öffnete, hörte man, wie er sich bei seinem Besucher entschuldigte, daß er ihn bei dem schlechten Wetter herausbemüht hatte. Dieser wieder bedauerte sich selbst, so daß Mrs. White schließlich sagte, »nun kommt schon herein«, und leise hüstelte, als ihr Mann das Zimmer betrat, gefolgt von einem großen, korpulenten Mann mit leicht hervorquellenden Augen und rötlichem Gesicht.

»Sergeant-Major Morris«, stellte er ihn vor.

Der Sergeant-Major gab jedem die Hand, setzte sich in den angebotenen Sessel am Kamin und beobachtete wohlgefällig, wie sein Gastgeber Whisky und Gläser herausnahm und einen kleinen Kupferkessel aufs Feuer setzte.

Beim dritten Glas wurden seine Augen heller, und er begann zu sprechen, während die Angehörigen der kleinen Familie mit regem Interesse diesen Besucher aus fernen Gegenden beobachteten, wie er seine breiten Schultern in den Sessel drückte und von gefährlichen Abenteuern erzählte, von kühnen Taten und Kriegen, von Katastrophen und fremden Völkern.

»Einundzwanzig Jahre lang ist er nun fortgewesen«,

sagte Mr. White und nickte seiner Frau und seinem Sohn zu. »Als er wegging, war er ein blutjunger, schmächtiger Bursche in einem Kaufhaus. Seht ihn euch jetzt einmal an!«

»Scheint ihm nicht schlecht bekommen zu sein«, sagte Mrs. White höflich.

»Ich möchte auch ganz gern mal nach Indien«, sagte der alte Mann. »Bloß um mich mal umzusehen, wißt ihr.«

»Bleiben Sie lieber, wo Sie sind«, sagte der Sergeant-Major und schüttelte den Kopf. Er stellte das leere Glas weg, und während er leise seufzte, schüttelte er ihn wieder.

»Ich möchte zu gern einmal diese alten Tempel und Fakire und Gaukler sehen«, sagte der alte Mann. »Was war das noch, das Sie mir neulich über eine Affenpfote oder so etwas erzählen wollten, Morris?«

»Nichts«, sagte der alte Soldat hastig. »Wenigstens nichts, was sich anzuhören lohnte.«

»Affenpfote?« fragte Mrs. White neugierig.

»Nun, man könnte es vielleicht als Zauberei bezeichnen«, sagte der Sergeant-Major leichthin.

Die drei Zuhörer beugten sich gespannt vor. Der Besucher führte sein leeres Glas geistesabwesend an die Lippen und setzte es wieder hin. Sein Gastgeber füllte es ihm.

»Wenn man das Ding so sieht«, sagte der Sergeant-Major und suchte in seiner Tasche, »ist es nur eine gewöhnliche kleine, zu einer Mumie geschrumpfte Pfote.«

Er zog etwas aus seiner Tasche und hielt es ihnen hin. Mrs. White wich unangenehm berührt zurück, aber ihr Sohn nahm es und untersuchte es neugierig.

»Und was ist nun das Besondere daran?« erkundigte sich Mr. White, als er die Pfote seinem Sohn abnahm. Nachdem auch er sie untersucht hatte, legte er sie auf den Tisch.

»Ein alter Fakir hat ihr Zauberkraft verliehen«, sagte der Sergeant-Major. »Er war ein sehr heiliger Mann. Er wollte zeigen, daß nur das Schicksal das Leben des Menschen regiere und daß jene, die es korrigieren wollten, dies nur zu ihrem Schaden täten. Er gab ihr die Kraft, drei verschiedenen Menschen drei Wünsche zu erfüllen.«

Sein Verhalten war so eindrucksvoll, daß die Zuhörer sich der Unechtheit ihres leisen Lachens bewußt wurden.

»Warum wünschen Sie sich denn nichts?« fragte Herbert White listig.

Der Soldat sah ihn an, wie das reife Alter die vorlaute Jugend zu betrachten pflegt. »Ich habe es getan«, sagte er leise, und sein fleckiges Gesicht erbleichte.

»Und wurden Ihnen wirklich die drei Wünsche erfüllt?« fragte Mrs. White.

»Ja«, sagte der Sergeant-Major, und sein Glas schlug gegen seine starken Zähne.

»Und hat sich sonst noch jemand etwas gewünscht?« beharrte die alte Dame.

»Ja, auch dem ersten wurden drei Wünsche erfüllt«, war die Antwort. »Ich weiß nicht, welcher Art die ersten beiden waren, jedoch der dritte war der Wunsch zu sterben. So kam ich zu der Pfote.«

Seine Stimme klang so ernst, daß betretenes Schweigen über die Runde fiel.

»Da Ihnen drei Wünsche gewährt worden sind, hat das Ding für Sie ja keinen Wert mehr, Morris«, sagte der alte Mann schließlich. »Wofür behalten Sie es noch?«

Der Soldat zuckte mit den Schultern. »Eine Laune, glaube ich«, sagte er langsam. »Ich dachte schon daran, es zu verkaufen, aber ich werde es wohl doch nicht tun. Es hat schon genug Unglück gebracht. Und außerdem, die Leute wollen es nicht kaufen. Manche denken, es ist ein Märchen, und jene, die tatsächlich etwas davon halten, wollen es zuerst ausprobieren und mich danach bezahlen.«

»Wenn Sie noch einmal drei Wünsche frei hätten«, sagte der alte Mann, während er ihn aufmerksam beobachtete, »würden Sie es tun?«

»Ich weiß nicht«, sagte der andere, »ich weiß nicht.«

Er nahm die Pfote, ließ sie zwischen Daumen und Zeigefinger hin- und herpendeln und warf sie plötzlich ins Feuer. Mit einem leisen Aufschrei bückte sich White und zog sie schnell heraus.

»Lassen Sie sie lieber verbrennen«, sagte der Soldat feierlich.

»Wenn Sie sie nicht haben wollen, Morris«, sagte der andere, »geben Sie sie mir.«

»Nein«, sagte sein Freund halsstarrig. »Ich warf sie ins Feuer. Wenn Sie sie behalten, geben Sie nicht mir die Schuld für das, was geschieht. Seien Sie vernünftig und werfen Sie sie zurück ins Feuer.«

Der andere schüttelte den Kopf und untersuchte seinen neuen Besitz genau. »Wie macht man es?« fragte er.

»Halten Sie sie hoch in der rechten Hand und wünschen Sie laut«, sagte der Sergeant-Major. »Aber ich warne Sie vor den Folgen!«

»Hört sich an wie ›Tausendundeine Nacht‹«, sagte Mrs. White, als sie aufstand, um den Abendbrottisch zu decken. »Meinst du nicht, du solltest mir vier Paar Hände wünschen?«

Ihr Mann zog den Talisman aus der Tasche, und dann brachen alle drei in Lachen aus, als der Sergeant-Major, Unruhe im Blick, ihn beim Arm griff.

»Wenn Sie sich schon etwas wünschen müssen«, sagte er, »wünschen Sie sich etwas Vernünftiges.«

Mr. White ließ die Pfote zurück in die Tasche gleiten, und indem er die Stühle zurechtrückte, winkte er seinen Freund an den Tisch.

Während man sich dem Essen widmete, vergaß man fast den Talisman. Danach saßen die drei und lauschten gespannt den weiteren Erlebnissen des Soldaten in Indien.

»Wenn die Sache mit der Affenpfote nicht wahrer ist als seine anderen Geschichten«, sagte Herbert, als sich die Tür hinter ihrem Gast geschlossen hatte, gerade rechtzeitig, daß er noch den letzten Zug erreichen konnte, »werden wir nicht viel davon haben.«

»Hast du ihm etwas dafür gegeben, Vater?« fragte Mrs. White und sah ihren Mann prüfend an.

»Eine Kleinigkeit«, sagte er und errötete leicht. »Er wollte es nicht, aber ich nötigte es ihm auf. Dabei drang er wieder in mich, ich sollte das Ding wegwerfen.«

»Das fehlte gerade noch«, sagte Herbert mit gespieltem Erschrecken. »Denn jetzt werden wir reich, berühmt und glücklich werden. Wünsche dir nur gleich, daß du ein Kaiser wirst, Vater, dann stehst du nicht mehr unter dem Pantoffel.«

Er flüchtete schnell um den Tisch herum, verfolgt von der gelästerten Mrs. White, die sich mit einem Kissen bewaffnet hatte.

Mr. White holte die Pfote aus der Tasche und beäugte sie mißtrauisch. »Ich weiß wirklich nicht, was ich mir wünschen soll«, sagte er langsam. »Mir scheint, ich habe alles, was ich brauche.«

»Wenn du nur das Haus schuldenfrei hättest, wärst du wohl ganz zufrieden, was?« sagte Herbert und legte ihm die Hand auf die Schulter. »Wünsche dir also zweihundert Pfund, das wird wohl reichen.«

Mit verschämtem Lächeln über seine Leichtgläubigkeit hielt der Vater den Talisman hoch, während sein Sohn sich mit feierlicher Miene an das Klavier setzte und einige eindrucksvolle Akkorde anschlug. Jedoch konnte er es nicht lassen, seiner Mutter dabei vielsagend zuzublinzeln.

»Ich wünsche mir zweihundert Pfund«, sagte der alte Mann mit klarer Stimme.

Ein leises Klirren im Klavier ertönte, unterbrochen von einem erschreckten Aufschrei des alten Mannes. Seine Frau und sein Sohn liefen zu ihm hin.

»Es hat sich bewegt!« schrie er, den Blick voller Ekel auf den am Boden liegenden Gegenstand gerichtet. »Als ich den Wunsch aussprach, wand es sich in meiner Hand wie eine Schlange.«

»Trotzdem kann ich kein Geld sehen«, sagte sein Sohn, als er die Pfote aufhob und auf den Tisch legte, »und ich wette, ich werde es auch nie sehen.«

»Du mußt es dir eingebildet haben«, sagte seine Frau und blickte ihn besorgt an.

Er schüttelte den Kopf. »Schon gut, es ist nichts passiert; es hat mir nur einen tüchtigen Schock versetzt.«

Sie setzten sich wieder ans Feuer, und die beiden Männer rauchten ihre Pfeife zu Ende.

Draußen heulte der Wind stärker als zuvor, und der alte Mann sprang erregt auf, als oben im Haus eine Tür zuschlug. Ein ungewöhnliches und drückendes Schweigen legte sich auf alle drei, bis das alte Ehepaar aufstand, um schlafen zu gehen.

»Ich vermute, ihr werdet die Moneten in einem großen Sack mitten in eurem Bett finden«, sagte Herbert, als er ihnen gute Nacht wünschte, »und irgend ein Scheusal wird auf dem Kleiderschrank hocken und euch beobachten, wie ihr euren üblen Gewinn einsteckt.«

Er saß dann allein in der Dunkelheit, starrte in das verlöschende Feuer und sah darin Gesichter. Das letzte Gesicht war so abscheulich und affenhaft, daß er es entsetzt anstarrte. Es wurde immer deutlicher, und mit einem unbehaglichen Auflachen tastete er nach einem Glas mit Wasser, das auf dem Tisch stand, um es darüber zu gießen. Aber er berührte stattdessen die Affenpfote, und schaudernd wischte er sich die Hand an seiner Jacke ab und ging zu Bett.

II

Als am nächsten Morgen das Licht der winterlichen Sonne über dem Frühstückstisch lag, lachte er über seine

Angst. Im Gegensatz zur vergangenen Nacht strahlte das Zimmer wieder seine gesunde, nüchterne Atmosphäre aus, und die schmutzige, runzelige kleine Pfote lag auf dem Büfett, hingeworfen mit einer Gleichgültigkeit, die keinen großen Glauben an ihren Wert vermuten ließ.

»Ich glaube, alle alten Soldaten sind gleich«, sagte Mrs. White. »Wie konnten wir bloß auf solchen Unsinn hören! Als ob einem heutzutage noch Wünsche erfüllt würden! Und wenn doch, wie könnten dir zweihundert Pfund schaden, Vater?«

»Sie könnten ihm vom Himmel herab auf den Kopf fallen«, sagte Herbert frivol.

»Morris meinte, es würde so natürlich geschehen«, sagte sein Vater, »daß man es dem Zufall zuschreiben könnte, wenn man wollte.«

»Hoffentlich kommst du nicht zu dem Geldsegen, bevor ich zurück bin«, sagte Herbert, als er vom Tisch aufstand. »Es könnte dich womöglich in einen habgierigen Geizkragen verwandeln, so daß wir dich verstoßen müßten.«

Seine Mutter lachte und begleitete ihn zur Tür. Ihre Blicke folgten ihm, wie er die Straße entlangging, und nachdem sie an den Frühstückstisch zurückgekehrt war, machte sie sich über die Leichtgläubigkeit ihres Mannes lustig. Dies hielt sie jedoch nicht davon ab, zur Tür zu stürzen, als der Postbote anklopfte, und sie konnte sich auch nicht einer kurzen Bemerkung über die Trunksucht pensionierter Sergeant-Majors enthalten, als sie feststellte, daß der Brief eine Schneiderrechnung enthielt.

»Herbert wird wohl wieder einige seiner spaßigen

Bemerkungen zum besten geben, wenn er nach Hause kommt«, sagte sie, als sie beim Abendbrot saßen.

»Ich meine trotz allem«, sagte Mr. White und goß sich etwas Bier ein, »daß sich das Ding in meiner Hand bewegt hat; ich möchte darauf schwören.«

»Das hast du dir sicher nur eingebildet«, sagte die alte Dame besänftigend.

»Es hat sich aber bewegt«, erwiderte er. »Von Einbildung kann nicht die Rede sein; ich hatte kaum – – was gibt's?«

Seine Frau gab keine Antwort. Sie beobachtete gerade das seltsame Verhalten eines Mannes auf der Straße, der unentschlossen das Haus betrachtete, so als ob er sich nicht dazu aufraffen könnte, einzutreten. In einer Gedankenverbindung zu den zweihundert Pfund bemerkte sie, daß der Unbekannte gut gekleidet war und einen glänzenden neuen Zylinder trug. Dreimal zögerte er vor der Pforte, ging dann aber doch wieder weiter. Beim vierten Mal blieb er stehen und legte seine Hand darauf. Dann, mit einem plötzlichen Entschluß, öffnete er sie schwungvoll und ging den Weg hinauf. Im gleichen Augenblick nahm Mrs. White die Hände auf den Rücken, löste hastig die Bänder ihrer Schürze und steckte das nützliche Kleidungsstück unter ihr Stuhlkissen.

Sie führte den Unbekannten, der sich unbehaglich zu fühlen schien, ins Zimmer. Er blickte sie verstohlen von der Seite an und hörte zerstreut zu, als sich die alte Dame für die Unordnung im Zimmer entschuldigte und für die alte Jacke ihres Mannes, ein Kleidungsstück, das er gewöhnlich zur Gartenarbeit trug. Dann wartete sie so geduldig, wie es ihr Geschlecht erlaubte, daß er den Grund seines Kommens erklärte. Aber er war zunächst sonderbar schweigsam.

»Ich – man hat mich gebeten, Sie aufzusuchen«, begann er schließlich und bückte sich, um einen Baumwollfaden von seiner Hose zu entfernen. »Ich komme von Maw und Meggins.«

Die alte Dame erschrak. »Ist etwas passiert?« fragte sie atemlos. »Ist Herbert etwas zugestoßen? Was ist es? Was?«

Ihr Mann fiel ihr in die Rede. »Nur ruhig, Mutter«, sagte er hastig. »Setz dich hin und stelle keine vagen Vermutungen an. Sie bringen doch sicher keine schlechten Nachrichten, mein Herr?« Er blickte den anderen forschend an.

»Es tut mir leid – « begann der Besucher.

»Ist er verletzt?« fragte die Mutter erregt.

Der Besucher nickte bejahend. »Schwer verletzt«, sagte er leise, »aber er hat keine Schmerzen.«

»Oh, Gott sei Dank!« rief die alte Frau und schlug die Hände zusammen. »Gott sei Dank dafür! Gott ...«

Sie brach plötzlich ab, als ihr der unheilvolle Sinn dieser Worte aufging und sie die schreckliche Bestätigung in dem abgewandten Gesicht des anderen sah.

Sie hielt den Atem an, wandte sich zu ihrem geistig schwerfälligeren Mann und legte ihre zitternde alte Hand auf seine. Lange blieb es still.

»Er wurde von der Maschine erfaßt«, sagte der Besucher schließlich leise.

»Von der Maschine erfaßt«, wiederholte Mr. White wie betäubt, »so, so.«

Er saß da und starrte mit leerem Blick aus dem Fenster, und indem er die Hand seiner Frau zwischen seine beiden Hände nahm, drückte er sie, so wie er es in ihren alten Zeiten vor fast vierzig Jahren getan hatte, als sie noch junge Liebesleute waren.

»Er war der einzige, der uns geblieben war«, sagte er ruhig und wandte sich wieder dem Besucher zu. »Es ist hart.«

Der andere hüstelte, erhob sich und ging langsam ans Fenster. »Die Firma bat mich, Ihnen zu Ihrem schweren Verlust ihre aufrichtige Anteilnahme auszusprechen«, sagte er, ohne sich umzublicken. »Verstehen Sie bitte, ich bin nur ihr Diener und führe nur Befehle aus.«

Niemand antwortete. Das Gesicht der alten Dame war weiß, ihre Augen starrten ins Leere und ihr Atem war unhörbar. Ihr Mann blickte drein, wie wohl sein Freund, der Sergeant-Major, kurz vor seiner ersten Schlacht geblickt haben mochte.

»Ich soll Ihnen sagen, daß Maw und Meggins jede Verantwortung ablehnen«, fuhr der andere fort. »Sie lassen keinerlei Ansprüche gegen sich gelten, aber in Anerkennung der Leistungen Ihres Sohnes möchten sie Ihnen zum Ausgleich eine gewisse Summe überreichen.«

Mr. White ließ die Hand seiner Frau fallen, sprang auf und starrte voller Entsetzen seinen Besucher an. Seine trockenen Lippen formten ein einziges Wort: »Wieviel?«

»Zweihundert Pfund«, war die Antwort.

Ohne den Aufschrei seiner Frau zu beachten, lächelte

der alte Mann schwach, streckte seine Hände vor wie ein Blinder und sank wie ein gefühlloses Bündel auf den Boden.

III

Auf dem weitläufigen neuen Friedhof, der etwa zwei Meilen entfernt lag, begruben die alten Leute ihren Toten. Sie kehrten zurück in ein in Schatten und Schweigen getauchtes Haus. Alles ging so schnell vorüber, daß sie es zuerst kaum erfaßten und in einem Zustand der Erwartung verharrten, als ob noch etwas geschehen müßte – etwas, das diese Bürde erleichtern würde, die für zwei alte Herzen zu schwer zu tragen war.

Aber die Tage vergingen, und die Erwartung wich der Resignation – der hoffnungslosen Resignation des Alters, die man fälschlicherweise oft Apathie nennt. Es gab Tage, an denen sie kaum ein Wort wechselten; denn jetzt hatten sie nichts, worüber sie sprechen konnten, und ihre Tage waren lang bis zum Überdruß.

Es war etwa eine Woche später, als der alte Mann in der Nacht plötzlich aufwachte, seine Hand ausstreckte und sich allein fand. Das Zimmer war dunkel, und Laute unterdrückten Weinens kamen vom Fenster her. Er richtete sich im Bett auf und lauschte.

»Komm zurück«, sagte er zärtlich, »es wird dir kalt werden.«

»Meinem Sohn ist kälter«, sagte die alte Frau und weinte von neuem.

Endlich schien ihr Schluchzen leiser zu werden. Das Bett war warm und seine Augenlider waren schwer. Er lag unruhig halbwach und schlief dann ein, bis ein wilder Aufschrei seiner Frau ihn hochfahren ließ.

»Die Pfote!« schrie sie, »die Affenpfote!«

Verwirrt fragte er: »Wo? Wo ist sie? Was ist los?«

Sie taumelte durch das Zimmer auf ihn zu. »Ich will sie haben«, sagte sie ruhig. »Du hast sie doch nicht weggeworfen?«

»Sie liegt im Wohnzimmer über dem Kamin«, erwiderte er verwundert. »Warum?«

Weinend und lachend zugleich beugte sie sich über ihn und küßte seine Wange.

»Jetzt erst ist es mir eingefallen«, rief sie hysterisch. »Warum habe ich nicht schon früher daran gedacht? Warum hast du nicht daran gedacht?«

»Woran?« fragte er.

»An die anderen zwei Wünsche«, antwortete sie schnell. »Wir haben erst einen getan.«

»War das nicht genug?« fragte er bitter.

»Nein!« schrie sie triumphierend. »Wir wollen noch einmal wünschen. Geh hinunter und hole sie schnell und wünsche, daß unser Sohn wieder lebendig wird!«

Der Mann setzte sich im Bett auf und warf die Decke von seinen zitternden Gliedern.

»Gott im Himmel, du bist wahnsinnig!« schrie er entsetzt.

»Hol sie«, keuchte seine Frau, »hol sie schnell und wünsche – oh, mein Junge, mein lieber Junge!«

Ihr Mann nahm ein Streichholz und zündete die Kerze an. »Geh zurück ins Bett«, sagte er mit unsicherer Stimme. »Du weißt nicht, was du sagst.«

»Der erste Wunsch wurde uns erfüllt«, sagte die alte Frau fiebernd; »warum nicht auch der zweite?«

»Ein Zufall«, stammelte der alte Mann.

»Geh und hole sie und wünsche!« schrie seine Frau, zitternd vor Aufregung.

Der alte Mann wandte sich zu ihr und sah sie an, und seine Stimme bebte. »Er ist schon zehn Tage tot, und außerdem – ich würde es dir sonst nicht sagen, aber – wir könnten ihn wahrscheinlich nur an seiner Kleidung wiedererkennen. Wenn er nun ein zu schrecklicher Anblick für dich wäre, was dann?«

»Hol ihn zurück!« schrie die alte Frau und zerrte ihn zur Tür. »Glaubst du denn, ich fürchte mich vor dem Kind, das ich aufgezogen habe?«

Er ging im Dunkeln hinunter, tastete sich zum Wohnzimmer vor und dann zum Kamin. Der Talisman lag an seinem Platz, und der furchtbare Gedanke überfiel ihn, daß der unausgesprochene Wunsch seinen verstümmelten Sohn vor ihn hinzaubern könnte, bevor er aus diesem Zimmer entkommen konnte, und sein Atem stockte, als er merkte, daß er die Richtung zur Tür verloren hatte. Kalter Schweiß stand ihm auf der Stirn, als er sich um den Tisch herum tastete und an der Wand entlang, bis er sich in dem engen Korridor wiederfand mit dem unheilvollen Ding in der Hand.

Sogar das Gesicht seiner Frau schien ihm verändert, als er den Raum betrat. Es war bleich und erwartungsvoll, und in seiner großen Angst glaubte er einen übernatürlichen Ausdruck darauf wahrzunehmen. Er fürchtete sich vor ihr.

»Wünsche!« schrie sie laut.

»Es ist töricht und sündhaft«, stammelte er.

»Wünsche!« wiederholte seine Frau.

Er hob die Hand. »Ich wünsche mir meinen Sohn zurück.«

Der Talisman fiel auf den Boden, und er betrachtete ihn voller Furcht. Dann sank er zitternd auf einen Stuhl, während die alte Frau mit brennenden Augen ans Fenster ging und den Vorhang aufzog.

Er blieb sitzen, bis ihn die Kälte durchdrang, und blickte ab und zu auf die Gestalt der alten Frau, die durch das Fenster starrte. Die Flamme des Kerzenstumpfes, der bis unter den Rand des Prozellanleuchters heruntergebrannt war, warf unruhig zuckende Schatten auf Decke und Wände, bis er nach einem besonders heftigen Aufflackern erlosch. Mit einer unaussprechlich großen Erleichterung über das Versagen des Talismans kroch der alte Mann ins Bett zurück, und ein oder zwei Minuten später legte sich die alte Frau schweigend und apathisch neben ihn.

Keiner von beiden sprach. Sie lagen still und lauschten auf das Ticken der Uhr.

Eine Stufe knarrte, und eine quiekende Maus huschte geräuschvoll zwischen den Wänden entlang. Die Dunkelheit war bedrückend. Nachdem der alte Mann kurze Zeit dagelegen und Mut gesammelt hatte, nahm er die Schachtel mit den Streichhölzern, zündete eines an und ging nach unten, um eine frische Kerze zu holen.

Auf der untersten Stufe der Treppe ging das Streichholz aus. Er blieb stehen, um ein neues anzureißen, und im gleichen Augenblick klopfte es an die Haustür, so leise und heimlich, daß es kaum zu hören war.

Die Streichhölzer entfielen seiner Hand und verstreuten sich über den Korridor. Er stand da, ohne sich zu rühren, und hielt den Atem an, bis es wieder klopfte. Da drehte er sich um, floh eilig in das Schlafzimmer zurück und schloß die Tür hinter sich. Ein drittes Klopfen tönte durch das Haus.

»Was ist das?« rief die alte Frau und fuhr hoch.

»Eine Ratte«, sagte der alte Mann bebend, »eine Ratte; sie lief mir auf der Treppe...«

Seine Frau setzte sich im Bett auf und horchte. Ein lautes Klopfen hallte jetzt durch das ganze Haus.

»Das ist Herbert!« kreischte sie. »Das ist Herbert!«

Sie lief zur Tür, aber ihr Mann war vor ihr da, ergriff sie beim Arm und hielt sie fest.

»Was willst du tun?« flüsterte er heiser.

»Es ist mein Junge, es ist Herbert!« schrie sie und versuchte sich loszureißen. »Ich hatte vergessen, daß es zwei Meilen bis hierher sind. Warum hältst du mich fest? Laß los! Ich muß die Tür öffnen.«

»Um Gottes willen, laß es nicht herein!« schrie der alte Mann zitternd.

»Du hast vor deinem eigenen Sohn Angst?« schrie sie und wand sich in seinem Griff. »Laß mich los! Ich komme, Herbert, ich komme!«

Noch einmal klopfte es und noch einmal. Mit einem plötzlichen Ruck riß die alte Frau sich los und lief aus dem Zimmer. Ihr Mann folge ihr bis zum Treppenabsatz und rief beschwörend hinter ihr her, während sie die Stufen hinunterhastete. Er hörte, wie die Kette rasselnd losgemacht und der untere Riegel langsam und ruckweise zurückgezogen wurde. Dann kam die keuchende, gepreßte Stimme der alten Frau.

»Der obere Riegel«, rief sie laut. »Komm herunter. Ich reiche nicht heran.«

Aber ihr Mann tappte auf Händen und Knien auf dem Boden herum und suchte fieberhaft die Pfote. Wenn er sie doch nur fände, bevor dieses Etwas da draußen hereinkäme! Ein regelrechtes Trommelfeuer von Schlägen hallte jetzt durch das Haus, und er hörte das Scharren eines Stuhles, den seine Frau unten im Korridor gegen die Tür stellte. Er hörte das Kreischen des Riegels, der langsam zurückgeschoben wurde, und im gleichen Augenblick fand er die Pfote und stieß verzweifelt seinen dritten und letzten Wunsch aus.

Das Klopfen hörte plötzlich auf, wenn auch das Echo davon noch im Hause widerhallte. Er hörte, wie der Stuhl weggezogen und die Tür geöffnet wurde. Ein kalter Windzug fuhr durch das Treppenhaus, und ein langer, lauter Klageruf seiner Frau, voller Enttäuschung und Pein, gab ihm den Mut, an ihre Seite zu eilen und weiter bis an die Gartenpforte.

Die Laterne, die auf der anderen Seite flackerte, beschien eine stille und verlassene Straße.

E. F. Benson

Das Gesicht

Hester Ward saß am offenen Fenster. Es war ein heißer Nachmittag im Juni, und während sie ernsthaft über ein Gefühl der Niedergeschlagenheit und unbestimmten Vorahnung nachzudenken begann, das sie schon den ganzen Tag bedrückte, führte sie sich die vielen Einzelheiten ihres in glücklichen Bahnen verlaufenen Lebens vor Augen, die eigentlich Grund zur Zufriedenheit sein sollten. Sie war jung, sah sehr gut aus, hatte keine finanziellen Sorgen, erfreute sich einer vorzüglichen Gesundheit, und vor allem hatte sie einen liebenswerten Mann und zwei kleine, heißgeliebte Kinder. Ihr Glück war in der Tat vollkommen, und hätte ihr in diesem Augenblick eine wohlwollende Fee einen Wunschring gegeben, würde sie gezögert haben, ihn an den Finger zu stecken; denn beim besten Willen fiel ihr nichts ein, wofür sich dies gelohnt hätte. Sie war sich ihres Glückes wohl bewußt, genoß es von ganzem Herzen und wünschte nur, daß alle, die so freigebig dazu beigetragen hatten, es mit ihr teilten.

Sie führte sich dies alles mit Absicht besonders deutlich vor Augen, denn sie war ängstlich darauf bedacht – mehr als sie sich eingestehen wollte –, irgend etwas Greifbares zu finden, das dieses unheilverkündende Gefühl drohenden Verhängnisses erklären könnte. Möglicherweise lag es am Wetter; seit einer Woche war es drückend heiß in London. Wenn dies aber der Grund war, weshalb hatte sie es dann nicht schon früher gespürt? Vielleicht hatte sich die Wirkung dieser brütenden, atembeklemmenden Hitze von Tag zu Tag verstärkt, um nun erst mit geballter Wucht über sie hereinzubrechen? Das war eine Möglichkeit. Dann aber schien ihr dieser Gedanke doch nicht recht schlüssig zu sein, denn offengestanden liebte sie die Hitze. Dick, der Hitze nicht ausstehen konnte, sagte manchmal, es erschiene ihm sonderbar, daß gerade er sich in einen Salamander verliebt hätte.

Um Mut zu fassen, änderte sie ihre Haltung auf der Fensterbank und setzte sich aufrecht hin. Seit sie an diesem Morgen aufgewacht war, wußte· sie, was so schwer auf ihr lastete, und nachdem sie soeben vergeblich versucht hatte, den Grund für ihre Niedergeschlagenheit auf etwas anderes zu schieben, wollte sie jetzt der Tatsache offen ins Gesicht sehen. Sie schämte sich ihres beklemmenden Angstgefühls, denn die wahre Ursache dafür, daß es sie nicht loslassen wollte, war so nichtig, so phantastisch, so außergewöhnlich und abwegig.

»Ja, ich bin wirklich töricht«, sagte sie zu sich selbst. »Ich muß alles noch einmal in Ruhe betrachten, damit ich einsehe, wie unbedeutend es ist.« Sie schloß einen Moment lang die Augen und preßte die Hände zusammen.

Wie war es also gewesen?

Sie hatte in der letzten Nacht einen Traum gehabt, der ihr vor vielen Jahren wohlbekannt gewesen war; denn als Mädchen hatte er sie häufig heimgesucht. Für sich allein betrachtet war dieser Traum bedeutungslos, doch jedesmal, wenn er sie in jenen Kindheitstagen befallen hatte, folgte ihm in der nächsten Nacht ein zweiter, der die eigentliche Quelle und den Kern ihres Grauens bildete: schreiend und um sich schlagend erwachte sie dann aus der Umklammerung eines entsetzlichen Alpdrucks. Seit etwa zehn Jahren hatte er sie nicht mehr geschreckt und war in ihrer Erinnerung fern und verschwommen geworden. Aber in der letzten Nacht war jener Warntraum wiedergekehrt, der den Besuch jenes furchtbaren Alpdrucks anzukündigen pflegte, und mit einem Mal enthielt der ganze Speicher ihrer Erinnerungen, so vollgestopft mit hellen und schönen Dingen er auch war, nichts Deutlicheres und Lebendigeres.

Der Warntraum, jener Vorhang, der in der folgenden Nacht hochging und die Vision enthüllte, die sie so sehr fürchtete, war selbst nur einfach und harmlos. Sie ging über eine hohe, sandige Steilküste, ein Kliff, das mit kurzem Dünengras bewachsen war und etwa zwanzig Meter links von ihr in jähem Sturz zum Meer abfiel. Der Pfad, dem sie folgte, führte durch von niedrigen Hecken eingesäumte Felder und stieg langsam an. Sie ging durch vielleicht ein halbes Dutzend dieser Felder und kletterte über die hölzernen Zauntritte, die über die Hecken führten; vereinzelte Schafe grasten hier, aber sie sah nie ein menschliches Wesen, und immer war es dämmerig, als ob der Abend nahte. Sie mußte sich beeilen, denn jemand (sie wußte nicht, wer) wartete auf sie, und dies nicht erst seit kurzer Zeit, sondern schon seit vielen Jahren. Während sie den Abhang hinaufstieg, sah sie vor sich eine Gruppe verkümmerter Bäume, die unter dem ständigen Druck des Seewindes zu seltsamen Formen verwachsen waren. Bei diesem Anblick wußte sie, daß ihre Wanderung fast beendet war und daß der Namenlose, der schon so lange auf sie gewartet hatte, irgendwo ganz in der Nähe sein mußte. Ihr Weg führte jetzt durch ein Wäldchen, und die land-

einwärts gebogenen Stämme an der dem Meer zuge-
kehrten Seite bogen sich fast zu einem Dach darüber
hin: ihr war, als ob sie durch einen Tunnel ginge. Bald
begannen die Bäume vor ihr sich zu lichten, und
zwischen ihnen konnte sie den grauen Turm einer einsamen Kirche wahrnehmen. Sie stand inmitten eines
offensichtlich seit langem nicht benutzten Friedhofes.
Das Schiff der Kirche, das zwischen dem Turm und der
Kante der Steilküste lag, war nur noch eine dachlose
Ruine mit klaffenden Fensterhöhlen, um die sich dichter
Efeu rankte.

An dieser Stelle wachte sie jedesmal auf. Es war ein
wirrer, beunruhigender Traum, denn die Abenddämmerung und der Gedanke an den wartenden Unbekannten
erzeugten ein unbehagliches Gefühl, ohne jedoch das
Grauen des in der nächsten Nacht folgenden Schreck-
gesichtes zu erreichen. So oft hatte sie in ihrer Kindheit
diese unabänderliche Reihenfolge erfahren, daß es wahrscheinlich die im Unterbewußtsein schlummernde
Furcht vor der kommenden Nacht war, die sie so
ängstigte. Und nun war dieser Warntraum wieder-
gekommen, bis auf eine einzige Veränderung genau so
wie früher; denn in der letzten Nacht schien es ihr, als
hätte sich das Bild der Kirche und des Friedhofes in den
dazwischenliegenden zehn Jahren gewandelt. Der Rand
des Kliffs war näher an den Turm gerückt, bis auf ein oder
zwei Meter, und das Kirchenschiff war fast völlig verschwunden – nur noch ein geborstener Gewölbebogen
stand. Zehn Jahre lang hatte die See sich ins Land ge-
fressen und ein Stück nach dem anderen fortgespült.

Hester wußte wohl, daß nur dieser Traum und nichts

anderes ihr den Tag verleidet hatte. Ihre Vernunft verbot ihr, nachdem sie ihn noch einmal in allen Einzelheiten durchdacht hatte, länger daran zu denken. Denn nichts würde mit größerer Gewißheit die Wiederkehr des Schreckbildes bewirken, als wenn sie sich weiterhin diesen Betrachtungen überließ – und das war das letzte, was sie gewünscht hätte. Es war nicht wie das ungereimte Durcheinander eines gewöhnlichen Alptraumes, es war klar und deutlich: sie konnte beinahe fühlen, wie jener Namenlose auf sie wartete...

Aber sie durfte nicht mehr daran denken; sie setzte ihre ganze Willenskraft ein, es zu vergessen, und wie um sie in ihrem Entschluß zu bestärken, rasselte im gleichen Augenblick Dicks Schlüssel im Schloß der Haustür. Sie hörte, wie er nach ihr rief.

Sie ging hinaus in die kleine, quadratische Diele, und da war er auch schon: groß, stark und alles andere als ein Traum.

»Diese Hitze ist ein Skandal, eine Schande, ein abscheuliches Elend!« rief er aus und tupfte sich dabei heftig die Stirn mit seinem Taschentuch. »Was haben wir nur verbrochen, daß das Schicksal uns in diesen Backofen setzen mußte? Aber diesmal wollen wir es reinlegen, Hester! Laß uns flüchten aus diesem Inferno und in – ich will flüstern, damit es uns nicht hören kann – in Hampton Court zu Abend essen!«

Sie lachte: der Plan paßte ihr ausgezeichnet. Nach der Ablenkung durch eine andere Umgebung würden sie spät nach Hause kommen, und überhaupt war es wundervoll, auswärts zu essen. Alle anderen Gedanken würden dadurch zum Schweigen gebracht werden.

»Eine großartige Idee«, sagte sie, »und ich bin sicher, daß das Schicksal uns nicht gehört hat. Laß uns sofort losfahren!«

»Gleich. Post für mich gekommen?«

Er ging zum Tisch hinüber, wo einige ziemlich uninteressant aussehende Briefe mit Halfpenny-Marken lagen.

»Aha, eine bezahlte Rechnung«, sagte er. »Das erinnert einen nur an die eigene Torheit, daß man sie bezahlt hat. Postwurfsendung ... ungebetener Rat, in Briefmarken zu investieren... so ein Bettelbrief, fängt mit ›Sehr geehrter Herr oder verehrte gnädige Frau‹ an. Eine Unverschämtheit, jemand aufzufordern, etwas zu bestellen, ohne sich vorher für sein Geschlecht zu interessieren... Privatbesichtigung, Porträts in der Walton-Galerie... kann nicht hingehen, den ganzen Tag Geschäftsbesprechungen. Vielleicht magst du einen Blick hineinwerfen, Hester. Jemand hat mir erzählt, daß dort einige schöne van Dycks hängen. Das ist alles, und jetzt nichts wie weg!«

Hester verbrachte einen sehr erholsamen Abend, und obwohl sie daran dachte, Dick von ihrem Traum zu erzählen, der sie den ganzen Tag über so beeindruckt hatte, ließ sie es doch lieber bleiben. Denn so gern sie auch gehört hätte, wie er sie wegen ihres dummen Aberglaubens auslachen würde, so empfand sie doch, daß nichts, was er vielleicht sagen würde, beruhigender auf ihre phantastische Furcht wirken konnte als seine natürliche, robuste Art. Außerdem hätte sie dann auch, um ihre Angst zu erklären, erzählen müssen, daß sie den gleichen Traum schon so oft in ihrer Kindheit gehabt hatte, und auch von dem gräßlichen Schreckgesicht, das stets zu folgen pflegte. Sie wollte aber nicht daran denken, geschweige denn davon sprechen: es war weitaus vernünftiger, nur sein gesunden Menschenverstand ausstrahlendes Wesen auf sich einwirken zu lassen und sich ganz in seine fürsorgliche Liebe und Zuneigung zu wickeln...

Sie aßen im Freien in einem Restaurant am Flußufer und gingen hinterher spazieren. Es war nahezu Mitternacht, als sie, erfrischt von der reinen, kühlen Nachtluft und vollkommen ruhig geworden unter dem stärkenden Einfluß seiner Gesellschaft, wieder das Haus betrat, während er den Wagen in die Garage fuhr. Sie wunderte sich selbst über die seltsame Stimmung, die sie den ganzen Tag lang bedrückt hatte, so fern und unwirklich erschien sie ihr jetzt. Es war ihr, als hätte sie von einem Schiffbruch geträumt und wäre aufgewacht, um sich in einem sicheren und geschützen Garten wiederzufinden, wo kein Sturm raste und keine Wogen wüteten. Aber war da nicht irgendwo, ganz weit weg, ganz verschwommen, das Geräusch ferner Brecher?

Er schlief im Ankleidezimmer, das durch eine Tür mit ihrem Schlafzimmer verbunden war. Die Tür ließen sie zur besseren Durchlüftung und Kühlung geöffnet. Sie hatte kaum ihr Licht gelöscht, als sie auch schon einschlief und sofort zu träumen begann.

Sie stand am Strand, und es war Ebbe, denn eine ebene Sandfläche, übersät mit verstreutem Strandgut, glitzerte in einer langsam in Nacht übergehenden Dämmerung. Obwohl sie diesen Ort noch nie gesehen hatte, war er von einer schreckerregenden Vertrautheit.

Über dem Strand erhob sich steil die Küste, und hoch oben über den Rand blickte ein grauer Kirchturm. Die See hatte noch mehr weggefressen und das Kirchenschiff unterspült, denn umgestürzte Mauerbrocken lagen in ihrer Nähe am Fuße des Kliffs und dazwischen einige Grabsteine, während andere, die noch an ihrem Platz standen, sich weißlich gegen den dunklen Himmel abhoben. Rechts von dem Kirchturm sah sie ein Wäldchen verkümmerter Bäume, deren Wipfel von dem ständigen Seewind landeinwärts gebogen waren. Sie wußte, daß ein paar Meter hinter dem Küstenrand ein Pfad durch die Felder führte, unterbrochen von hölzernen Zauntritten, die man überklettern mußte, um dann durch einen Baumtunnel auf den Friedhof zu gelangen. All dies erfaßte sie mit einem Blick. Während sie so auf die Stelle sah, die von dem Kirchturm gekrönt wurde, wartete sie auf das Schreckliche, das sich nun enthüllen würde. Sie wußte bereits, was es war, und auch dieses Mal versuchte sie davonzulaufen. Aber die Starre des Alpdrucks hatte sie bereits ergriffen; verzweifelt versuchte sie sich zu bewegen, doch selbst mit äußerster Kraftanstrengung konnte sie keinen Fuß vom Boden heben. Halb wahnsinnig vor Angst versuchte sie ihren Blick von jenem Punkt zu lösen, wo im nächsten Augenblick das Grauenvolle Gestalt annehmen mußte...

Und es kam. Es bildete sich ein bleiches, ovales Licht in der Größe und Form eines Männergesichtes, das schwach schimmernd einige Zentimeter über ihrer Augenhöhe schwebte. Die Umrisse wurden deutlicher: kurzes, rötliches Haar wuchs über einer niedrigen Stirn; die grauen Augen darunter standen sehr dicht beieinander und blickten sie stetig und durchdringend an. Die Ohren standen merklich vom Kopf ab, und die harten Linien des Unterkiefers vereinigten sich zu einem kurzen, spitzen Kinn. Die Nase war gerade und ziemlich lang; darunter eine bartlose Oberlippe. Ganz zuletzt gewann der Mund Farbe und Gestalt – er war das Schrecklichste von allem. Die eine Seite, sanft geschwungen und schön, verzog sich zitternd zu einem Lächeln, die andere, dick und wie durch einen körperlichen Fehler verunstaltet, grinste wollüstig.

Das zuerst noch verschwommene Gesicht wurde allmählich klar und deutlich: es war blaß und ziemlich hager, das Gesicht eines jungen Mannes. Dann senkte sich der Unterkiefer ein wenig und entblößte die Zähne. Worte klangen an ihr Ohr. »Jetzt werde ich dich bald holen kommen«, sagte es und kam bei diesen Worten näher auf sie zu. Der Mund verzog sich zu einem noch breiteren Grinsen. Die volle Wucht des Alpdrucks stürzte auf sie nieder. Wieder versuchte sie davonzulaufen, wieder versuchte sie zu schreien, und dann spürte sie den heißen Atem dieses schrecklichen Mundes. Plötzlich, mit einem Krachen und Bersten, als ob Körper und Seele auseinandergerissen würden, brach der Bann... sie hörte sich gellend schreien und tastete mit der Hand nach dem Lichtschalter. Doch als sie die Augen öffnete, sah sie, daß das Zimmer nicht dunkel war, denn Dicks Tür stand offen, und im nächsten Augenblick war er bei ihr. Er hatte sich noch nicht ausgezogen.

»Liebling, was ist dir?« fragte er besorgt. »Was ist geschehen?«

Verzweifelt klammerte sie sich an ihn, noch wie von Sinnen vor Grauen.

»Er ist wieder hier gewesen«, schluchzte sie. »Er sagt, er will mich bald holen. Jage ihn fort, Dick.«

Einen Augenblick steckte ihre Angst ihn an, und er ertappte sich dabei, wie er mit seinen Blicken das Zimmer durchsuchte.

»Aber was meinst du denn?« fragte er. »Niemand ist hier gewesen.«

Sie hob den Kopf von seiner Schulter.

»Nein, es war nur ein Traum«, sagte sie. »Aber es war wieder der alte Traum, und ich habe solche Angst. Oh, du bist noch angezogen. Wie spät ist es denn?«

»Du liegst noch keine zehn Minuten im Bett, Liebling«, sagte er. »Du hattest kaum das Licht ausgemacht, als ich dich auch schon schreien hörte.«

Sie schauderte.

»Oh, es ist furchtbar«, sagte sie. »Er wird wiederkommen...«

Er setzte sich zu ihr.

»Jetzt erzähl mir mal alles«, sagte er.

Sie schüttelte den Kopf.

»Nein«, sagte sie, »es hat keinen Zweck, darüber zu sprechen; dadurch wird alles nur noch wirklicher. Bei den Kindern ist doch alles in Ordnung, nicht wahr?«

»Aber selbstverständlich. Als ich heraufkam, habe ich nachgesehen.«

»Dann ist es gut. Ich fühle mich jetzt schon besser, Dick. Ein Traum hat doch nichts mit Wirklichkeit zu tun, nicht wahr? Er hat nichts zu bedeuten?«

In diesem Punkte stimmte er ihr völlig bei, und bald

löste sich ihre Spannung. Bevor er sich ins Bett legte, ging er noch einmal in ihr Zimmer und sah nach ihr. Sie war schon wieder eingeschlafen.

Als Dick am nächsten Morgen in sein Büro gegangen war, führte Hester ein strenges Zwiegespräch mit sich selbst. Sie sagte sich, daß sie sich vor nichts anderem als ihrer eigenen Furcht ängstigte. Wie oft hatte dieses unheilverkündende Gesicht sie in ihren Träumen schon heimgesucht, und niemals war irgend etwas danach geschehen. Absolut nichts, außer daß es ihr Furcht einflößte. Sie fürchtete sich, wo es nichts zu fürchten gab; sie war beschützt, bewacht, und es mangelte ihr an nichts. Was konnte es schon bedeuten, wenn ein Alptraum aus ihrer Kindheit wiederkehrte? Nichts mehr und nichts weniger als damals auch. Alle diese nächtlichen Erscheinungen waren vergangen, ohne Spuren zu hinterlassen... Doch dann, ganz gegen ihren Willen, begann sie wieder über jene Vision nachzudenken. Sie glich in ihrer ganzen Abscheulichkeit vollkommen den früheren Traumbildern, bis auf... Plötzlich krampfte sich ihr Herz zusammen... Sie erinnerte sich, daß diese furchtbaren Lippen in früheren Jahren gesagt hatten: »Ich werde dich holen kommen, wenn du älter bist«, und in der letzten Nacht: »Jetzt werde ich dich bald holen kommen.« Sie erinnerte sich auch, daß in dem Warntraum der vergangenen Nacht die See sich näher herangefressen und das Kirchenschiff zerstört hatte. Eine schreckerregende Übereinstimmung lag in diesen beiden Änderungen der sonst völlig gleich gebliebenen Träume. Der Wechsel der Jahre hatte sich in ihnen gezeigt: in dem einen hatte die nagende See das

Kirchenschiff zum Einsturz gebracht, in dem anderen war die Zeit näher gerückt...

Es hatte keinen Zweck, mit sich zu schelten und sich zu tadeln; denn wenn sie sich im Geiste weiter mit diesem Traumgesicht beschäftigte, würde das Grauen sie nur verstärkt ergreifen. Es war weitaus vernünftiger, sich zu betätigen und die Furcht auszuhungern, indem sie sich weigerte, ihr mit den Gedanken neue Nahrung zuzuführen. Sie verrichtete also ihre Haushaltspflichten, brachte die Kinder an die frische Luft in den Park, und dann, entschlossen, keine Minute unausgefüllt zu lassen, machte sie sich mit der Einladungskarte auf den Weg, um die Bilder der Privatausstellung in der Walton-Galerie zu besichtigen. Danach würde sie genug Ablenkung haben: sie würde unterwegs mittagessen, dann zu einer Modenschau gehen, und wenn sie nach Hause käme, würde Dick schon da sein und mit ihr übers Wochenende in ihr kleines Haus nach Rye fahren. Den ganzen Sonnabend und Sonntag würde sie dann Golf spielen. Frische Luft und körperliche Anstrengung würden die Furcht vor jenen Traumphantasien austreiben.

Die Galerie war gedrängt voll. Sie traf Bekannte unter den Schaulustigen, und bei angeregter Unterhaltung verlief die Besichtigung abwechslungsreich. Zwei oder drei schöne Raeburns waren ausgestellt und einige Bilder von Sir Joshua; aber das Kostbarste, so schloß sie, waren drei van Dycks, die in einem kleinen Raum für sich hingen. Sie ging hinein und blätterte dabei in ihrem Katalog. Das erste, wie sie las, war ein Porträt von Sir Roger Wyburn. Noch im Gespräch mit ihrer Bekannten hob sie den Kopf und erblickte es...

Ihr Herz schlug bis in den Hals hinauf und schien dann völlig stehenzubleiben. Eine Schwächeanwandlung überkam sie, und ihr Geist schien sich zu verwirren: vor sich sah sie den, der sie bald holen wollte. Da war das rötliche Haar, die abstehenden Ohren, die begehrlichen, dicht beieinanderstehenden Augen und der zur Hälfte lächelnde, zur anderen Hälfte zu einem lüstern drohenden Grinsen verzogene Mund, den sie so gut kannte. Es hätte eher ihr eigenes Traumbild als ein lebendiger Mensch gewesen sein können, der dem Maler zu diesem Gesicht Modell gesessen hatte.

»Ah, was für ein Porträt, und was für ein Scheusal!« rief ihre Begleiterin aus. »Sieh nur, Hester! Ist es nicht großartig?«

Nur mit großer Mühe fing sie sich wieder. Dieser überwältigenden Furcht nachzugeben würde bedeuten, dem Schreckgespenst auch am Tage ausgeliefert zu sein; und darin, dessen war sie gewiß, lauerte der Wahnsinn. Sie zwang sich, noch einmal hinzusehen, aber noch immer starrten die gierigen Augen sie an. Sie glaubte zu sehen, wie der Mund sich bewegte. Um sie herum drängte und schwatzte die Menge, aber in ihren Gedanken war sie allein mit Roger Wyburn.

Und trotzdem, so redete sich sich zu, sollte dieses Bild von ihm – denn er war es und kein anderer – sie eigentlich beruhigen. Wenn van Dyck diesen Roger Wyburn gemalt hatte, mußte er schon seit nahezu zweihundert Jahren tot sein. Wie konnte er eine Bedrohung für sie darstellen? Hatte sie das Porträt vielleicht durch irgendeinen Zufall als Kind gesehen? Hatte es damals einen so tiefen Eindruck in ihr hinterlassen – seither überdeckt von anderen Erinnerungen –, daß es weiterlebte in jenem geheimnisvollen Unterbewußtsein, welches wie ein dunkler, verborgener Strom unter der Oberfläche des menschlichen Lebens dahinfließt? Die Psychologen lehrten, daß solche frühen Kindheitserinnerungen tiefe Wurzeln schlügen und das Gemüt wie ein verstecktes, eiterndes Geschwür vergifteten. Das würde wahrscheinlich der Grund dafür sein, daß sie sich vor jenem nun nicht mehr Namenlosen gefürchtet hatte, der irgendwo auf sie wartete...

In den beiden folgenden Nächten in Rye quälte sie jedoch wieder der Warntraum, gefolgt von dem Schreckgespenst; und während sie sich an ihren Mann klammerte und das Grauen langsam nachließ, erzählte sie ihm, was sie eigentlich hatte für sich behalten wollen. Schon darüber sprechen zu können, brachte Trost, und sein nüchterner, gesunder Menschenverstand, der solche übertriebenen Phantasien weit von sich wies, richtete sie wieder auf. Als aber nach ihrer Rückkehr nach London die nächtlichen Visionen wiederkehrten, machte er kurzen Prozeß und brachte sie zu einem Arzt.

»Du mußt mir versprechen, Liebling, ihm alles zu erzählen«, sagte er auf dem Weg dorthin. »Ich kann es einfach nicht mehr mit ansehen, wie du dich vor Sorgen verzehrst. Ich weiß natürlich, daß alles nur Unsinn ist, aber ein Arzt versteht es besser, so einen Unsinn zu kurieren.«

Sie blickte ihn an. »Dick, du hast Angst«, sagte sie ruhig.

Er lachte.

»Nichts dergleichen«, sagte er, »ich habe es nur nicht gern, daß du mich nachts mit deinem Schreien aufweckst. Das ist nun mal nicht meine Auffassung von einer friedlichen Nachtruhe. Da sind wir schon.«

Die mit Bestimmtheit gestellte ärztliche Diagnose gab den Ausschlag.

Zur Besorgnis war nicht der geringste Grund vorhanden; körperlich und geistig war sie vollkommen gesund, nur völlig erschöpft und überanstrengt. Ihre beunruhigenden Träume waren mit größter Wahrscheinlichkeit eher ein Symptom ihres Zustandes als der Grund dafür, und Dr. Baring empfahl, ohne zu zögern, einen völligen Wechsel ihrer Umgebung. Am besten würde es sein, sie aus diesem stickigen Londoner Backofen an einen ruhigen, erholsamen Ort zu schicken, wo sie noch nie gewesen war. Ein völliger Wechsel mußte es sein. Aus dem gleichen Grunde sollte ihr Mann sie auch nicht begleiten. Er sollte sie zum Beispiel an die Ostküste schicken. Seeluft, Kühle und vollkommene Untätigkeit. Keine langen Spaziergänge, keine langen Seebäder; nur einmal kurz ins Wasser und danach in den Liegestuhl. Ein faules, schläfriges Leben. Wie wäre es mit Rushton? Dr. Baring zweifelte nicht daran, daß Rushton sie wiederherstellen würde. Viel Schlaf – keine Sorge, die Angstträume würden nicht wiederkehren – viel frische Luft. Nach einer Woche etwa könnte ihr Mann hinfahren und sie besuchen.

Sehr zur Überraschung ihres Mannes war Hester sofort mit diesem Vorschlag einverstanden, und den nächsten Abend verbrachte sie bereits in Einsamkeit und Müßiggang. Das kleine Hotel war fast leer, denn der Ansturm der Sommergäste hatte noch nicht begonnen. Den ganzen Tag lang saß sie am Strand mit dem Gefühl einer überstandenen Schlacht. Sie brauchte die Angst nicht mehr zu bekämpfen; es kam ihr so vor, als habe die böse Drohung nachgelassen. Hatte sie ihr vielleicht auf irgendeine Weise nachgegeben und damit eine unbekannte Forderung erfüllt? Jedenfalls besuchte sie das nächtliche Schreckgesicht nicht wieder, und sie schlief lange und traumlos in den nächsten, ruhigen Tag hinein. Jeden Morgen kamen ein paar Zeilen von Dick mit guten Nachrichten von sich und den Kindern, aber sie alle schienen ihr irgendwie fern und unwirklich wie Erinnerungen an eine längst vergangene Zeit. Etwas hatte sich zwischen sie und ihre Angehörigen geschoben, sie sah sie nur wie durch eine Glaswand. Aber auch die Erinnerung an das Gesicht von Roger Wyburn, wie sie es auf der Leinwand des Meisters oder dicht vor ihren Augen an der bröckelnden Steilküste gesehen hatte, war verschwommen und undeutlich geworden. Diese friedliche Ruhe, die sich über ihr Gemüt legte und sie in ein Gefühl sanfter Sicherheit lullte, beeinflußte nicht nur ihren Geist, sondern auch ihren Körper, und sie begann dieser tagelangen Untätigkeit überdrüssig zu werden.

Das Dorf lag auf der Spitze einer Landzunge, die man der See abgerungen hatte. Nach Norden hin erstreckte sich eine flache Marschlandschaft ohne besondere Merkmale bis an den Horizont. Die beginnende Blüte des Seelavendels verlieh ihr eine eigenartige Tönung. Im Süden dagegen trat eine Hügelkette, deren Abschluß ein bewaldetes Vorgebirge bildete, bis an die Küste heran. Nach und nach, so wie ihre körperliche Gesundheit sich besserte, wurde sie immer gespannter auf das, was wohl hinter diesem Hügelrücken liegen mochte, der den weiteren Ausblick versperrte; und eines Nachmittags wanderte sie über die dazwischenliegende Ebene und schlenderte den bewaldeten Hang hinauf. Der Tag war trüb und windstill. Die belebende Seebrise, die bisher die Hitze mit Frische gewürzt hatte, war eingeschlafen, und Hester hoffte, auf dem Kamm des Hügels einen kühlenden Luftzug zu finden. Ein Gebirge dunkler Wolken lag im Süden über dem Horizont, doch schien kein nahes Unwetter zu drohen. Mühelos hatte sie den Abhang erklommen, und als sie oben stand und umherblickte, fand sie sich am Rande einer bewaldeten Weidelandschaft. Sie folgte einem Fußweg, der nicht weit von der Steilküste entfernt geradeaus führte und gelangte bald in eine offenere Landschaft. Leere Felder, auf denen hier und da ein paar Schafe grasten, stiegen langsam bergan. Hölzerne Zauntritte führten über die begrenzenden Hecken. Und dann, etwa eine Meile entfernt, sah sie ein Wäldchen, dessen Stämme von dem Druck der vorherrschenden Seewinde gebogen waren. Es krönte den sanft ansteigenden Hang, und über seine Wipfel lugte ein grauer Kirchturm.

Einen Augenblick lang stockte Hesters Herzschlag, als diese furchteinflößende, bekannte Szenerie sich ihr enthüllte. Doch dann strömte eine Welle von Mut und Entschlossenheit auf sie ein. Endlich stand sie in Wirklichkeit dem Schauplatz ihres Warntraumes gegenüber, und es bot sich die Gelegenheit, alles zu ergründen und endgültig zu verbannen. Sofort ging sie daran, diesen Entschluß auszuführen: in dem seltsamen Zwielicht unter dem verhangenen Himmel schritt sie schnell über die Felder, die sie so oft im Traum durchquert und hinter denen er auf sie gewartet hatte. Sie verschloß ihre Ohren gegen den warnenden Glockenschlag des Grauens, das sie nun für immer zum Schweigen bringen konnte, und betrat ohne Zaudern den Waldtunnel. Bald begannen die Stämme vor ihr sich zu lichten, und zwischen ihnen konnte sie jetzt ganz nahe den Kirchturm erblicken. Nach wenigen Metern hatte sie den Baumgürtel hinter sich gelassen. Um sie herum lagen die Grabsteine eines lange nicht mehr benutzten Friedhofes. Die Steilküste war dicht neben dem Turm weggebrochen. Zwischen ihm und dem Rand stand von dem Kirchenschiff nur noch ein dick mit Efeu überwucherter Gewölbebogen. Sie ging um ihn herum und sah unten die Reste des herabgestürzten Mauerwerkes. Der Strand war mit Grabsteinen und Trümmern übersät, die Gräber am Abhang waren bereits geborsten und kurz vor dem Absturz. Doch niemand zeigte sich, niemand wartete auf sie, und der Friedhof, wo sie sein Bild so oft gesehen hatte, war leer wie die Felder, die sie soeben durchwandert hatte.

Eine überströmende Erleichterung erfüllte sie; ihr Mut war belohnt worden, und die Schrecken der Vergangenheit wurden zu bedeutungslosen Phantomen. Aber sie durfte nicht länger verweilen, denn das Unwetter war jetzt näher gezogen, und am Horizont leuchtete ein Blitz auf, dem ein krachender Donnerschlag folgte. Gerade als sie sich zum Gehen wandte, fiel ihr Blick auf einen Grabstein, der ganz auf der Kante des Abhanges in der Schwebe hing. Die Inschrift verriet, daß hier der Körper von Roger Wyburn ruhte.

Furcht und die Starre des Alpdrucks ließen sie einen Augenblick wie angewurzelt auf der Stelle stehenbleiben. Von Entsetzen gepackt starrte sie auf die moosüberwucherten Buchstaben. Fast erwartete sie, daß jenes grauenvolle Gesicht heraufsteigen und über seiner Ruhestätte schweben würde. Doch die gleiche Furcht, die sie hatte erstarren lassen, verlieh ihr jetzt Flügel. Sie hastete auf dem von Bäumen überdachten Pfad hinaus auf die Felder. Erst auf dem Hügelrücken über dem Dorf wagte sie, einen Blick zurückzuwerfen: auf den Weiden, durch die sie soeben gelaufen war, sah sie kein lebendes Wesen. Niemand war ihr gefolgt. Die Schafe hatten, in Erwartung des kommenden Unwetters, aufgehört zu grasen und sich in den Schutz der verkümmerten Hecken zurückgezogen.

Der erste Gedanke in ihrem panischen Schrecken war, Rushton sofort zu verlassen. Aber der letzte Zug nach London war schon vor einer Stunde abgefahren. Was nützte außerdem eine Flucht vor dem Geist eines Toten? Die Entfernung von dem Platz, an dem seine Gebeine lagen, spielte für ihre Sicherheit keine Rolle; Sicherheit mußte sie in sich selbst suchen. Doch es verlangte sie nach Dicks schützender, beruhigender Gegenwart. Morgen würde er auf jeden Fall eintreffen, aber dazwischen lagen lange, dunkle und einsame Stunden; und wer konnte wissen, welche Gefahren und Nöte die kommende Nacht barg. Wenn er heute abend anstatt morgen früh mit seinem Wagen losfuhr, konnte er in vier Stunden, also zwischen zehn und elf Uhr, hier und bei ihr sein. Sie schrieb ein dringendes Telegramm:

»Komm sofort! Laß dich durch nichts aufhalten!«

Das Unwetter, das sich im Süden zusammengebraut hatte, zog schnell herauf und brach mit schrecklicher Gewalt los. Als Vorspiel fielen nur wenige große Tropfen, die auf der Straße zersprühten und trockneten. Sie war gerade von der Post zurückgekommen und betrat ihr Hotel, da prasselte der Regen herab, als ob sämtliche Schleusen des Himmels sich geöffnet hätten.

Durch den Wasserfall hindurch flammte das Feuer der Blitze, der Donner krachte und rollte mit vielfältigem Echo über die Dächer. Unverzüglich verwandelte sich die Dorfstraße in einen reißenden Strom wirbelnden, sandigen Wassers. Während sie so in der Dunkelheit saß und wartete, stand pausenlos ein Bild vor ihren Augen: sie sah den Grabstein Roger Wyburns, wie er sich im Sturz über den Küstenrand neigte. Der heftige Regen würde große Mengen Erde von den Steilküsten lösen. Sie bildete sich ein, das Rieseln des rutschenden Sandes zu hören, der den verwitterten Särgen und ihrem Inhalt auf den darunterliegenden Strand voranstürzte.

Gegen acht Uhr ließ das Unwetter nach, und als sie beim Abendessen saß, wurde ihr ein Telegramm von Dick ausgehändigt. Er war bereits gestartet und hatte diese Nachricht von unterwegs abgeschickt. Wenn alles gut ging, konnte er demnach gegen halb elf hier sein und würde schützend zwischen ihr und ihrer Furcht stehen. Seltsam, wie ihr noch vor wenigen Tagen beides, ihre Furcht und der Gedanke an Dick, so fern und verschwommen erscheinen konnte. Jetzt war das eine so lebendig wie das andere, und sie zählte die Minuten bis zu seiner Ankunft. Bald hörte der Regen gänzlich auf, und als sie durch die Vorhänge ihres Fensters blickte, sah sie den Mond lohfarben aus dem Meer aufsteigen. Bevor er den Zenit erklommen hatte, bevor die Uhr, deren Zeiger sie ungeduldig verfolgte, zum zweiten Mal die Stunde schlug, würde Dick hier sein.

Es hatte gerade zehn geschlagen, da klopfte es an die Tür, und ein Page brachte die Nachricht, daß ein Herr für sie gekommen sei. Bei dieser Botschaft hüpfte ihr Herz vor Freude; sie hatte Dick nicht vor einer halben Stunde erwartet. Nun war die einsame Nachtwache vorüber. Sie lief die Treppe hinunter und sah die Gestalt draußen vor der Tür. Das Gesicht war von ihr abgewandt; sicher gab er seinem Chauffeur noch eine Anweisung. Er hob sich klar gegen das weiße Mondlicht ab, und als Kontrast dazu gab die Gaslampe über dem Eingang seinem Haar einen warmen, rötlichen Schimmer.

Sie lief durch die Hotelhalle zu ihm hin.

»Oh, Liebster, daß du gekommen bist!« sagte sie. »Wie lieb von dir. Und wie du dich beeilt hast!« Als sie die Hand auf seine Schulter legte, drehte er sich um. Sein Arm umfaßte sie, und sie blickte in ein Gesicht mit eng beieinanderstehenden Augen und einem Mund, der zur Hälfte lächelte, zur Hälfte dick und wie von einer körperlichen Verunstaltung zu einem lüsternen Grinsen verzogen war.

Der Alpdruck ließ sie erstarren; sie konnte weder laufen noch schreien, und indem er die Schwankende stützte, zog er sie mit sich hinaus in die Nacht.

Eine halbe Stunde später traf Dick ein. Zu seiner Verwunderung hörte er, daß vor kurzer Zeit ein Mann nach seiner Frau gefragt hatte und sie mit ihm das Hotel verlassen hatte. Er schien hier fremd zu sein, denn der Junge, den er mit der Nachricht geschickt hatte, kannte ihn nicht. Dicks Überraschung verwandelte sich in Sorge. Nachfragen in der Umgebung ergaben, daß einige Leute die Dame, von der sie wußten, daß sie im Hotel wohnte, gesehen hatten, wie sie ohne Hut und von einem Manne gestützt den Strand entlanggegangen war. Auch ihnen war der Mann unbekannt, aber einer hatte sein Gesicht gesehen und konnte es beschreiben.

Die Richtung für ihre Suche war somit gegeben, und beim Lichte des Mondes und einer Laterne fanden sie Fußspuren, die von ihr stammen konnten, jedoch keine von jemand, der neben ihr gegangen war. Sie folgten der Spur, bis sie etwa eine Meile weiter in einem großen Erdrutsch endete. Dieser war aus dem alten Friedhof an der Steilküste herausgebrochen und hatte den halben Kirchturm und einen Grabstein mit sich gerissen und auch den Körper, der darunter gelegen hatte.

Der Grabstein trug den Namen Roger Wyburn. Sein Körper lag daneben, unberührt von Verfall und Verwesung, obgleich zweihundert Jahre seit seinem Begräbnis vergangen waren. Die Suche in diesem Gebiet dauerte noch eine Woche an, unterstützt von der Flut, die den Erdrutsch langsam wegwusch.

Aber man konnte nichts weiter entdecken.

Richard Middleton

Auf der
Landstraße

Langsam war die Sonne über die kahlen weißen Hügelketten gestiegen, und wenig erinnerte dabei an den sonst so geheimnisvollen Zauber der Morgendämmerung, bis sie endlich hell über einer glitzernden Welt von Schnee stand. Während der Nacht hatte es stark gefroren, und die Vögel, die hier und da ermattet von der unbarmherzigen Kargheit des Lebens umherhüpften, hinterließen keine Spuren auf der silberglänzenden Decke. An einigen Stellen unterbrachen schützende Hecken die weiße Eintönigkeit, die sich über die farbige Erde gebreitet hatte, und der Himmel wandelte sich von Orange über ein tiefes Blau zu einem so blassen Hellblau, daß er eher zu einem Vergleich mit einem Schirm aus dünnem Pergament anregte als die Vorstellung von einem grenzenlosen Raum gab. Über die flachen Felder strich ein kalter, lautloser Wind, der feinen Schneestaub von den Bäumen rieseln ließ, jedoch kaum die weißgeschmückten Hecken bewegte. Nachdem sie einmal den Horizont überschritten hatte, schien die Sonne schneller emporzuklimmen, und während sie höher stieg, begannen ihre wärmenden Strahlen sich mit der Schärfe des Windes zu verschmelzen.

Es mag wohl dieser ungewöhnlich rasche Temperaturwechsel gewesen sein, der den Landstreicher aus seinen Träumen aufstörte; denn einen Augenblick lang kämpfte er zappelnd mit dem Schnee, der ihn bedeckte, wie jemand, der sich in sein Bettzeug verfangen hat. Mit starrem, fragendem Blick setzte er sich auf. »Mein Gott!« sagte er zu sich, als er die öde Landschaft wahrnahm, »ich dachte, ich wäre im Bett. Statt dessen habe ich die ganze Zeit hier draußen gelegen.« Er streckte seine Glieder, stand vorsichtig auf und schüttelte den Schnee ab. Der kalte Wind ließ ihn erzittern, und ihm wurde bewußt, wie warm sein Lager gewesen war.

»Anscheinend bin ich noch ganz gut in Form«, dachte er. »Ich kann wohl von Glück sagen, daß ich überhaupt bei diesem Wetter aufgewacht bin. – Oder auch nicht.« Er hob den Kopf und sah die Hügelkette glänzend von dem Blau des Himmels abstechen, wie die Alpen auf einer Ansichtskarte. »Noch einmal vierzig Meilen!« knurrte er grimmig. »Weiß der Himmel, was ich gestern getan habe. Bin marschiert, bis ich fertig war, und jetzt stehe ich hier, erst zwölf Meilen von Brighton weg. Zum Teufel mit dem Schnee, zum Teufel mit Brighton, zum Teufel mit allem!« Die Sonne stieg höher und höher, und geduldig machte er sich wieder auf seinen Weg, den Rücken der Hügelkette zugekehrt.

»Bin ich froh oder traurig, daß ich noch einmal aufgewacht bin – froh oder traurig, froh oder traurig?« Seine Gedanken kreisten im Takt seiner Schritte um diese eine Frage, doch er suchte kaum eine Antwort darauf. Es genügte vollauf, danach zu marschieren.

Kurz darauf, als drei Meilensteine vorübergeschlendert waren, überholte er einen Jungen, der sich bückte, um eine Zigarette anzuzünden. Er trug keinen Mantel und sah unsagbar zerbrechlich gegen den harten, festen Schnee aus. »Auch auf der Walze, Chef?« fragte der Junge heiser, als der Landstreicher vorbeiging.

»Ich glaube schon«, sagte der Landstreicher.

»Gut, dann will ich ein Stück mit Ihnen kommen, wenn Sie nicht zu schnell gehen. Es ist ein bißchen einsam, um diese Tageszeit allein zu tippeln.« Der Land-

streicher nickte, und der Junge begann neben ihm herzu-
hinken.

»Ich bin achtzehn«, sagte er beiläufig. »Ich wette, Sie
hätten mich für jünger gehalten.«

»Fünfzehn, hätte ich gesagt.«

»Die Wette hätten Sie verloren. Achtzehn letzten
August, und ich bin schon sechs Jahre auf der Straße.
Ich rannte fünfmal von zu Hause weg, als ich klein war,
doch die Polizei brachte mich jedesmal wieder zurück.
Sie war sehr nett zu mir, die Polizei. Jetzt hab ich kein
Zuhause mehr, von dem ich weglaufen kann.«

»Ich auch nicht«, sagte der Landstreicher gelassen.

»Oh, ich kann sehen, was Sie sind«, keuchte der Junge.
»Sie sind ein heruntergekommener Herr. Es ist schwerer
für Sie als für mich.« Der Landstreicher warf einen
Blick auf die hinkende, schwächliche Gestalt und verlangsamte seine Schritte.

»Ich bin noch nicht so lange dabei wie du«, gab er zu.

»Nein, das sehe ich schon an Ihrer Art zu gehen. Sie
sind noch nicht müde geworden. Sie erwarten wohl
etwas am anderen Ende?«

Der Landstreicher überlegte einen Augenblick. »Ich
weiß nicht«, sagte er bitter. »Ich warte immer auf irgend
etwas.«

»Das gibt sich mit der Zeit«, kommentierte der Junge.
»Es ist wärmer in London, aber es ist schwerer, dort
was zum Futtern zu kriegen. Es lohnt sich eigentlich
nicht.«

»Trotzdem, man hat dort wenigstens die Chance, jemand zu treffen, der versteht, daß...«

»Die Leute auf dem Lande sind besser«, fiel ihm der

Junge in die Rede. »Gestern abend durfte ich umsonst in einem Stall unterkriechen, und heute morgen holte der Bauer mich ins Haus und gab mir Frühstück, weil ich so klein bin. Natürlich, hier zähle ich; aber in London! Nachts der Nebel über dem Themseufer, und die ganze übrige Zeit jagt einen die Polente hoch.«

»Letzte Nacht fiel ich am Straßenrand hin und schlief auf der Stelle ein«, sagte der Landstreicher. »Ein Wunder, daß ich nicht gestorben bin.«

Der Junge sah ihn forschend an. »Woher wissen Sie, daß Sie es nicht sind?« fragte er.

»Das verstehe ich nicht«, sagte der Landstreicher nach einigem Besinnen.

»Hören Sie«, sagte der Junge heiser, »Leute wie wir können von diesem Leben nicht loskommen, wenn wir auch wollen. Immer hungrig und durstig und hundemüde und immer auf der Achse. Und trotzdem, wenn mir jemand ein schönes Heim und Arbeit anbietet, kommt mir's hoch. Sehe ich vielleicht stark aus? Ich weiß, ich bin klein für mein Alter, aber ich habe mich sechs Jahre lang so herumgeschlagen. Glauben Sie nicht, daß ich inzwischen gestorben sein könnte? Einmal bin ich beim Baden in Margate ertrunken, und ein andermal hat mich ein Zigeuner mit einer Radspeiche erschlagen; er hieb mir glatt den Schädel ein. Und zweimal bin ich erfroren wie Sie letzte Nacht, und ein Auto hat mich auf dieser Straße überfahren. Und doch wandere ich jetzt auf derselben Straße nach London – nach London, um von dort wieder loszuziehen, weil ich es nicht lassen kann. Tot! Glauben Sie mir, wir können nicht los von diesem Leben, wenn wir es auch wollen.«

Ein krampfartiger Husten schüttelte den Jungen, und der Landstreicher blieb stehen, bis er sich erholt hatte.

»Du solltest lieber für 'ne Weile meinen Mantel borgen, Kleiner«, sagte er. »Du hast einen ganz schönen Husten.«

»Hol Sie der Teufel!« sagte der Junge wütend und paffte an seiner Zigarette. »Es geht schon. Ich sprach gerade von der Landstraße. Sie haben es noch nicht begriffen, aber Sie werden schon noch dahinterkommen. Wir sind alle tot, alle, die wir auf der Landstraße liegen, und wir sind alle müde, und dennoch können wir sie nicht verlassen. Wie das duftet im Sommer, Heu und Staub, und der Wind kühlt einem das Gesicht an einem heißen Tag; es tut gut, an einem schönen Morgen im nassen Gras aufzuwachen. Ich weiß nicht – ich weiß nicht...« Plötzlich taumelte er, und der Landstreicher fing ihn in seinen Armen auf.

»Mir ist schlecht«, flüsterte der Junge, »...schlecht.«

Der Landstreicher sah sich auf der Straße um, aber er konnte keine Häuser sehen oder irgend etwas, woher Hilfe kommen konnte. Doch während er noch unschlüssig mit dem Jungen mitten auf der Straße stand, blitzte in der Ferne ein Auto auf und glitt rasch durch den Schnee heran.

»Was ist los?« fragte der Fahrer ruhig, als er die Bremse zog. »Ich bin Arzt.« Er blickte den Jungen prüfend an und lauschte auf seinen gepreßten Atem.

»Lungenentzündung«, konstatierte er. »Ich nehme ihn mit ins Krankenhaus. Sie können auch mitkommen, wenn Sie wollen.«

Der Landstreicher dachte an das Arbeitshaus und

schüttelte den Kopf. »Ich möchte lieber laufen« sagte er.

Der Junge blinzelte schwach, als sie ihn in den Wagen hoben.

»Wir treffen uns hinter Reigate«, raunte er dem Landstreicher zu. »Sie werden sehen.« Und lautlos entschwand der Wagen im Weiß der Straße.

Den ganzen Vormittag lang stapfte der Landstreicher durch den tauenden Schnee, aber um die Mittagszeit erbettelte er etwas Brot an der Tür eines Bauernhauses und kroch in eine einsame Scheune, um es zu verzehren. Drinnen war es warm, und nach seinem Mahl schlief er im Heu ein. Es war schon dunkel, als er aufwachte. Von neuem begann er sich auf der matschigen Straße weiterzuschleppen.

Zwei Meilen hinter Reigate schlüpfte eine Gestalt, eine zerbrechliche kleine Gestalt aus der Dunkelheit und trat auf ihn zu.

»Auf der Walze, Chef?« sagte eine heisere Stimme. »Dann will ich ein Stück mit Ihnen kommen, wenn Sie nicht zu schnell gehen. Es ist ein bißchen einsam, um diese Tageszeit allein zu tippeln.«

»Aber die Lungenentzündung!« schrie der Landstreicher entsetzt.

»Ich starb heute morgen in Crawley«, sagte der Junge.

W. F. Harvey

Nacht
über dem
Moor

E s traf wirklich alles sehr unglücklich zusammen. Peggy hatte Fieber, fast achtunddreißig, und Schmerzen in der Seite. Mrs. Workington Bancroft wußte, daß es Blinddarmentzündung war, aber sie hatte niemand, den sie zum Arzt schicken konnte.

James war mit dem Einspänner unterwegs zu ihrem Mann, dem es endlich gelungen war, sich von seinen Pflichten frei zu machen und für eine Woche auf die Jagd zu gehen.

Adolf hatte sie erst vor einer halben Stunde mit einer Nachricht für Lady Eva zu den Evershams geschickt.

Die Köchin war nicht zu entbehren, selbst wenn das Abendessen ohne sie serviert werden konnte.

Kate war, wie gewöhnlich, zu nichts zu gebrauchen.

Blieb nur noch Miss Craig.

»Sie müssen mir glauben, Peggy ist wirklich krank«, sagte sie, als die Erzieherin, die sie hatte rufen lassen, ins Zimmer trat. »Unglücklicherweise ist aber sonst niemand da, den ich nach dem Arzt schicken kann.« Mrs. Workington Bancroft machte eine Pause; sie war stets bereit, ihren Angestellten die Möglichkeit zu lassen, von sich aus die Dienste anzubieten, die sie rechtlicherweise von ihnen verlangen konnte.

»Und deshalb dachte ich, Miss Craig«, fuhr sie fort, »daß es Ihnen sicher nichts ausmachen würde, zum Gutshaus der Tebbits hinüberzugehen. Wie ich gehört habe, wohnt dort gerade ein Arzt aus Liverpool. Ich kenne ihn zwar nicht, aber das Risiko müssen wir eben in Kauf nehmen, und er wird wohl ganz froh sein, auch etwas in seinen Ferien verdienen zu können. Ich weiß, es sind fast vier Meilen, aber ich hätte nicht im Traum daran gedacht, Sie zu bitten, wenn ich nicht so eine schreckliche Angst vor Blinddarmentzündung hätte.«

»Na schön«, sagte Miss Craig, »dann muß ich wohl gehen; aber ich kenne den Weg nicht.«

»Oh, Sie können ihn gar nicht verfehlen«, sagte Mrs. Workington Bancroft und verzieh in ihrer Besorgnis die offensichtlich nur unwillig gegebene Zustimmung.

»Sie folgen der Straße durch das Moor ungefähr zwei Meilen weit, bis Sie zur ›Redman-Kreuzung‹ kommen. Dann halten Sie sich links und nehmen den Fußweg durch die Lärchenschonung, und Tebbits Gut liegt gerade unter ihnen im Tal.«

»Und nehmen Sie Pontiff mit«, fügte sie hinzu, als das Mädchen sich zum Gehen wandte. »Sie brauchen natürlich nichts zu fürchten, aber Sie werden sich bestimmt wohler fühlen, wenn Sie den Hund dabeihaben.«

»Selbstverständlich muß sie es am besten wissen, Miss«, sagte die Köchin, als Miss Craig in die Küche kam, um ihre Schnürstiefel zu holen, die am Feuer trockneten; »aber ich glaube nicht, daß es recht von der Herrin ist, Sie nach allem, was geschehen ist, noch so spät am Abend über das Moor zu schicken. Als ob der Doktor überhaupt etwas für Miss Margaret tun könnte, wenn Sie ihn tatsächlich mitbringen! Jedes Kind hat das einmal. Er wird nur sagen, daß sie ins Bett gehört, und da ist sie ohnehin schon.«

»Ich verstehe nicht, wovor ich Angst haben sollte, Köchin«, sagte Miss Craig, während sie ihre Schuhe zuschnürte, »es sei denn, ich glaubte an Geister.«

»Ich würde da nicht so selbstsicher sein. Jedenfalls

schlafe ich nicht gern in einem Bett, wo die Decke zu kurz ist, um sie über den Kopf zu ziehen. Aber lassen Sie sich nicht ins Bockshorn jagen, Miss. Ich glaube, Hunde, die bellen, beißen nicht.«

Aber obwohl Miss Craig noch einige Minuten danach über die Vorstellung bellender Geister lächeln mußte (die so grundverschieden von der allgemeinen Auffassung war, daß Geister zu heulen pflegen), fühlte sie sich doch nicht ganz wohl dabei.

Sie war von Natur aus nervös, und aus Erzählungen der Dienstboten, mit denen sie zusammen im Gesindehaus wohnte, erinnerte sie sich dunkel an einzelne Stellen ›wahrer Begebenheiten‹, die im herrschaftlichen Wohnzimmer nur als Auswüchse der Phantasie kursierten.

Schon der Name ›Redman-Kreuzung‹ ließ sie erschauern; dort mußte es gewesen sein, wo jener entsetzliche Mord begangen worden war. Die Einzelheiten hatte sie vergessen, aber sie erinnerte sich an den Namen.

Ihr erstes Mißgeschick kam bald genug.

Pontiff, von Natur aus etwas begriffsstutzig, brauchte über fünf Minuten, um herauszufinden, daß es nur die Erzieherin war, die er begleitete; kaum hatte er jedoch diese Entdeckung gemacht, als er auch schon auf der Stelle kehrtmachte, ohne sich im geringsten um Miss Craigs schwaches Pfeifen zu kümmern. Ihr Unbehagen verstärkte sich noch, als es zu regnen begann – nicht in schweren Tropfen, sondern in Schwaden feinen Sprühregens, die der Wind vor sich hertrieb und die auch die wenigen noch im Moor vorhandenen Wegzeichen auslöschten.

Auf Tebbits Gut wurde sie sehr freundlich aufgenommen. Der Arzt war am Tage vorher nach Liverpool zurückgefahren, aber Mrs. Tebbit gab ihr ein Glas heiße Milch und Kuchen. Dann schickte sie ihren widerstrebenden Sohn mit, um Miss Craig einen kürzeren Weg über das Moor zu zeigen, der nicht durch den Lärchenwald führte.

Der Junge war recht einsilbig, aber schon seine Gegenwart ermutigte. Als er sie am letzten Weidenzaun verließ, fühlte sie die Schwärze der Nacht mit doppelter Eindringlichkeit.

Müde schleppte sie sich weiter. Ihre Gedanken waren bereits wieder bei dem fast erschöpften Thema der bellenden Geister angelangt, als sie auf dem Weg hinter sich Schritte hörte, die sie in die Wirklichkeit zurückriefen. Im nächsten Augenblick tauchte die Gestalt eines Mannes auf. Miss Craig war erleichtert, als sie sah, daß der Fremde ein Geistlicher war. Er zog seinen Hut. »Ich nehme an, daß wir beide den gleichen Weg haben«, sagte er. »Ich würde mich freuen, wenn ich Sie begleiten dürfte.« Sie dankte ihm. »Nachts ist es hier recht unheimlich«, fuhr sie dann fort, »und die vielen Geister- und Spukgeschichten, die man so von der Landbevölkerung hört, haben mich schon ganz ängstlich gemacht.«

»Ich kann Ihre Nervosität gut verstehen«, antwortete er, »besonders in einer Nacht wie heute. Einstmals ging es mir genau so, denn meine Arbeit hieß mich oft einsame Wege über das Moor zu abgelegenen Gehöften gehen, auf Pfaden, die selbst bei Tageslicht schwer genug zu finden waren.«

»Und Sie sahen nie etwas, das Sie erschreckte – ich meine, nichts Übernatürliches?«

»Das kann ich eigentlich nicht sagen, aber vor elf Jahren hatte ich ein Erlebnis, das für mich den Wendepunkt in meinem Leben bedeutete, und da Sie sich zur Zeit in etwa der gleichen seelischen Verfassung zu befinden scheinen wie ich damals, möchte ich es Ihnen erzählen:

Es war spät im September. Ich war drüben in Westondale gewesen, um eine alte Frau zu besuchen, die im Sterben lag. Gerade wollte ich mich wieder auf meinen Heimweg begeben, als mich die Nachricht erreichte, daß ein anderes Mitglied meiner Gemeinde an jenem Morgen plötzlich erkrankt war. Die Uhr zeigte schon auf sieben, als ich endlich aufbrechen konnte. Ein Bauer wies mir den Weg und begleitete mich noch bis an die Straße durchs Moor.

Der Sonnenuntergang des vorhergegangenen Tages war einer der schönsten, die ich je gesehen hatte. Das ganze, mächtige Himmelsgewölbe war mit kleinen weißen, rosig angehauchten Wölkchen übersät gewesen wie mit verstreuten Blättern einer voll erblühten Rose.

Aber an jenem Abend war alles anders. Der Himmel zeigte eine eintönige, schiefergraue Farbe, und nur in einem Zipfel im Westen verriet ein dünner, schwefelgelber Streifen die Stelle eines düster verhangenen Sonnenunterganges. Während ich so dahinschritt, fröstelnd und mit müden Füßen, sank mein Mut. Es muß wohl der scharfe Gegensatz zwischen den beiden Abenden gewesen sein, der eine so lieblich und hoffnungsvoll – die Garben standen noch auf den Feldern –, der andere so finster und schwermütig unter dem ganzen Gewicht des Herbstes, der Ankündigung des nahen

Winters. Und zu diesem niederdrückenden Gefühl gesellte sich eine andere Empfindung, die ich überrascht als Furcht erkannte.

Ich wußte jedoch nicht, warum ich mich fürchtete.

Links und rechts von mir lag das Moor. Nur eine unregelmäßige Reihe zum Trocknen aufgehäufter Torfschollen, in Steinwurfsweite von der Straße entfernt, unterbrach die ebene Fläche.

Der einzige Laut, den ich innerhalb der letzten halben Stunde gehört hatte, war der Schrei der aufgescheuchten Birkhühner – ›kehr um, kehr um, kehr um‹, schienen sie zu rufen. Und das Gefühl der Furcht ließ mich nicht los und legte sich wie eine Klammer um mein Gehirn.

Ich wickelte meinen Mantel enger und versuchte meine Gedanken abzulenken, indem ich mich auf meine nächste Sonntagspredigt konzentrierte.

Ich wollte über Hiob reden. Vieles in der altertümlichen Darstellungsweise dieses Buches, wenn man von den Spitzfindigkeiten scharfer Kritik absieht, spricht die Landbevölkerung an; der Verlust der Herden und der Ernte, die Vernichtung der Familie. Ich hätte nicht gewagt, darüber zu predigen, wäre ich nicht selbst auch Bauer gewesen; mein eigenes Stück Land war drei Wochen vorher überschwemmt worden, und ich hatte nicht weniger zu verlieren als jeder andere in meiner Gemeinde. Als ich nun so die Straße entlang ging und im Geiste das erste Kapitel des Buches wiederholte, verweilte ich bei dem zwölften Vers:

›Und der Herr sprach zu dem Satan: Siehe, alles, was er hat, sei in deiner Hand...‹

Der Gedanke an die schlechte Ernte – und das ist ein

schrecklicher Gedanke in diesen Tälern – schwand. Mein Blick schien in ein Meer unendlicher Dunkelheit zu tauchen.

Oft hatte ich mit der Geläufigkeit des abgespannten Pfarrers, der an manchem Sonntag drei Predigten zu halten hat, das alte Gleichnis von dem Schachbrett gebracht. Gott und der Teufel waren die Gegner, und wir Menschen die Figuren in ihrem Spiel. Doch bis zu jener Nacht hatte ich nie an die Möglichkeit gedacht, daß ich selbst nur ein Bauer in diesem Spiel sein könnte, den Gott opfern mochte, um es zu gewinnen.

Als ich die Stelle erreicht hatte, an der wir uns jetzt befinden – ich erinnere mich noch genau an jene steinerne Abflußrinne –, sprang plötzlich ein Mann vom Straßenrand auf. Er hatte auf einem Haufen Schottersteine gesessen.

›Wo wollen Sie hin, Herr?‹ fragte er.

An seiner Aussprache merkte ich, daß er fremd in dieser Gegend war. Viele seiner Art kommen um diese Jahreszeit von Süden heraufgewandert, immer dem reifenden Korn nach. Ich sagte ihm mein Ziel.

›Dann können wir ja zusammen gehen‹, antwortete er.

Es war zu dunkel, um viel von dem Gesicht des Mannes zu erkennen, aber das wenige, was ich sah, war roh und brutal.

Er begann mit jenem halb drohenden, halb bettelnden Gewinsel, das ich so gut kenne – er wäre schon viele Meilen an diesem Tag gelaufen, hätte seit dem Frühstück noch nichts zu essen gehabt, und da auch nur eine Brotrinde.

›Gebt mir etwas Geld‹, sagte er, ›nur für ein Nachtquartier.‹ Dabei schnitzte er mit einem großen Klappmesser an einem Eschenknüttel, den er aus einer Hecke geschnitten hatte.«

Der Geistliche unterbrach seine Erzählung.

»Sind das die Lichter Ihres Hauses?« fragte er. »Wir sind näher, als ich dachte, aber ich werde wohl noch Zeit haben, meine Geschichte zu beenden. Es ist auch besser, wenn ich es tue; denn Sie können in wenigen Minuten zu Hause sein, und ich möchte nicht, daß Sie sich fürchten, wenn Sie wieder einmal allein über das Moor gehen müssen.

So, wie der Mann sprach, schien er dem Hintergrund meiner Gedanken entsprungen zu sein, er und seine trostlose Geschichte mit den traurigen Lügen, die eine weitaus traurigere Wahrheit bemäntelten.

Er fragte mich nach der Uhrzeit.

Es war fünf Minuten vor neun. Als ich meine Uhr einsteckte, warf ich einen Blick auf sein Gesicht. Er hatte die Zähne zusammengebissen, und irgend etwas im Glitzern seiner Augen verriet mir sofort seine Absicht.

Haben Sie jemals empfunden, wie lang eine Sekunde ist?

Den dritten Teil einer Sekunde stand ich da und sah ihn an, erfüllt von einem überwältigenden Mitleid mit mir selbst und mit ihm; und dann, ohne ein Wort der Warnung, fiel er über mich her. Ich fühlte nichts. Wie ein Blitzschlag fuhr es mir durch das Rückgrat, ich hörte den dumpfen Schlag des Eschenknüttels und dann ein sanftes Plätschern wie das Geräusch eines weit entfernten Baches. Etwa eine Minute lag ich so in vollkommener Glückseligkeit und sah, wie die Lichter des Hauses immer zahlreicher wurden, bis schließlich der ganze Himmel voller glitzernder Lichter funkelte und auf mich herabschien.

Ich hätte keinen schmerzloseren Tod haben können.«

Miss Craig blickte auf. Der Mann war verschwunden, sie war allein im Moor.

Sie rannte zum Hause hin, rannte zu dem vertrauten Schatten, der hinter dem Vorhang des Küchenfensters geschäftig auf und ab ging, ihre Zähne klapperten.

Als sie in die Diele stürzte, schlug die Uhr über der Treppe die volle Stunde.

Es war neun Uhr.

Enid Bagnold

Das verliebte
Gespenst

Es war an einem Sommermorgen, gegen fünf Uhr. Die Vögel, die schon um drei erwacht waren, hatten sich längst verstreut und hüpften geschäftig hin und her. Das weiße, schlichte Haus mit seinen grünen Fensterläden stand glänzend inmitten des taunassen Rasens, während sein Besitzer durch das Gras auf und nieder ging. Seine schweren Gummistiefel hinterließen dunkle Flecken auf dem schimmernden Tau. Sein Haar war ungekämmt, und unter dem Mantel trug er nur einen Schlafanzug. Bei jeder Wendung am Ende der Rasenfläche blickte er zu einem bestimmten Fenster hoch; es gehörte zum Schlafzimmer, das er mit seiner Frau teilte. Wie bei den anderen Fenstern in der langen Vorderfront des Hauses waren die grünen Fensterläden gegen die Mauer zurückgelegt, und die cremefarbenen Vorhänge fielen in schweren Falten herunter.

Der Besitzer des Hauses, der seltsamerweise in diesem Aufzug unbehaglich auf seinem Rasen hin und her ging, anstatt bequem im Bett zu liegen, rieb seine kalten Hände und setzte seine Wanderung fort. Er hatte keine Uhr an seinem Handgelenk, aber als die Uhr über dem Stall sechs schlug, betrat er das Haus und ging durch die stille Diele hinauf in das Badezimmer. Das abgestandene Wasser in der Leitung war von der Nacht vorher noch lauwarm, als er ein Bad nahm. Wie er aus dem Badezimmer in sein Ankleidezimmer ging, hörte er das erste Hausmädchen in den darunterliegenden Wohnräumen, und um sieben Uhr läutete er nach seinem Butler, damit er ihm die Kleidungsstücke zurechtlegte.

Da sich das Gleiche schon am Tag vorher ereignet

hatte, war der Butler halbwegs auf das Läuten vorbereitet; gähnend und entrüstet, aber fertig angezogen.

»Guten Morgen«, sagte Mr. Templeton ziemlich unerwartet. Diesen Gruß pflegte er sonst nie zu geben, aber er wünschte die Qualität seiner Stimme zu prüfen. Da er sie ruhig und sicher fand, sprach er weiter und gab Anordnung, eine Melone aus dem Gewächshaus zu holen.

Beim Frühstück hatte er nur geringen Appetit, und als er die Melone gegessen hatte, faltete er die Zeitung auseinander. Die Tür des Eßzimmers öffnete sich, und das Serviermädchen und das Hausmädchen traten ein und sprachen ihre Kündigung aus.

»Einen Monat von heute, Sir«, wiederholte das Serviermädchen, um das nachfolgende Schweigen zu überbrücken.

»Damit habe ich nichts zu tun«, sagte er mit leiser Stimme. »Eure Herrin kommt heute abend nach Hause. Das müßt ihr schon ihr sagen.«

»Was ist nur in diese Mädchen gefahren?« fragte Mr. Templeton den Butler, der gerade hereinkam.

»Sie haben mir nichts erzählt, Sir«, log dieser; »aber ich nehme an, daß etwas sie aus der Fassung gebracht hat.«

»Weil ich es vorzog, an einem Sommermorgen früh aufzustehen?« fragte Mr. Templeton mit Anstrengung.

»Ja, Sir. Und es gibt noch andere Gründe.«

»Und die wären?«

»Das Hausmädchen«, sagte der Butler mit einer Gleichgültigkeit, als ob er über die Bewegungen einer Fliege spräche, »hat Ihr Schlafzimmer mit Kleidungsstücken übersät gefunden.«

»Mit meinen Kleidern?« fragte Mr. Templeton.

»Nein, Sir.«

Mr. Templeton setzte sich. »Ein Nachthemd?« fragte er mit schwacher Stimme, als ob er an das Verständnis des anderen appellierte.

»Ja, Sir.«

»Mehr als eins?«

»Zwei, Sir.«

»Großer Gott!« sagte Mr. Templeton und ging nervös pfeifend ans Fenster.

Der Butler räumte leise den Tisch ab und verließ das Zimmer.

»Es läßt sich nicht leugnen«, murmelte Mr. Templeton. »Sie hat sich ausgezogen … hinter dem Sessel.«

Wenig später ging er durch seine beiden Felder und durch das Wäldchen. Er wollte mit Mr. George Casson sprechen. Aber George war nicht zu Hause. Er war für den ganzen Tag nach London gefahren, und angesichts der Morgensonne auf der glänzenden Haustür, des adretten Hausmädchens und des nüchternen Anblicks der gefalteten ›Morning Post‹ auf dem Dielentisch war Mr. Templeton eigentlich ganz zufrieden, daß er niemandem seine unglaubwürdige Geschichte anzuvertrauen brauchte. Erfrischt und gestärkt von der Luft und dem Spaziergang kam er nach Hause.

»Ich werde mit Hettie telephonieren«, beschloß er, »und mich vergewissern, daß sie heute abend zurückkommt.«

Er rief also seine Frau an, erzählte ihr, daß es ihm gut ginge, daß alles in Ordnung wäre, und hörte mit Genugtuung, daß sie heute nacht nach ihrer Abendgesellschaft mit dem Zug um elf Uhr dreißig abfahren und um zwölf Uhr fünfzehn auf der Bahnstation eintreffen würde.

»Früher geht kein Zug«, sagte sie. »Ich habe zum Bahnhof geschickt und nachsehen lassen. Wegen des Streiks fährt keiner zwischen sieben Uhr fünfzehn und halb zwölf.«

»Ich werde dir den Wagen an die Bahnstation schicken, dann kannst du um halb eins hier sein. Vielleicht liege ich schon im Bett, denn ich bin sehr müde.«

»Du bist doch nicht etwa krank?«

»Nein. Ich habe nur eine unruhige Nacht verbracht.«

Der Wind bewegte leicht die cremefarbenen Vorhänge am Fenster. Neben dem Kamin stand ein hoher, gepolsterter und mit gemustertem Rips überzogener Großvaterstuhl. Gegenüber diesem Sessel und dem Kamin stand das Doppelbett, in dem Mr. Templeton in der vorigen Nacht gelegen und an seinen Schriftstücken gearbeitet hatte. Er ging zu dem Sessel hinüber, steckte die Hände in seine Taschen und blickte nachdenklich darauf nieder. Dann schritt er zu der Kommode und zog eine Schublade heraus. Rechts lagen Hetties Hemdchen und Unterkleider, säuberlich gebügelt und zusammengefaltet. Links lag ein Haufen ebenfalls zusammengelegter, aber nicht gebügelter Nachthemden von ihr. Mr. Templeton bemerkte, daß die Seide stellenweise verknüllt und zerknittert war.

»Der Beweis«, sagte er, während er zum Fenster ging, »der Beweis, daß etwas in diesem Raum geschehen ist, nachdem ich ihn an diesem Morgen verlassen habe. Die Mädchen glauben, sie hätten die Nachthemden einer fremden Frau zusammengeknüllt auf dem Boden gefunden. Tatsächlich aber sind es Hetties Nachthemden. Ein Arzt würde wahrscheinlich sagen, ich hätte es selbst in einer Art Trance getan.«

»Seit zwei Nächten?« dachte er und blickte dabei wieder auf das Bett. Es kam ihm wie eine Woche vor. In der vorletzten Nacht hatte er dort gelegen und gearbeitet, einige Kissen in den Rücken gepackt und seine Papiere um sich ausgebreitet. Als er gegen zwei Uhr morgens, vertieft in seine Arbeit, aufgeblickt und das Muster auf dem Großvaterstuhl betrachtet hatte, der mit der Lehne zu ihm gekehrt stand, wie er ihn verlassen hatte, als er ins Bett ging, sah er es: zwei Hände baumelten lose über die Lehne, als ob deren Eigentümer unsichtbar dahinter auf dem Sitz kniete. Seine Augen wurden starr, und Furcht rieselte kalt über seinen Rücken. Bewegungslos saß er da und beobachtete die Hände.

Zehn Minuten verstrichen, da wurden die Hände plötzlich zurückgezogen, als ob der Insasse des Stuhles lautlos seine Stellung geändert hätte.

Er beobachtete weiter, seine Glieder wurden steif in den Kissen, und während die Zeit verging, bemühte er sich, die Wirkung des sonderbaren Geschehens niederzukämpfen. »Übermüdet«, sagte er. »Man hat davon gelesen. Das Gehirn spiegelt irgend etwas wider.« Sein Herz kam zur Ruhe, und vorsichtig ließ er sich im Bett etwas tiefer rutschen und versuchte zu schlafen. Er traute sich nicht, die rundherum verstreuten Papiere zusammenzunehmen, sondern lag bewegungslos bei brennender Lampe, bis die Morgendämmerung die gelben Zimmerwände erhellte. Um fünf Uhr stand er auf und flüchtete, keinen Blick von der Lehne des Großvaterstuhles wendend, ohne Morgenrock und Pantoffeln aus dem Zimmer. In der Diele fand er einen Mantel und hinter einer Truhe seine Gummistiefel, entriegelte die Vordertür und stampfte hinaus auf den feuchten Rasen.

In der zweiten Nacht (der *letzten* Nacht) hatte er gearbeitet wie vorher. So völlig hatte er sich nach einem Tag in frischer Luft überzeugt, daß sein Erlebnis in der vorhergegangenen Nacht das Resultat seiner Einbildung gewesen war, hervorgerufen von der Überanstrengung seiner Augen und seines Geistes durch seine Arbeit, daß er sich nicht einmal an sein Vorhaben erinnert hatte, den Lehnsessel mit dem Sitz zum Bett hin zu drehen. Jetzt, als er wieder im Bett saß und arbeitete, blickte er von Zeit zu Zeit auf seine gemusterte, verdeckende Lehne und wünschte verstohlen, daß er daran gedacht hätte, ihn umzudrehen.

Er hatte noch keine zwei Stunden gearbeitet, als er merkte, daß irgend etwas im Stuhl vorging.

»Wer ist da?« rief er. Das leichte Rascheln, das er gehört hatte, verstummte einen Augenblick lang und begann dann von neuem. Eine Sekunde lang glaubte er eine Hand an der Seite hervorschießen zu sehen, und einmal hätte er schwören können, daß die Spitze eines blonden Haarschopfes über die Lehne lugte. Dann rutschte etwas in dem Stuhl hin und her, und ein Gegenstand flog heraus und landete mit einem Aufschlag außerhalb seines Gesichtskreises am Boden. Fünf Minuten verstrichen, und nach einem neuerlichen Umherrutschen erschien eine Hand über der Lehne und legte ein weißes, steifes Bündel darauf, von dem ein schmaler Streifen herabhing.

Mr. Templeton hatte zwei aufregende Nächte und viele aufregende Stunden hinter sich. Als er feststellte, daß der Gegenstand ein Korsett war, von dem ein Strumpfhalter herabbaumelte, begann sein Herz unregelmäßig zu klopfen und eine Million schwarzer Flecke wie eine Wolke von Fliegen schwamm vor seinen Augen; seine Sinne verließen ihn.

Als er wieder aufwachte, war das Zimmer dunkel; die Lampe war ausgeschaltet, und er fühlte sich etwas unwohl. Während er sich im Bett umdrehte, um eine bequemere Lage für seinen Körper zu finden, kam seine Angst ihm wieder zum Bewußtsein. Er blickte in der Dunkelheit umher und sah, wie die Morgendämmerung bereits wieder die Vorhänge erhellte. Dann hörte er ein Klirren am Waschbecken, das sich einige Meter näher an seinem Bett befand als der Großvaterstuhl. Er war nicht allein: dieses Etwas hielt sich immer noch im Zimmer auf.

Bei dem schwachen Licht von den Vorhängen her konnte er gerade feststellen, daß sein Besuch am Waschbecken hantierte. Ein leises Klingen von Porzellan und das Geräusch fließenden Wassers ertönte; verschwommen nahm er die Umrisse einer Frau wahr.

»Sie hat sich ausgezogen«, sagte er zu sich selbst, »sie wäscht sich.«

Bei dem nächsten Gedanken wurde ihm übel. War es möglich, daß dieses Weib zu ihm ins Bett kommen wollte?

Dieser Gedanke ließ ihn mit einem Satz aus dem Bett

und aus dem Zimmer eilen und zum zweiten Mal seinen taubedeckten, grauen Rasen auf und ab marschieren.

»Und jetzt«, dachte Mr. Templeton, als er im Licht des Nachmittags im aufgeräumten Schlafzimmer stand und umherblickte, »muß Hettie entweder an meine Untreue oder an das Übernatürliche glauben.«

Er ging zu dem Großvaterstuhl hinüber, faßte ihn und wollte ihn gerade auf den Treppenabsatz hinausschieben, als ihm etwas anderes einfiel. »Heute nacht will ich ihn stehen lassen, wo er ist«, dachte er, »und wie gewöhnlich zu Bett gehen. In unser beider Interesse muß ich etwas mehr von dieser Sache herausbekommen.«

Den Rest des Nachmittags verbrachte er im Freien. Nach dem Tee spielte er Golf und ging dann nach einem sehr leichten Abendessen zu Bett. Sein Kopf schmerzte heftig, da er in den vorangegangenen Nächten fast keinen Schlaf gefunden hatte, aber befriedigt konnte er feststellen, daß sein Herz regelmäßig schlug. Er nahm zwei Aspirin-Tabletten, um seine Kopfschmerzen zu lindern, und legte sich mit einem leichten Roman ins Bett, um zu lesen und zu beobachten. Hettie würde um halb eins kommen, aber der Butler blieb auf, um sie hereinzulassen. Ein zugedecktes Tablett mit Sandwiches stand in einer Ecke des Schlafzimmers für sie bereit.

Es war jetzt halb elf Uhr. Eineinhalb Stunden mußte er noch warten. »Sie kann jeden Augenblick kommen«, dachte er (und meinte dabei seine nächtliche Besucherin). Er hatte den Großvaterstuhl umgedreht, so daß er den Sitz sehen konnte.

Eine Viertelstunde ging vorüber und sein Kopf schmerzte so sehr, daß er das Buch auf die Knie legte und das Licht abblendete. Er machte die helle Leselampe aus und schaltete die Beleuchtung der großen Uhr über dem Kamin ein, so daß er selbst im Schatten saß. Fünf Minuten später war er eingeschlafen. Er war tiefer gerutscht und lag mit dem Kopf in die Kissen vergraben, und der Schmerz, den er selbst im tiefen Schlaf verspürte, hämmerte immer noch in seinem Kopf. Im Unterbewußtsein hörte er seine Frau ankommen und hoffte im stillen, daß sie ihn nicht aufwecken würde. Er hörte leises Rascheln und nahm ihre Bewegungen wahr, als sie den Raum betrat und sich auskleidete. Aber sein Kopfschmerz war so schlimm, daß er sich nicht aufraffen konnte, ein Lebenszeichen zu geben, und bald, während er sich an seinem Halbschlaf festhielt, fühlte er, wie die Bettdecke sich sanft hob und hörte sie neben sich darunterschlüpfen.

Fröstelnd zog er die Decke fester um sich. Es war ihm, als ob ein Luftzug ihn im Bett umwehte, der die Nebel des Schlafs verscheuchte und ihn munter machte. In einer Anwandlung von Reue, weil er sie nicht begrüßt hatte, streckte er seine Hand aus und tastete unter der Decke nach der seiner Frau. Er fand ihr Handgelenk und umschloß es mit seinen Fingern. Es war kühl, seltsam, eisig, und nach ihrer Reglosigkeit und ihrem Schweigen zu urteilen, schien sie zu schlafen.

»Die Fahrt von der Bahnstation war sicher kalt«, dachte er; »sie kühlt tatsächlich das ganze Bett aus«, murmelte er dann. Während er wieder einschlief, hielt er ihr Handgelenk fest, um es zu wärmen.

Durch ein Motorengeräusch unter dem Fenster wurde er geweckt. Ein Lichtstrahl wie von Scheinwerfern wanderte über die Wand des Zimmers. Mit Verwunderung hörte er, wie die Riegel an der Vordertür zurückgeschoben wurden. Auf dem beleuchteten Zifferblatt der Uhr über dem Kamin sah er die Zeiger auf siebenundzwanzig Minuten nach zwölf stehen.

Und dann hörte Mr. Templeton, der immer noch das Handgelenk neben sich umklammert hielt, die klare Stimme seiner Frau unten in der Diele.

A. J. Alan

Mein
Abenteuer in
Norfolk

Ich weiß nicht, ob es Ihnen auch so geht, aber im Laufe des Februar fragt meine Frau mich gewöhnlich: »Hast du denn schon überlegt, was wir im August machen werden?« Natürlich sage ich »nein«, und dann setzt sie sich hin und studiert die Anzeigen ›Sommerhäuser zu vermieten‹.

Nun, so geschah es auch im letzten Jahr. Und nach einer Weile fand sie auch eine Anzeige, die annehmbar aussah. ›Norfolk – Hickling Broad – Möbliertes Sommerhaus – Garten – Garage – Bootshaus‹, und was so dazugehört, sogar Geschirr und Bettwäsche. Es war auch eine sehr hohe Miete angegeben. Als ich meine Frau auf diese nebensächliche Kleinigkeit aufmerksam machte, entgegnete sie mir: »Du wirst eben hinfahren müssen, mit dem Vermieter sprechen und ihn dazu bringen, mit der Miete herunterzugehen. Das tun sie immer!« Daß sie es natürlich nie tun, ist eine andere Sache.

Auf jeden Fall schrieb ich an den Vermieter. Ich bat ihn, es so einzurichten, daß ich eine Nacht in dem Hause schlafen und mir das Ganze ansehen könnte. Er schrieb zurück: »Natürlich«, und er würde Mrs. Soundso zu meiner Aufwartung und zum Bettenmachen engagieren.

Sie müssen wissen, daß wir in unserer Familie alles sehr genau nehmen – ich muß nacheinander in allen Betten schlafen; zu Hause zählt meine Frau nur die blauen Flecken und entscheidet, ob die Betten gut genug sind oder nicht.

In einem wütenden Schneesturm gelangte ich an den wahrscheinlich gottverlassensten Flecken auf dieser schönen Erde. Bis Potter Heigham war ich mit der

Bahn gefahren, und ein Wagen – es waren von der Bahnstation noch gut fünf Meilen – brachte mich weiter. Glücklicherweise war Mrs. Selston, die alte Dame, die für mich sorgen sollte, schon da. Sie hatte Feuer im Kamin gemacht, und als sie mir dann noch ein Steak briet, war ich ihr wirklich dankbar.

Allerdings habe ich auch jetzt noch das Gefühl, als ob die Kuh, oder wovon die Steaks auch immer kommen mögen, erst an jenem Morgen ihr Ende gefunden hatte. Das Steak war sehr – hm – widerspenstig. Während ich aß, unterhielt mich Mrs. Selston; sie mußte mir unbedingt alles über eine kürzliche Operation ihres Mannes erzählen. Einfach *alles!* Es war fast eine Lektion über Chirurgie. Das Steak war nur sehr kurz angebraten, und ich kam mir vor, als illustrierte ich ihre Vorlesung. Auf jeden Fall raubte sie mir den Appetit. Dann wünschte sie mir eine gute Nacht und ging.

Ich sah mir das Haus an und warf auch einen Blick nach draußen. Es war schon sehr dunkel, aber es schneite nicht mehr so stark. Die Garage stand ungefähr fünfzehn Meter von der Hintertür des Hauses entfernt. Ich ging um sie herum. Dann schritt ich zum Wasser hinunter und begutachtete das Bootshaus. Das ganze Grundstück mochte im Sommer sehr schön sein, aber damals fragte ich mich, warum es noch Leute gibt, die an den Nordpol fahren wollen.

Ich ging wieder hinein und ließ mich am Feuer nieder. Sie können sich kaum vorstellen, wie ruhig es war; selbst die Wasservögel hatten Winterurlaub gemacht – wenigstens hörte man sie nicht.

Ein paar Minuten vor elf hörte ich das erste Geräusch,

seit Mrs. – wie hieß sie doch gleich? – Selston gegangen war. Es hörte sich an wie ein Auto. Wenn es einfach vorbeigefahren wäre, würde es mir wahrscheinlich gar nicht aufgefallen sein, nur es fuhr eben nicht vorbei; es schien kurz vor dem Hause zu halten. Selbst das beeindruckte mich nicht sonderlich. Auch Autos müssen manchmal anhalten.

Fünf oder zehn Minuten verstrichen, bis es mir zum Bewußtsein kam, daß der Wagen nicht wieder weitergefahren war. Ich stand auf und sah aus dem Fenster. Es hatte aufgehört zu schneien, und durch die Gartenpforte fiel helles Licht, wie von Scheinwerfern, die selbst nicht zu sehen waren. Da ich nun schon einmal aufgestanden war, konnte ich ebensogut auch hinausgehen und nachsehen.

Eine ziemlich große Limousine stand mitten auf der Straße, ungefähr zwanzig Meter von meiner Gartenpforte entfernt. Die Scheinwerfer blendeten sehr, aber als ich näher kam, sah ich ein Mädchen, das unter der geöffneten Haube am Motor herumfingerte. Eine recht anziehende junge Frau, soweit ich sehen konnte; sie war jedoch so in ihren Pelz gehüllt, daß man es nicht mit Bestimmtheit sagen konnte.

»Guten Abend«, sagte ich etwas unbeholfen, »kann ich Ihnen irgendwie behilflich sein?«

Sie entgegnete, sie wüßte nicht, was geschehen wäre. Der Motor hätte einfach ausgesetzt und wollte nicht wieder anspringen. Und er *hatte* ausgesetzt! Weder mit dem Anlasser noch mit der Handkurbel ließ er sich durchdrehen. Die ganze Geschichte war furchtbar heiß, und ich fragte sie, ob überhaupt noch Wasser im Kühler wäre. Sie wollte nicht einsehen, warum keins drin sein sollte; es wäre doch immer welches darin gewesen. Dies schien mir nicht ganz logisch zu sein. Ich meinte, wir sollten lieber etwas hineingießen und abwarten, was dann passierte. Warum nicht einfach Schnee nehmen? fragte sie. Aber dafür war ich nicht. Ich erinnerte mich dunkel, daß dies aus irgendeinem Grunde nicht ratsam wäre; doch nicht bevor ich mit einem Eimer Wasser zurückkam, fiel es mir wieder ein: natürlich – die plötzliche Abkühlung.

Als ich zu ihr trat, hatte sie den Kühlerverschluß abgenommen und war dabei, einen Trichter daraufzusetzen. Wir gossen ein wenig Wasser ein... glücklicherweise hatte ich sie gewarnt, etwas zurückzutreten. Die ersten Tropfen schossen sofort als glutheiße Dampfwolke wieder heraus und bliesen den Trichter hoch in die Luft. Wir warteten ein paar Minuten, bis die Geschichte sich etwas abgekühlt hatte, aber es nützte nichts. Genau so schnell, wie wir das Wasser oben hineingossen, lief es unten wieder 'raus und auf die Straße. Ganz offensichtlich war sie mit knochentrockenem Kühler gefahren, und der Motor hatte sich vollkommen festgefressen.

Als ich ihr das sagte, fragte sie mich: »Soll das etwa bedeuten, daß ich die ganze Nacht hier liegenbleiben muß?«

Ich erklärte ihr, daß es so schlimm nun wieder auch nicht wäre; das heißt, wenn sie mit meinem armseligen Dach vorliebnehmen wollte (und es *war* ein armseliges Dach – es ließ die Nässe durch). Aber sie wollte nichts davon hören. Daß ich allein im Haus war, konnte sie nicht wissen; das war es also auch nicht. Nein, sie wollte den Wagen lassen, wo er stand, und zu Fuß weiterlaufen.

»Seien Sie nicht töricht«, sagte ich, »bis zum nächsten Ort sind es noch Meilen.«

In diesem Augenblick jedoch hörten wir einen Wagen näherkommen, aus der gleichen Richtung, aus der auch sie gekommen war. Dann sahen wir seine Lichter, obwohl er noch ziemlich weit entfernt war. Sie wissen ja, wie flach Norfolk ist – man kann ungeheuer weit sehen.

»Das ist die Lösung«, sagte ich. »Was für ein Fahrzeug es auch sein mag, es kann entweder Ihren Wagen zur nächsten Garage abschleppen oder zumindest Sie selbst bis zu einem Hotel mitnehmen.«

Eigentlich hätte sie jetzt erleichtert sein müssen; sie war es aber nicht. Ich begann mich zu fragen, was sie denn überhaupt wollte. Einerseits wollte sie sich nicht von mir überreden lassen hierzubleiben, andererseits wollte sie sich aber auch nicht von jemand anderem helfen lassen.

Sie benahm sich sehr sonderbar. Sie faßte meinen Arm und fragte: »Was glauben Sie, was für ein Fahrzeug mag das sein?«

»Genau kann ich es Ihnen natürlich auch nicht sagen«, antwortete ich. »Ich bin fremd hier; aber es hört sich so an wie ein Lastauto voll Milchkannen.«

Ich wollte sogar mit ihr darum wetten (damals war die Wettsteuer noch nicht eingeführt). Sie hätte übrigens zahlen müssen: es war ein Lastauto voll Milchkannen. Da ihr Wagen mitten auf der Straße stand und zum Vorbeifahren kein Platz war, mußte es anhalten.

Der Fahrer stieg aus und fragte, ob er helfen könnte. Wir erklärten ihm die Lage. Er sagte, er führe nach Norwich und würde sie gern abschleppen, wenn sie es wünschte. Das wollte sie jedoch nicht, und wir kamen schließlich überein, ihren Wagen für die Nacht in meine Garage zu schieben – sie wollte ihn am nächsten Tag abholen lassen –, und das Lastauto sollte sie bis nach Norwich mitnehmen.

Ich fand auch tatsächlich den Garagenschlüssel, und mit dem Fahrer – er hieß Williams – schob ich den Wagen hinein und verschloß die Tür. Nachdem dies getan worden war (vollendete Vergangenheit!), meinte ich, daß die Nacht doch ziemlich kühl wäre. Williams fand das auch, und sie hatte nichts dagegen einzuwenden. Ich nahm sie also beide mit hinein und mixte Ihnen einen steifen Whisky mit Wasser. Soda hatte ich nicht. Mir war es natürlich auch sehr kalt geworden. Ich hatte keinen Mantel angehabt.

Bis jetzt hatte ich die junge Frau nicht näher betrachtet. Einmal war es dunkel gewesen, und zum anderen hatte ich mich mit dem festgefahrenen Motor befassen müssen. Ich fürchte, diese Bemerkung klingt nicht besonders höflich. Was ich aber damit meine, ist, daß für jemand mit technischem Verständnis ein Auto in dieser Verfassung viel interessanter ist als – hm – nun, es *ist* eben interessant – aber warum lange darüber reden. Hier im Wohnzimmer war es jedenfalls möglich, einen genaueren Eindruck zu gewinnen. Sie war etwas älter, als ich angenommen hatte, und ihre Augen standen ein wenig zu eng beieinander.

Natürlich war sie nicht eine – ich weiß nicht, wie ich

es Ihnen sagen soll? Ihr ganzes Wesen war zu gezwungen, und sie war sehr vorsichtig in der Wahl ihrer Worte. Sie wissen schon, was ich meine. Aber das war es nicht allein. Sie behandelte uns ohne jede Freundlichkeit, was doch – nun, wir hatten nichts getan, womit wir das verdient hätten. Ein Schatten von Feindseligkeit und Mißtrauen lag über ihrem Benehmen, was den Umständen nach nicht ganz verständlich war. Auch bemühte sie sich stets, nicht ins Licht zu treten. Hätte ich nicht die Lampe weggesetzt, wäre sie auf keinen Fall an den Kamin gekommen.

Auch wirkte es geradezu peinlich, wie sie den armen Williams beim Trinken antrieb; außerdem war es auch unklug, denn schließlich sollte er ja noch fahren. Aber das war ihre Sache. Als Williams hinausgegangen war, um den Wagen anzulassen, fragte ich sie, ob ich ihr vielleicht mit etwas Geld aushelfen könnte. Anscheinend war es nicht nötig. Dann fuhren sie ab. Ich machte alles dicht und ging nach oben.

In meinem Schlafzimmer lag zufällig ein Reiseführer mit Landkarten von dieser Gegend. Ich studierte sie und fragte mich unwillkürlich, wo das Mädchen mit dem Wagen hergekommen sein könnte. Die Straße schien mir so unbedeutend. Genau so eine Straße würde man benützen, wenn man niemandem begegnen wollte. Wenn man zum Beispiel einen gestohlenen Wagen fuhr. Das war eine aufregende Idee! Es müßte sich lohnen, dachte ich, den Wagen noch einmal genauer zu betrachten. Ich nahm zum zweiten Mal den Schlüssel von seinem Haken in der Küche und stapfte in den Schnee hinaus. Es war pechschwarz draußen und so windstill, daß meine Kerze kaum flackerte. Die Garage war nicht sehr groß, und der Wagen füllte sie beinahe aus. Um ihn leichter wieder herauszubekommen, hatten wir ihn rückwärts hineingeschoben.

Die Maschine hatte ich ja schon gesehen; deshalb zwängte ich mich an der Wand entlang und öffnete eine Tür des Wagens. Genauer gesagt, ich drückte nur den Griff herunter, und die Tür wurde von innen aufgeschoben – irgend etwas fiel auf mich und drückte mich gegen die Wand. Dabei wurde mir die Kerze aus der Hand geschlagen, und ich stand im Dunkeln. Kein gerade angenehmes Gefühl. Trotzdèm hätte ich gern gewußt, was da auf mich gefallen war. Vorsichtig tastete ich danach: es war ein Mann – ein toter Mann – mit einem Schnurrbart. Anscheinend hatte man ihn mit dem Rücken gegen die Tür gesetzt. Mit einiger Mühe schob ich ihn so vorsichtig wie möglich wieder hinein und drückte die Tür ins Schloß.

Ich mußte eine Weile unter dem Wagen herumsuchen, bevor ich die Kerze gefunden hatte. Ich steckte sie an, öffnete die Tür auf der anderen Seite, schaltete die Deckenbeleuchtung ein, und dann – uh!

Auf jeden Fall wollte ich die Sache genauer untersuchen. Der Mann war ein sehr langes und dünnes Individuum. Mindestens ein Meter und neunzig. Er hatte dunkle Haare und sah grauenhaft blaß aus. Ich glaube allerdings nicht, daß er auch zu Lebzeiten schon so blaß gewesen war. Er trug einen Trenchcoat.

Es fiel nicht schwer zu sagen, woran er gestorben war. Man hatte ihm in den Rücken geschossen. Ich fand das Loch dicht unter seinem rechten Schulterblatt, und offensichtlich mußte das Geschoß in die Lunge gedrungen sein. Ich will es mit ›offensichtlich‹ genug sein lassen.

Er hatte keine Papiere bei sich und auch kein Schneideretikett in seinem Anzug, aber ich fand eine Brieftasche mit neun Pfund in seiner Tasche. Alles in allem eine sehr unangenehme Geschichte. Es hat zwar keinen Zweck, mit seinem Schicksal zu hadern, ich wünschte aber doch, es wäre nicht passiert. Auch war alles etwas mysteriös – wer hatte ihn erschossen? Das Mädchen sicher nicht, denn dann wäre sie wohl kaum mit seiner Leiche auf dem Lande spazieren gefahren. Und wenn jemand anders ihn ermordet hatte, warum hatte sie es nicht erzählt? Jedenfalls hatte sie nichts gesagt, und jetzt war sie weg. Im Augenblick konnte ich nichts weiter unternehmen. Natürlich gab es auch kein Telephon im Hause. Also schloß ich die Garage ab und ging ins Bett. Das war um zwei Uhr.

Am nächsten Morgen wachte ich aus diesem oder jenem Grunde recht früh auf. Es schien mir eine ganz gute Idee zu sein, die ganze Geschichte noch einmal bei Tageslicht zu betrachten – und bevor Mrs. Selston aufkreuzte. Das tat ich dann auch. Zuerst fiel mir auf, daß es während der Nacht sehr stark geschneit haben mußte, denn es waren weder Reifen- noch Fußspuren zu sehen, und zweitens, daß ich den Schlüssel in der Garagentür hatte steckenlassen. Ich öffnete und ging hinein. Sie war vollkommen leer. Kein Wagen, keine Leiche, nichts. Nur ein paar Tropfen Wachs, wo ich die Kerze hatte fallenlassen; sonst aber ließ kein Merkmal erkennen, daß ich schon einmal hier gewesen war. Eins von beiden mußte geschehen sein: entweder waren in der Nacht Leute gekommen und hatten den Wagen abgeholt, oder ich war vor dem Kamin eingeschlafen und hatte das Ganze nur geträumt.

Dann fielen mir die Whiskygläser ein.

Sie mußten sich noch im Wohnzimmer befinden. Ich ging hinein, um nachzusehen. Alle drei standen noch da. Also *konnte* ich nicht geträumt haben, und der Wagen war abgeholt worden, auf jeden Fall aber mußten sie es sehr leise angestellt haben.

Das Mädchen hatte ihr Glas auf dem Kaminsims stehenlassen, und einige sehr deutliche Fingerabdrücke waren darauf zu sehen. Einige davon stammten sicher von mir, denn ich hatte das Glas aus der Küche geholt und eingeschenkt; aber ihre Finger waren sauber und meine ölig gewesen, so daß man die Abdrücke leicht auseinanderhalten konnte. Ich brauche wohl nicht besonders zu betonen, daß dieses Glas sehr wichtig war. Augenscheinlich war jemand ermordet worden, oder etwas Ähnliches hatte sich ereignet, und das Mädchen mußte alles darüber gewußt haben, auch wenn sie es nicht selbst getan hatte. Daher war alles, was sie hinterlassen hatte, von größter Bedeutung als Beweismittel für die Polizei; und dies *war* alles, was sie zurückgelassen hatte. Ich packte also das Glas mit äußerster Sorgfalt in eine alte Keksdose aus der Speisekammer.

Als Mrs. Selston kam, gab ich ihr eine Kleinigkeit, verabschiedete mich von ihr und machte mich auf den Weg in die Stadt. Übrigens, auf dem Rückweg fuhr ich bei dem Vermieter vorbei und sagte ihm, wegen des Hauses würde ich mich noch melden. Dann erreichte ich meinen Zug und fuhr nach meiner Ankunft in London auf schnellstem Wege zu Scotland Yard. Dort hatte ich einen alten Bekannten. Ich zeigte ihm das Glas und fragte ihn, ob seine Leute die Fingerabdrücke identifizieren könnten.

»Wahrscheinlich nicht«, sagte er; dennoch schickte er das Glas zur Identifizierung der Abdrücke in die betreffende Abteilung. Dann fragte er mich, woher ich es hätte.

»Das hat noch Zeit«, antwortete ich. »Warten wir erst das Ergebnis ab.« Er war einverstanden.

Man arbeitet recht schnell bei Scotland Yard – der Beamte war in drei Minuten mit einem Stoß Papieren wieder zurück. Das Mädchen war ihnen gut bekannt. Sie sagten mir ihren Namen und zeigten mir ihre Photographie – nicht sehr schmeichelhaft. Nach allem, was ich zu hören bekam, mußte sie eine ziemlich abenteuerlustige Dame sein. Am Anfang ihrer Laufbahn hatte sie zweimal gesessen, hauptsächlich wegen Kassendiebstahl in Wettbüros. Dann hatte sie sich mit dem Mitglied einer Bande von Wettbetrügern angefreundet, von denen man so ab und zu hört.

Wie mein Freund dann weiter erzählte, kam es später zu Streitigkeiten zwischen zwei dieser Banden, und ihr Freund wurde dabei erschossen. Sie konnte ihn zwar in einem Wagen wegschaffen, aber irgendwo in Norfolk hatte sie Panne. Sie ließ den Wagen mit der Leiche in der Garage irgendeines Hauses stehen und fuhr mit einem Lastwagen weiter nach Norwich. Jedoch kam sie niemals dort an. Unterwegs überschlug sich der Wagen, und sie und der Fahrer – ein gewisser Williams – wurden herausgeschleudert und rammten mit den Köpfen eine Backsteinmauer. Was ja, wie man weiß, meist tödlich auszugehen pflegt. In ihrem Fall war es wenigstens so.

»Das mag wohl so gewesen sein«, sagte ich. »Aber woher wollen Sie das jetzt alles schon wissen? Es geschah doch erst heute nacht!«

»Letzte Nacht! Daß ich nicht lache!« rief er aus. »Das alles hat sich im Februar 1919 zugetragen. Die Leute, die Sie beschreiben, sind seit Jahren tot.«

»Oh!« sagte ich nur.

Und wenn ich nun die neun Pfund behalten hätte...!

Mary Hottinger

Der Ring

Das Haus hatte mich auf den ersten Blick bezaubert. Für seine Höhe war es ziemlich langgestreckt, mit weißen Wänden und einer kleinen, grünen Veranda. In seinem Innern befand sich ein herrlicher Raum mit Fenstern nach Süden und Westen, wie geschaffen für Jim zum Arbeiten, und ein Wohnzimmer, das sich von der Vorderfront bis zur Rückseite des Hauses hinzog. Jim hatte zuerst gemurrt – es wäre zu groß, zu weit von der Stadt entfernt, er wäre zu sehr von seinen Geschäftsverbindungen abgeschnitten, und ich würde mich einsam fühlen; außerdem hätte ich endlose Meter Fußboden in den breiten und langen Korridoren zu reinigen. Er, der so bitterlich geklagt hatte, daß er in London keinen Frieden finden könnte, wollte es auf einmal nicht verlassen. Aber dieses eine Mal wollte ich meinen Willen durchsetzen – dieses Haus oder keins! Also sagte ich nur: »Typisch Mann!« und traf meine Vorbereitungen. Das Zimmer im Südwesten war genau, wie Jim es sich immer gewünscht hatte, und die Küche war mit dem neuesten Dauerbrandherd auf den letzten Stand gebracht worden. Und was die Fußböden betraf – der Häusermakler hatte mir versichert, daß es im Dorfe Frauen gäbe, die gern für uns arbeiten würden (und noch mehr über uns klatschen, meinte Jim grimmig).

Das Haus hatte mich in der Tat so völlig in seinen Bann gezogen, daß ich während der Zeit, da wir uns noch nicht darüber geeinigt hatten, nächtelang in unserer Londoner Wohnung wachlag und von der Zukunft träumte, in der es uns gehören und mehr als ein Heim sein würde: eine Art Gefährte, fast ein lebendes

Wesen. Dort würde ich mich während der langen Stunden, die Jim in seinem Arbeitszimmer verbrachte, wohlfühlen und glücklich sein.

Schließlich gab Jim mit einem Achselzucken nach, und wir zogen ein. In den ersten Tagen nach unserem Einzug konnte man kaum behaupten, daß es uns gehörte, denn das Haus verhielt sich uns gegenüber sehr reserviert. Es machte es uns nicht leicht. Nicht etwa, daß ich dies bedauerte. Ich wünschte sogar, es nicht zu schnell kennenzulernen, und begann mich langsam mit ihm anzufreunden: mich mit all den kleinen Geräuschen vertraut zu machen, die der intimste Ausdruck der Persönlichkeit eines Hauses sind. Ich begann, seiner Sprache zu lauschen und zu lernen, wie ich antworten mußte: Ich gestehe offen, daß ich diese Sache mit dem Haus etwas zu leicht nahm und zu wenig auf sein Murren und seine gleichgültige, halb ablehnende Haltung achtete, da Jim es nur meinetwegen gemietet hatte.

Wir hatten uns noch nicht ganz eingerichtet, als Jim für einige Tage in unsere Londoner Wohnung fahren mußte, um einige Bücher einzusehen und endgültige Vereinbarungen mit seinem Verleger zu treffen. Ich war ganz froh bei dem Gedanken, ein paar Tage allein zu bleiben; denn teils war ich noch müde vom Umzug und teils wollte ich auch das Haus ganz für mich haben, damit wir uns ungestört näherkommen könnten.

Doch als ich Jim auf Wiedersehen gewinkt hatte und durch den Garten zurückging, fühlte ich mich ein wenig unbehaglich und verlassen. Denn ich hatte noch nie allein in einem Haus geschlafen, schon gar nicht in einem fremden, und ziemlich verschämt prüfte ich das Schloß an der Vordertür und die Riegel an den Fenstern. Sie sahen stabil genug aus, aber trotzdem zitterte ich etwas, wenn ich daran dachte, daß ich heute abend allein am Kaminfeuer im Wohnzimmer sitzen, allein die Treppe hinaufgehen, mich ausziehen und allein im Bett liegen und den fremdartigen Geräuschen des Hauses lauschen mußte.

Es war ein stiller, sonnenüberglänzter Nachmittag im Oktober, und um mein unbehagliches Gefühl abzuschütteln, begann ich mich im Garten zu beschäftigen. Die Beeren der Passionsblumen an der weißen Wand funkelten durch die dunkelgrünen Blätter, die Herbstastern standen in voller Pracht und die chinesischen Sonnenblumen warfen strahlend den Sonnenschein zurück. Es gab eine Menge zu tun; abgestorbene Blüten mußten abgeschnitten und ganze Stauden im Überfluß wuchernder Blumen zurückgebunden werden. Ich wollte alles in Ordnung gebracht haben, bevor das Gold sich verfärbte und die Pracht dahinschwand.

Gerade kämpfte ich mit einem besonders üppig gewachsenen Busch Herbstastern, um ihn zurechtzustutzen, da entdeckte ich am Erdboden einen glitzernden Gegenstand, der offensichtlich nicht hierhergehörte. Es kostete mich etwas Mühe, ihn herauszuangeln, aber als ich ihn dann endlich in der Hand hielt, sah ich, daß es ein Ring war. Ein recht seltsamer Ring übrigens, denn obwohl er für eine Frauenhand geschaffen schien, krönte ihn ein sehr schweres Siegel von ungewöhnlicher Form: es war eines jener kleinen Messinggewichte, wie sie früher einmal von Apothekern benutzt wurden. Ich rieb ihn an meinem Ärmel, und die Gravierung kam klar zum Vorschein – ein Reichsapfel mit einem Kreuz. So schwer und plump er auch aussah, war er doch ungewöhnlich faszinierend, und ich steckte ihn an den Finger vor meinen Trauring. Er paßte genau, und während ich so dastand und ihn von verschiedenen Seiten betrachtete, überlegte ich, wo er wohl herstammen könnte, und beschloß, den Makler zu bitten, mit den früheren Bewohnern in Verbindung zu treten und festzustellen, ob er ihnen gehörte.

Plötzlich ertönte eine Stimme hinter mir:

»Kann ich bitte meinen Ring haben?«

Mein Herz setzte ein paar Schläge aus, denn ich hatte niemand kommen hören. Mit einem Ruck drehte ich mich zu dem Sprecher um. Eine Frau stand vor mir, die auf den ersten Blick nicht sehr anziehend wirkte. Ich schätzte sie auf etwa fünfunddreißig; dichtes schwarzes Haar umrahmte ihr Gesicht. Sie trug ein ziemlich lose herabhängendes Kleid, das mit Erfolg jede Schönheit der Figur verhüllte, die sie vielleicht besitzen mochte, und die mich zurückweichen ließ wie vor einer jener Frauentypen, deren kunstgewerbliche Art ich nie ausstehen konnte. Aber sie hielt ihre Augen auf mich geheftet – große, dunkle, klare und unverwandt blickende Augen. Ich zweifelte nicht im geringsten daran, daß ihr der Ring gehörte; aber in jenem Bruchteil einer Sekunde, in dem einem angesichts einer gänzlich unvermuteten Situation die Gedanken durch den Kopf rasen, überwog nur der eine: hatte sie mich die ganze Zeit beobachtet? Ich haßte diesen Gedanken. Außerdem war mir der befehlsmäßige Ton ihrer Frage zuwider – als ob sie dachte, ich wollte den Ring behalten! Ärger wallte in mir auf, und ich antwortete kühl:

»Selbstverständlich, hier ist er.«

Sie nahm ihn, besah ihn sich genau und steckte ihn an den Finger.

»Danke«, sagte sie; dann zögerte sie einen Augenblick. »Übrigens – hätten Sie wohl etwas dagegen, wenn ich einmal durch das Haus ginge? Ich habe hier früher gewohnt.«

Ich war unschlüssig. Im Augenblick wünschte ich eigentlich keinen Fremden in meinem Haus – es störte das Besitzgefühl. Doch der Gedanke, jemand hier zu haben, mit dem ich besser darüber sprechen könnte als mit Jim und der vor allem das Haus gut kannte, bewegte mich tiefer, als ich erwartet hatte, und beinahe eilfertig antwortete ich:

»Aber natürlich, bitte, kommen Sie herein.«

Sobald wir im Haus waren, übernahm sie die Führung. Ohne nach rechts oder links zu blicken, ging sie geradeswegs in das Zimmer, das Jim gehören sollte, dieses wunderschöne Zimmer mit Fenstern nach Süden und Westen, wo er endlich den Frieden finden würde, nach dem er so lange geschrien hatte.

»Oh!« sagte sie mit einem tiefen Atemzug, als sie die Schwelle überschritt. »Es ist so verändert – und doch gleich geblieben.«

Sie ging durch das Zimmer, ließ ihre Finger zärtlich über eine Sessellehne gleiten und blieb vor dem geöffneten Fenster stehen. Bei allem, was sie tat, war sie sehr ruhig; aber jetzt, wie sie so dastand, schien sie sich verändert zu haben. Während sie sich klar gegen das Fenster abhob, strahlte sie etwas Besonderes aus. Die plötzliche, heftig schmerzende Erkenntnis überkam mich, daß hier etwas Seltenes war, ein Ausdruck der Erfahrung, die mir immer versagt bleiben würde, und ich fühlte mich unbeholfen und gehemmt in der Gegenwart dieser Frau, die ich noch vor kurzem als unansehnlich und gekünstelt abgetan hatte.

Sie wandte sich mir wieder zu.

»Sie sind sehr freundlich zu mir«, sagte sie.

»Nicht der Rede wert«, antwortete ich heiter und haßte mich gleichzeitig wegen meiner Heiterkeit. »Wenn Sie in diesem Hause gelebt haben, kann ich sehr gut Ihren Wunsch verstehen, zurückzukommen.«

Sie heftete wieder ihre Augen auf mich.

»Meinen Wunsch, zurückzukommen?« fragte sie. »Ja – ich glaube, das ist es – ich wollte zurückkommen.«

»Möchten Sie nicht ein bißchen bleiben, wo Sie doch einmal hier sind?« fragte ich. »Ich werde den Kamin im Wohnzimmer anzünden und uns etwas Tee machen.«

Niemand war überraschter über diesen Vorschlag als ich selbst, aber sie antwortete sogleich:

»Aber gern, wenn ich darf. Aber keinen Tee. Ich habe Tee nie gemocht. Doch ich will gern neben Ihnen am Kamin sitzen und Ihnen beim Teetrinken zusehen.«

»Nun, das wird nicht sehr interessant für Sie sein«, lachte ich, »aber ich versäume nicht gern meinen Tee.«

Ich hielt ein Streichholz an den Holzstoß – bald prasselte das Feuer und leuchtete hell. Als ich das Zimmer verließ, stand sie davor und blickte mit der ihr eigenen, mir das Herz brechenden Anmut darauf herab; traurig und uneins mit mir selbst ging ich in die Küche.

Ich kam mit meinem Tee zurück und setzte ihn auf ein niedriges Tischchen vor dem Kamin. Sie hatte sich, mit dem Rücken zum Fenster, in einen hohen Lehnstuhl neben dem Feuer gesetzt.

»Haben Sie lange hier gewohnt?« fragte ich.

»Nein, nicht sehr lange – zweieinhalb Jahre.«

»Sie müssen traurig gewesen sein, als sie auszogen.«

Sie hob ihren Blick vom Feuer und sah mich an.

»Traurig gewesen? Ja. Das wird es wohl gewesen sein. Man sagt, daß Emily Brontë traurig war, als ihre kleine Katze starb.«

Sie starrte wieder in das Feuer.

»Und jetzt werden Sie mit ihrem Mann hier leben?« fragte sie.

»Eine Zeitlang bestimmt. Er muß ein Buch zu Ende schreiben, und in London hat er dazu keine Ruhe. Ein bekannter Schriftsteller findet niemals Ruhe.«

»Wo ist er jetzt?«

»Er mußte in die Stadt fahren, um verschiedene Dinge zu erledigen. In ein oder zwei Tagen wird er zurück sein.«

»Oh, er wird zurückkommen«, sagte sie im Ton einer Feststellung; dann starrte sie wieder in das Feuer. Die Abenddämmerung fiel herein, die Schatten im Raum wurden tiefer und die Glut des Feuers lag zwischen uns. Der Schmerz nagte immer noch an meinem Herzen, und ich wußte warum – ich beneidete einfach diese Frau, die aus einem feineren Stoff gewebt war als ich.

Ihre nächste Frage warf mich fast aus dem Gleichgewicht.

»Waren Sie jemals verliebt?« fragte sie plötzlich.

Ich lachte abwehrend, sie zurückweisend.

»Selbstverständlich«, sagte ich, »ich habe Jim geheiratet.«

»Natürlich«, sagte sie, »Sie haben Jim geheiratet; aber waren Sie jemals verliebt?«

»Warum sollte ich wohl Jim geheiratet haben, wenn ich nicht in ihn verliebt gewesen wäre?« parierte ich. Und dann, fast gegen meinen Willen, fragte ich:

»Sind Sie nicht verheiratet?«

»Ich war es«, antwortete sie kurz.

»Dann müssen Sie wissen, wie es ist, verliebt zu sein.«

»Ja, ich habe es erfahren; aber erst nachher.«

»Ist er tot?« fragte ich leise.

»O nein. Er verließ mich.«

»Verließ Sie?« wiederholte ich einfältig.

»Ja. Und da wußte ich, was es bedeutet, verliebt zu sein. Die ganze Welt ist dann voller Musik, und alles Scharfe, Verletzende hat keine Macht. Es ist nicht Frieden, dafür ist es zu übervoll. Es ist, als wäre man bis in die letzte Faser seines Seins davon erfüllt. Die Leute reden von der Seele – wie dumm! Hände erzählen viel mehr.«

Sie faltete ihre Hände, und der Ring erglänzte im Licht des Feuers.

»Verliebt sein«, fuhr sie fort, »wie schön das klingt. In jemand verliebt sein – in jemand, das ist, als befände man sich in einem Hafen. O ja, man weiß, daß man eines Tages auf die See hinaus muß und daß diese See falsch und hinterlistig ist. Aber man ist im Hafen. Es gibt Tage, an denen man auf die Welt da draußen blickt wie Kinder, die in ihren Sommerferien durch die Straßen streifen. Man sieht Leute – Frauen, die umhergehen,

Einkäufe machen, stehenbleiben, um sich zu unterhalten – aber sie scheinen weit weg zu sein, als ob sie zu einer anderen Art von Lebewesen gehörten, und man wundert sich, wie sie so umhergehen können.«

Ich kämpfte gegen die Tränen, die mir in die Augen stiegen. Ich hätte sie anschreien können: »Geh! – warum bist du hierher gekommen? Was habe ich mit dir zu tun? Sei still und geh!« Doch ich konnte nur sagen:

»Was war geschehen?«

»Ich sagte es Ihnen – er verließ mich!«

»Aber warum?«

»Ach, warum? Wenn man es nur wüßte! Aber dann ist man wirklich draußen auf hoher See, und sie ist wie Blei, und keine Karte zeigt einem den Weg, und es gibt keine grüne Insel, auf die man den Fuß setzen könnte – keine.«

»War jemand anders im Spiel?« flüsterte ich.

»Natürlich.«

»Wie war sie?«

»Ich weiß es nicht. Ich habe sie nie gesehen. Und außerdem, auf sie kam es nicht an.«

»Ich glaube, ich hätte sie umgebracht!« sagte ich wütend.

Sie blickte mir voll ins Gesicht. »Damit ist es auch nicht getan«, sagte sie, »und ich glaube nicht, daß Sie es tun werden.«

Sie sah wieder in das Feuer und fuhr dann mit ihrer eintönigen Stimme fort:

»Die Leute sagen, ich hätte nicht zu sterben brauchen. Ich war jung und kräftig, und sie sagten, ich wäre begabt gewesen.«

»Oh, reden Sie bitte nicht so«, sagte ich eindringlich. »Das Leben muß doch etwas für Sie bewahrt haben.«

Sie blickte überrascht auf.

»Sie mißverstehen mich«, sagte sie. »Ich bin tot. Wenn Sie morgen unter den Herbstastern nach meinem Ring suchen, werden Sie es wissen« – sie machte eine Pause – »wenn Sie es tun. Die meisten tun es.«

Ich zitterte am ganzen Körper.

»Wer sind Sie?« flüsterte ich.

Sie erhob sich, um zu gehen, und sah mich traurig an.

»Spielt es eine Rolle, wer wir sind?« fragte sie. »Und Jim wird bald zurück sein, nicht wahr?«

»Selbstverständlich«, schrie ich, »Jim wird zurückkommen – selbstverständlich!«

Ich sah sie nicht gehen, denn die aufkeimende Angst in mir schlug plötzlich über mir zusammen wie eine Woge. Ich warf mich auf das Telephon, und mit klappernden Zähnen stellte ich die Verbindung mit unserer Stadtwohnung her.

»Jim«, schluchzte ich in den Hörer, »komm zurück! Komm zurück und hol mich fort von diesem Haus! Komm zurück!«

Das Telephon läutete und läutete, aber es kam keine Antwort.

Elizabeth Bowen

Der dämonische
Liebhaber

Als ihr Tag in London sich dem Ende zuneigte, suchte Mrs. Drover ihr verlassenes Stadthaus auf, um einige Sachen, die sie notwendig brauchte, mitzunehmen. Einige davon gehörten ihr selbst, einige ihren Angehörigen, die sich inzwischen an das Landleben gewöhnt hatten. Es war spät im August, ein feuchter, von gelegentlichen Regenschauern unterbrochener Tag lag hinter ihr; im Augenblick jedoch dampften und glitzerten die Bäume am Rande des Fußweges im gelben Licht der sinkenden Sonne. Geborstene Schornsteine und Balustraden stachen grell gegen die sich bereits wieder zusammenballenden, tintenschwarzen Wolkenhaufen ab. Über die ihr einst so vertraute Straße hatte sich eine fremdartige Atmosphäre gebreitet, wie man es oft bei lange nicht betretenen Gegenden empfindet; eine Katze schlängelte sich zwischen den Stäben eines Gartenzaunes ein und aus, jedoch kein menschliches Auge beobachtete die Rückkehr von Mrs. Drover. Während sie einige Päckchen in ihrem Arm zurechtrückte, gelang es ihr, langsam und mit einiger Anstrengung den Hausschlüssel in dem widerspenstigen Schloß zu drehen; mit dem Knie gab sie der Tür, die sich verzogen hatte und klemmte, einen Stoß. Muffige Luft schlug ihr entgegen, als sie eintrat.

Da das Fenster im Treppenhaus mit Brettern verschalt war, fiel kein Licht in die Diele. Aber eine Tür, die sie von ihrem Standpunkt aus gerade sehen konnte, stand offen; schnell ging sie daher in das Zimmer und öffnete die Fensterläden. Der Anblick, der sich ihr bot, die Spuren ihres früher so gewohnten Lebens, verwirrten die nüchterne Frau mehr, als sie es wahrhaben wollte – der gelbe Rauchfleck auf dem weißen, marmornen Kaminsims, der Ring, den eine Vase auf dem Schreibpult hinterlassen hatte, die Druckstelle in der Tapete, wo der Porzellangriff der Tür beim hastigen Öffnen jedesmal gegen die Wand schlug. Klauenartige Eindrücke im Parkett erinnerten noch an das Klavier, das sie hatte einlagern lassen. Obwohl nicht viel Staub eingedrungen war, trug doch jeder Gegenstand einen feinen, jeweils anders gearteten Überzug davon, und der ganze Raum roch nach der kalten Feuerstelle, da der Kamin die einzige Entlüftung darstellte. Mrs. Drover legte ihre Päckchen auf das Schreibpult und verließ das Zimmer, um nach oben zu gehen; die Sachen, die sie mitnehmen wollte, lagen in einer Truhe im Schlafzimmer.

Sie hatte sich viel Gedanken über den Zustand des Hauses gemacht – der Hausverwalter, der für sie und für einige Nachbarn diese Aufgabe als Nebenbeschäftigung ausübte, war diese Woche in Urlaub gefahren und konnte ihres Wissens noch nicht zurück sein. Wenn er überhaupt einmal nach dem Rechten sah, so geschah dies selten genug, und sie war nie ganz sicher, ob sie ihm vertrauen konnte. Der letzte Bombenangriff hatte einige Sprünge im Mauerwerk hinterlassen, die sie gern unter Beobachtung wußte, wenn man auch zur Zeit nichts dagegen unternehmen konnte.

Ein Bündel Lichtstrahlen aus dem Zimmer brach sich im Spiegel der Diele und fiel auf den danebenstehenden Tisch. Überrascht blieb sie stehen – ein an sie adressierter Brief lag darauf.

Demnach mußte der Hausverwalter doch schon zurück sein, war ihr erster Gedanke. Doch wer würde wohl angesichts der geschlossenen Fensterläden des Hauses einen Brief in den Kasten werfen? Es war keine Postwurfsendung, es war keine Rechnung. Und alles, was durch die Post kam, wurde an ihre Adresse auf dem Lande weitergeleitet. Der Hausverwalter (selbst *wenn* er zurück wäre) wußte nicht, daß sie heute in London sein würde – ihr Besuch hier war absichtlich nicht angekündigt –, und seine Nachlässigkeit, den Brief einfach im Dunkeln und im Staub liegen zu lassen, ärgerte sie. Mißgestimmt nahm sie den Brief auf; er trug keine Briefmarke. Jedenfalls konnte es nichts Wichtiges sein, denn alle ihre Bekannten wußten ja... Ohne auf die Aufschrift zu sehen, ging sie schnell mit dem Brief die Treppe hinauf in ihr früheres Schlafzimmer und ließ Licht herein. Vom Fenster aus konnte man über die Gärten blicken. Die Sonne fiel herein, und während die Wolken sich verdichteten und tiefer herabsenkten, schien die Dunkelheit sich bereits über den üppigen Rasen und zwischen die Bäume zu legen. Ihr Widerstreben, den Brief zu öffnen, rührte wohl daher, daß sie sich verletzt fühlte – verletzt von jemand, der ihren Ordnungssinn mißachtete. Dennoch las sie ihn, während die schwüle Stille vor dem Regen sich drückend auf sie legte; es waren nur wenige Zeilen:

Liebe Kathleen,
Du wirst sicher nicht vergessen haben, daß heute unser Jahrestag ist – der Tag, für den wir uns verabredet haben. Die Jahre sind vergangen, langsam und schnell zugleich. In der Annahme, daß sich nichts geändert hat, verlasse ich mich

darauf, daß Du Dein Versprechen halten wirst. Mit Be-
sorgnis sah ich, wie Du London verließest, aber der Ge-
danke, daß Du rechtzeitig zurück sein würdest, beruhigte
mich. Erwarte mich also zur vereinbarten Stunde.

Bis dahin…
K.

Mrs. Drover sah nach dem Datum: es war von heute.
Sie ließ den Brief auf das leere Bettgestell fallen, nahm
ihn jedoch gleich wieder auf, um die Handschrift noch
einmal zu betrachten – ihre Lippen unter den Resten des
Lippenstiftes erblaßten. Sie fühlte so sehr die Veränderung in ihrem Gesicht, daß sie vor den Spiegel trat, ein
Stückchen davon klar polierte und hastig und etwas
verschämt hineinsah. Eine Frau von vierundvierzig
Jahren, deren Augen unter einem ziemlich nachlässig
heruntergezogenen Hutrand hervorstarrten, blickte ihr
entgegen. Sie hatte keinen Puder mehr aufgelegt, seit sie
in einem Laden allein Tee getrunken und etwas gegessen
hatte. Die Perlenkette, die ihr Mann ihr zur Hochzeit geschenkt hatte, hing lose um ihren schmal gewordenen
Hals und fiel in den V-Ausschnitt ihrer rosa Wolljacke,
die ihre Schwester im letzten Herbst, während sie um
den Kamin saßen, gestrickt hatte. Seit Mrs. Drover nach
der Geburt ihres dritten Jungen ernstlich krank gewesen war, lief ab und zu ein nervöses Zucken um ihren
linken Mundwinkel, aber sie war trotzdem jederzeit imstande, ruhig und beherrscht auszusehen.

Jählings, wie sie sich ihm zugewandt hatte, drehte sie
sich weg von ihrem Spiegelbild und ging zu der Truhe,
in der ihre Sachen lagen. Sie warf den Deckel zurück

und kniete nieder, um zu suchen. Aber als der Regen in Strömen herabzuprasseln begann, konnte sie sich nicht enthalten, über ihre Schulter nach dem kahlen Bett zu blicken, auf dem der Brief lag. Hinter dem Regenvorhang schlug die Uhr der Kirche, die immer noch stand, sechs – mit rasch sich steigernder Furcht zählte sie die langsamen Schläge. »Zur vereinbarten Stunde... mein Gott«, sagte sie, »*welche* Stunde? Wie könnte ich... nach fünfundzwanzig Jahren...?«

Das junge Mädchen, das mit dem Soldaten im Garten sprach, konnte sein Gesicht nicht genau erkennen. Es war dunkel und sie sagten einander unter einem Baum Lebewohl. Da sie ihn in diesem so intensiv erlebten Augenblick nicht erkennen konnte, war ihr zumute, als hätte sie ihn überhaupt noch nie gesehen, und dann und wann – wie um sich seiner Gegenwart zu vergewissern und den Abschied hinauszuzögern – streckte sie die Hand nach ihm aus, die er jedesmal unsanft und schmerzhaft gegen einen seiner Uniformknöpfe an der Brust preßte. Dieser schmerzhafte Druck des Knopfes in ihrer Handfläche war wohl das einzige, was ihr als Erinnerung bleiben sollte. Sein Urlaub aus Frankreich war so nahe dem Ende, daß sie nur wünschen konnte, er wäre schon fort. Es war im August 1918. Nicht geküßt zu werden, sich weggezogen zu fühlen, ängstigte Kathleen, bis sie ein geisterhaftes Funkeln an der Stelle seiner Augen wahrzunehmen glaubte. Sie wandte den Kopf, und über den Rasen zurückblickend sah sie durch die Zweige der Bäume das erleuchtete Wohnzimmerfenster: mit angehaltenem Atem sehnte sie den Augenblick herbei, da sie zurücklaufen und sich in den sicheren Armen von Mutter und Schwester ausweinen konnte: »Was soll ich tun? Was soll ich tun? Er ist fort!«

Als er ihren Atem stocken hörte, fragte ihr Verlobter, ohne daß seine Stimme irgendein Gefühl erkennen ließ: »Kalt?«

»Du gehst so weit fort.«

»Nicht so weit, wie du denkst.«

»Das verstehe ich nicht?«

»Das brauchst du auch nicht«, sagte er. »Du wirst es später verstehen. Du weißt, was wir abgemacht haben.«

»Aber das war doch – wenn du – ich meine, für den Fall...«

»Ich werde bei dir sein«, sagte er, »früher oder später. Das darfst du nie vergessen. Du mußt nur warten.«

Wenig später als eine Minute war sie allein und lief zurück über den stillen Rasen. Als sie durch das Fenster ihre Mutter und ihre Schwester sah, fühlte sie bereits, wie jenes unnatürliche Versprechen eine Wand zwischen sie und alle anderen Menschen zog. Keine andere Art des Sichverschenkens hätte sie mehr ihre Absonderung, ihre Verlorenheit und Verschworenheit fühlen lassen. Sie hätte kein unheilvolleres Treuegelöbnis abgeben können.

Kathleen blieb gefaßt, als einige Monate später ihr Verlobter vermißt, vermutlich gefallen gemeldet wurde. Ihre Angehörigen standen ihr nicht nur hilfreich bei, sondern konnten auch ihre Haltung ohne jede Einschränkung bewundern; denn es war ihnen nicht möglich, jemand, über den sie so gut wie nichts wußten, als ihren zukünftigen Ehemann zu betrauern. In ein oder zwei Jahren, so hofften sie, würde sie sich getröstet haben. Jedoch, wäre es nur eine Frage des Trostes gewesen, hätten die Dinge sich wohl wesentlich einfacher entwickelt; ihre Sorge, neben ein klein wenig Trauer, bestand hauptsächlich in einer vollkommenen Trennung von dem Leben um sie herum. Sie brauchte keine Liebhaber zurückzuweisen, denn es kamen keine: jahrelang besaß sie für Männer keine Anziehungskraft. Aber als ihr dreißigstes Lebensjahr sich näherte, gewann das Natürliche in ihr so weit die Oberhand, daß sie die Besorgnis ihrer Angehörigen in diesem Punkte zu teilen begann. Sie ging wieder unter Menschen, nahm wieder Anteil an allem; und mit zweiunddreißig war sie sehr erleichtert, als sie merkte, daß William Drover ihr den Hof machte. Sie heiratete ihn, und die beiden ließen sich in diesem ruhigen, ländlichen Teil von Kensington nieder: in diesem Haus, in dem ihre Kinder geboren wurden und in dem sie alle die Jahre lebten, bis die Bomben des nächsten Krieges sie vertrieben. Ihr Leben als Mrs. Drover verlief in fest umrissenen Bahnen, und sie wies jeden Gedanken, daß sie noch beobachtet werden könnte, weit von sich.

Wie die Dinge jetzt standen – ob der Briefschreiber nun lebte oder nicht, er hatte ihr eine Drohung gesandt. Unfähig, noch länger mit dem Rücken zum leeren Zimmer vor der Truhe zu knien, erhob sich Mrs. Drover und setzte sich auf einen Stuhl, dessen Lehne fest an der Wand lag. Das Unbenutzte ihres früheren Schlafzimmers, ihres Londoner Heims, das in seiner ganzen Atmosphäre einem geborstenen Krug glich, aus dem die beruhigende Kraft der Erinnerung an ihre Ehe ausgelaufen war, verursachte eine Krise – und gerade in dieser Krise hatte der Briefschreiber, wohlwissend, zu seinem Schlag ausgeholt. Die Leere des Hauses an diesem Abend löschte Stimmen, Schritte und Gewohnheiten vieler Jahre aus. Durch die verschlossenen Fenster hörte sie nur den Regen auf die Dächer im Umkreis fallen.

Um sich wieder zu sammeln, schloß sie für einige Sekunden die Augen und versuchte sich einzureden, daß sie nur abgespannt wäre, daß sie sich den Brief nur eingebildet hätte – aber als sie die Augen öffnete, lag er noch auf dem Bett.

Sie zwang sich, nicht daran zu denken, daß der Brief auf übernatürliche Weise ins Haus gekommen sein könnte. Wer in London wußte, daß sie ihr Haus heute aufsuchen wollte? Allem Anschein nach war es jedoch jemand bekannt gewesen. Der Hausverwalter – *sollte* er zurückgekommen sein – hatte keinen Grund, sie zu erwarten; er würde den Brief in die Tasche gesteckt haben, um ihn bei passender Gelegenheit **mit** der Post weiterzuleiten. Kein anderes Anzeichen sprach dafür, daß der Hausverwalter dagewesen sein konnte – aber was dann? Briefe, die in Briefkästen unbewohnter Häuser geworfen werden, pflegen nicht auf einen Tisch in der Diele zu fliegen oder dorthin zu spazieren. Sie liegen nicht im Staub auf leeren Tischen, mit der Gewißheit, daß man sie findet. Eine menschliche Hand war dazu notwendig – aber niemand außer dem Hausverwalter hatte einen Schlüssel. In ihrer augenblicklichen Lage dachte sie nicht daran, daß man auch ohne Schlüssel in ein Haus eindringen kann. Es bestand die Möglichkeit, daß sie im Augenblick nicht allein war. Sie konnte unten erwartet werden. Erwartet – aber wann? Zu der ›vereinbarten Stunde‹. Wenigstens war das nicht sechs Uhr: sechs hatte es geschlagen.

Sie erhob sich von ihrem Stuhl, ging hinüber und verschloß die Tür.

Sie mußte hier heraus! Einfach davonstürzen? Nein, das ging nicht: als eine Frau, deren absolute Zuverlässigkeit den Grundstein ihres ganzen Familienlebens bildete, war sie nicht gewillt, ohne die Sachen, die zu holen sie gekommen war, zurück zu ihrem Mann, ihren drei kleinen Jungen und ihrer Schwester aufs Land zu fahren. Sie mußte unbedingt ihren Zug erreichen: mit fieberhafter Entschlossenheit nahm sie ihre Arbeit an der Truhe wieder auf und machte hastig einige Päckchen zurecht. Zusammen mit ihren Einkaufspäckchen würden es zu viele sein, um sie tragen zu können; das bedeutete, daß sie ein Taxi nehmen mußte – bei diesem Gedanken faßte sie Mut und atmete wieder ruhiger. ›Ich will gleich nach einem Taxi telephonieren; dann kann nichts mehr geschehen: es wird schon rechtzeitig kommen, ich werde seinen Motor draußen laufen hören, bis ich ruhig die Treppe hinunter und durch die Diele gegangen bin. Ich werde anrufen... aber das geht ja nicht: das Telephon ist stillgelegt!‹ Sie zerrte an einem Knoten, den sie verkehrt geknüpft hatte.

Der Gedanke an Flucht... ›Er war nie richtig gut zu mir. Ich kann mich nicht daran erinnern, daß er jemals freundlich war. Mutter sagte, daß ich ihm nie etwas bedeutete. Er wollte mich lediglich besitzen, das war es –

und nicht Liebe. Nicht Liebe. Nichts, das man für jemand empfindet, den man liebt. Was hatte er getan, daß ich ihm ein solches Versprechen geben konnte? Ich kann mich nicht daran erinnern!‹ Aber dann konnte sie es doch.

Mit so erschreckender Deutlichkeit überwältigte sie die Erinnerung, daß die dazwischenliegenden fünfundzwanzig Jahre sich wie Rauch auflösten, und unwillkürlich suchte sie nach dem Mal, das der Knopf damals in ihrer Handfläche hinterlassen hatte. Sie erinnerte sich nicht nur an alles, was er gesagt und getan hatte, sondern auch an ihre völlige Selbstaufgabe in jener Augustwoche. ›Ich war nicht ich selbst, alle sagten es mir damals.‹ Das Bild ihrer Erinnerung war vollkommen – nur ein weißer, brennender Fleck, wie ihn ein Säuretropfen auf einer Photographie hinterläßt, störte es: *unter keinen Umständen* konnte sie sich an sein Gesicht erinnern.

›Wo auch immer er warten mag, ich werde ihn bestimmt nicht erkennen.‹ Man hat keine Zeit, vor einem Gesicht davonzulaufen, das man nicht kennt.

Sie mußte einfach ein Taxi erreichen, bevor eine Uhr die gefürchtete, unbekannte Stunde schlug. Sie würde die Straße hinunter und um den Platz bis zur Einmündung der Hauptstraße laufen. Dann würde sie sicher im Wagen zurückkommen und zusammen mit dem Fahrer die Päckchen aus dem Haus holen. Der Gedanke an den Taxifahrer machte sie entschlossen und mutig: sie schloß die Tür auf, ging zur Treppe und lauschte hinunter.

Sie hörte nichts – aber in der lastenden Stille wurde die abgestandene Luft über der Treppe bewegt und ein

Luftzug traf ihr Gesicht. Er kam vom Erdgeschoß her: dort unten wurde eine Tür oder ein Fenster von jemandem geöffnet, der in diesem Augenblick das Haus verließ.

Es hatte aufgehört zu regnen; das Pflaster dampfte und glänzte, als Mrs. Drover zaghaft durch die Tür schlüpfte und auf die leere Straße trat. Die unbewohnten Häuser auf der anderen Seite erwiderten ihren Blick aus leeren Fensterhöhlen. Während sie zum Taxistand an der Hauptstraße hastete, bemühte sie sich, nicht immer wieder zurückzublicken. Das Schweigen war in der Tat so ausgeprägt – eine jener stillen Stunden in London, noch verstärkt in diesem Sommer durch die Zerstörungen des Krieges –, daß sich ihr kein Schritt unhörbar hätte nähern können.

Als sie an die Stelle kam, wo ihre Straße in den Platz einmündete, wo noch Leute lebten, wurde sie sich ihrer unnatürlichen Eile bewußt und verlangsamte ihre Schritte. Zwei Omnibusse fuhren teilnahmslos aneinander vorbei; Frauen, ein Kinderwagen, ein Mann, der ein Faß vor sich her rollte: der normale Fluß des Lebens umströmte sie wieder. An der belebtesten Ecke mußte der Taxistand sein – da war er auch schon. An diesem Abend stand nur ein einziges Taxi da – doch dieses, obwohl es ihr die Rückseite zukehrte, schien bereits auf sie zu warten; denn ohne sich umzublicken startete der Fahrer den Motor, als sie von hinten angekeucht kam und die Hand auf den Türgriff legte. Im gleichen Augenblick schlug die Uhr sieben. Das Taxi stand mit dem Kühler zur Hauptstraße: um zurück zu ihrem Haus zu fahren, mußte es wenden – sie hatte sich kaum in den

Sitz fallen lassen, als es auch schon kehrtmachte, und überrascht durch diese wie eine Gedankenübertragung anmutende Bewegung fiel es ihr ein, daß sie ja noch gar nicht gesagt hatte, wohin. Sie lehnte sich nach vorn und klopfte an die Glasscheibe, die den Raum zwischen dem Kopf des Fahrers und ihrem eigenen trennte.

Der Fahrer bremste hart, brachte das Fahrzeug beinahe zum Stehen, dreht sich um und schob die Glasscheibe zurück; von dem plötzlichen Ruck wurde Mrs. Drover fast mit dem Gesicht in die Scheibe geschleudert: nur wenige Zentimeter trennten die Köpfe von Fahrer und Fahrgast, und für eine scheinbare Ewigkeit starrten sie einander Auge in Auge. Mrs. Drovers Mund hing einige Sekunden lang offen, bevor sie ihren ersten Schrei ausstoßen konnte. Unaufhörlich schrie sie weiter und trommelte wild mit behandschuhten Händen gegen das sie umschließende Glas, während das Taxi gnadenlos seine Fahrt beschleunigte und mit ihr im Hinterland der verlassenen Straßen verschwand.

Algernon Blackwood

Die Puppe

Die meisten Nächte sind dunkel; manchmal aber ist diese Dunkelheit inhaltsschwer und geheimnisvoll, als ob ein drohendes Verhängnis jeden Augenblick hereinbrechen könne. Auf jeden Fall scheint sich dies in gewissen einsamen, abgelegenen Vorstädten zu bewahrheiten, wo vereinzelte Straßenlaternen die Finsternis der Nacht nicht zu durchdringen vermögen, wo sich nichts ereignet und ein Läuten an der Tür die Menschen hochfahren läßt und wo die Lichter der Großstadt die Leute magisch anziehen. In den Gärten der Villen seufzen verkümmerte Zedern im Wind; die Hecken scheinen eine abweisende Haltung einzunehmen, und ein Raunen verborgenen Lebens liegt in der Luft.

Eine feuchte Brise, die an diesem Novemberabend wehte, bewegte kaum die silbrige Kiefer, die in der engen Auffahrt zur Villa ›Laurels‹ stand, dem Hause von Colonel Masters. Colonel Hymber Masters hatte früher in einem indischen Regiment gedient und führte viele ehrenvolle Titel hinter seinem Namen. Er besaß nur wenige Dienstboten, und da das Hausmädchen gerade Ausgang hatte, öffnete die Köchin die Tür, als es plötzlich scharf und laut klingelte – es war kurz nach zehn Uhr. Sie stieß einen leisen, halb erschrockenen, halb überraschten Laut aus. Das unerwartete Lärmen der Klingel war ein unangenehmer, unwillkommener Ton. Monica, die geliebte, aber ziemlich vernachlässigte kleine Tochter des Colonels, schlief im oberen Stockwerk. Die Köchin war nicht erschrocken, weil Monica gestört werden könnte oder weil es selten so spät klingelte – sie war erschrocken, weil sie beim Öffnen der Tür eine dunkle Gestalt auf den Stufen stehen sah. Ein feiner Regen trieb herein, und draußen, in Wind und Regen, stand ein großer, schlanker Neger mit einem Paket in der Hand.

Wenigstens hatte er eine dunkle Hautfarbe, wie sie sich später erinnerte. Ob es nun ein Neger, ein Inder oder ein Araber gewesen war – mit Neger bezeichnete sie jeden, der keine weiße Hautfarbe hatte. Er trug einen fleckigen gelben Regenmantel und einen schmutzigen Schlapphut und sah aus ›wie der Teufel, so wahr mir Gott helfe‹. Und während er ihr aus dem Dunkel das kleine Paket zuschob, brach sich das Licht der Diele rotglitzernd in seinen Augen. »Für Colonel Masters«, flüsterte er hastig, »und nur er selbst und niemand anders darf es öffnen.« Nach diesen Worten verschluckte die Nacht den Fremden, mit seinem ›seltsamen, ausländischen Akzent, seinen feurigen Augen und seiner widerwärtigen, zischenden Stimme‹, wie sie ihn später beschrieb.

Er war verschwunden, der Wind und der Regen hatten ihn verschlungen.

»Aber ich habe seine Augen gesehen«, versicherte die Köchin am nächsten Morgen dem Hausmädchen, »seine Augen wie Feuer, seinen bösen Blick, seine schwarzen Hände mit langen, dünnen Fingern und den glänzenden rosa Nägeln. Er sah aus – wenn du weißt, was ich damit meine –, er sah aus wie – der Tod…«

Das erzählte die Köchin am nächsten Tage, als sie sich wieder einigermaßen beruhigt hatte; jetzt aber, als sie mit dem Rücken gegen die verschlossene Tür gelehnt stand und das kleine, in braunes Papier gewickelte Paket in den Händen hielt, beeindruckt von der Weisung, daß nur der Colonel es öffnen dürfe, war sie ein wenig erleichtert bei dem Gedanken, daß dieser niemals vor Mitternacht zurückkehrte und sie deshalb nicht sofort etwas zu unternehmen brauchte. Dieser Gedanke brachte ihr einen gewissen Trost, der ihr seelisches Gleichgewicht fast wiederherstellte, wenn sie auch zögernd stehenblieb und das Päckchen vorsichtig, widerwillig und mit einem unsicheren Gefühl in ihren fettigen Händen hielt. Ein Päckchen, selbst wenn es von einem geheimnisvollen, dunkelhäutigen Fremden gebracht wurde, war an sich kein Grund zur Beunruhigung; aber dennoch ängstigte sie sich. Vielleicht waren es Instinkt und Aberglauben. Der Wind, der Regen, die Tatsache, daß sie sich allein im Hause befand, sowie das unerwartete Erscheinen des schwarzen Mannes trugen ebenfalls zu ihrem Unbehagen bei. Ein unbestimmtes Grauen packte sie. Ihr irisches Blut rief ihr langvergessene Träume ins Gedächtnis zurück, und sie begann zu zittern, als ob das Päckchen etwas Lebendiges, Explosives, Giftiges, Unheimliches enthielte. Fast war es ihr, als bewege es sich. Es entglitt ihren Fingern – und fiel. Es fiel mit einem seltsamen harten Klappern auf den gekachelten Boden, rührte sich aber nicht. Sie betrachtete es genau, vorsichtig, aber Gott sei Dank bewegte es sich nicht – ein unschuldig aussehendes, braunes Päckchen. Hätte ein Laufjunge es am Tage gebracht, würde sie vielleicht Eßwaren, Tabak oder sogar ein geflicktes Hemd darin vermuten. Sie besah es sich neugierig und überlegte. Das harte Klappern gab ihr Rätsel auf. Nach ein paar Minuten erinnerte sie sich ihrer Pflichten und hob es zögernd und mit leichtem Schaudern auf. Es sollte dem Colonel ›höchstpersönlich‹ übergeben werden. Dann schloß sie einen Kompromiß: sie wollte es auf seinen Tisch legen und ihm am nächsten Morgen davon erzählen. Die Sache hatte nur einen Haken: jene geheimnisumwitterten Jahre während seiner Dienstzeit im Fernen Osten hatten den Colonel tyrannisch und launenhaft gemacht. Er war zu keiner Zeit besonders zugänglich, am allerwenigsten jedoch am Morgen.

Die Köchin ließ es dabei bewenden – das heißt, sie legte das Päckchen auf den Tisch in seinem Arbeitszimmer, vermied jedoch jede Erläuterung, wie es ins Haus gekommen war. Sie hatte beschlossen, diese unbedeutenden Einzelheiten zu übergehen. Mrs. O'Reilly fürchtete sich nämlich vor Colonel Masters, und nur seine öffentlich zur Schau gestellte Liebe zu Monica ließ sie an das Menschliche in ihm glauben. Er bezahlte sie gut, o ja, und manchmal lächelte er auch; außerdem war er ein gutaussehender Mann, wenn auch für ihren Geschmack ein wenig zu dunkel, und gelegentlich machte er ihr sogar ein Kompliment über ihre Curry-Sauce, was sie für den Augenblick besänftigte. Jedenfalls paßten sie zueinander, und so blieb sie und beutete ihn in aller Ruhe, wenn auch vorsichtig, aus.

»Es bedeutet nichts Gutes«, versicherte sie dem Hausmädchen am nächsten Tag, »dies ›Es ist nur für ihn bestimmt, und niemand anders darf es öffnen‹, und die Augen von dem schwarzen Mann und dies Klappern, als es mir aus den Händen glitt und auf den Boden fiel. Es bedeutet nichts Gutes, für uns nicht und auch für keinen anderen. Kein Mann, der so schwarz ist wie dieser

Kerl, bedeutet Glück für jemand. Und dieses Päckchen – und seine teuflischen Augen –«

»Was haben Sie damit gemacht?« fragte das Mädchen.

Die Köchin musterte sie von oben bis unten. »Natürlich ins Feuer geworfen«, antwortete sie. »In den Küchenherd, wenn du es genau wissen willst.«

Jetzt war das Hausmädchen an der Reihe, die Köchin von oben bis unten zu mustern.

»Ich glaube kaum...«, begann sie.

Die Köchin überlegte, wahrscheinlich, weil ihr nicht gleich eine passende Antwort einfiel.

»Nun«, sagte sie schließlich gewichtig, »weißt du, was ich glaube? Natürlich nicht. Aber ich will es dir sagen. Es war etwas, wovor unser Herr sich fürchtet, ganz bestimmt. Er hat Angst vor irgend etwas – schon die ganze Zeit, seit ich hier bin, weiß ich das. Du kannst es mir glauben. Er hat vor langer Zeit jemand in Indien ein Unrecht getan, und der lange Neger hat ihm jetzt gebracht, was er dafür verdient. Deshalb, sage ich, habe ich es ins Feuer geworfen – verstanden?« Sie dämpfte ihre Stimme. »In dem Paket war bestimmt ein verfluchtes Götzenbild«, flüsterte sie, »und er, der Schwarze – er ist ein gottverdammter Götzenanbeter.« Sie bekreuzigte sich. »Deshalb, sagte ich, habe ich es in den Küchenherd geworfen – verstanden?«

Das Hausmädchen starrte sie entgeistert an und schnappte nach Luft.

»Und merke dir, was ich gesagt habe, Jane!« fügte die Köchin hinzu, indem sie sich von dem jungen Mädchen abwandte und sich wieder an ihrem Kuchenteig zu schaffen machte.

Und damit blieb die Angelegenheit eine Zeitlang ruhen, denn die Köchin, in deren Adern irisches Blut rollte und die deshalb stets zu Späßen aufgelegt war, dachte nicht daran, dem verängstigten Hausmädchen einzugestehen, daß sie das Päckchen nicht verbrannt, sondern auf den Tisch im Arbeitszimmer gelegt hatte; sie vergaß den Zwischenfall beinahe. Überdies war es auch nicht ihre Sache, die Haustür zu öffnen. Sie hatte das Päckchen ›abgeliefert‹. Ihr Gewissen war vollkommen rein.

So brauchte sich anscheinend niemand ›zu merken, was sie gesagt hatte‹; denn nichts Außergewöhnliches ereignete sich in der entlegenen Vorstadt. Colonel Masters war tyrannisch und grimmig wie immer, und Monica war glücklich und zufrieden bei ihrem einsamen Spiel. Der feuchte Winterwind blies durch die silbrige Kiefer, der Regen schlug gegen die hohen Fenster, und niemand kam zu Besuch. Das ging eine ganze Woche so, eine lange Zeit in einer Vorstadt, in der so gut wie nichts passiert.

Aber eines Morgens läutete Colonel Masters plötzlich die Glocke in seinem Arbeitszimmer, und da sich das Hausmädchen gerade im oberen Stockwerk befand, ging die Köchin hin. Er hielt ein in braunes Papier gewickeltes und halb geöffnetes Paket in der Hand, von dem die Schnur lose herabhing.

»Ich fand dies hier auf meinem Tisch. Seit einer Woche bin ich nicht in meinem Zimmer gewesen. Wer hat es gebracht? Und wann ist es gekommen?« Sein Gesicht, gelb wie gewöhnlich, hatte einen rötlichen Schimmer.

In ihrer Antwort verlegte Mrs. O'Reilly die Ankunft auf ein unbestimmtes, späteres Datum.

»Ich fragte, *wer* es gebracht hat?« sagte er heftig.

»Ein Fremder«, antwortete sie ausweichend. »Ich meine, niemand aus dieser Gegend«, fügte sie nervös hinzu, »ich habe ihn jedenfalls noch nie gesehen. Es war ein Mann.«

»Wie sah er aus?« Die Frage kam wie aus der Pistole geschossen.

Mrs. O'Reilly war sichtlich davon überrumpelt. »D-d-dunkel«, stotterte sie. »Sehr dunkel«, fügte sie hinzu, »falls ich richtig gesehen habe. Aber er kam und ging so schnell, daß ich sein Gesicht nicht gut erkennen konnte, und...«

»Irgendeine Botschaft?« unterbrach sie der Colonel.

Sie zögerte. »Er gab keine Antwort«, begann sie, in Erinnerung früherer Vorfälle.

»Irgendeine *Botschaft*, habe ich Sie gefragt!« donnerte er.

»Keine Botschaft, Sir, überhaupt keine. Und bevor ich seinen Namen und seine Adresse erfragen konnte, war er fort, Sir, aber ich glaube, er war von schwarzer Hautfarbe, es kann aber auch die Schwärze der Nacht gewesen sein – ich kann wirklich nicht sagen, Sir...«

Sie hätte in Tränen ausbrechen oder ohnmächtig zu Boden fallen können, so groß war ihre Furcht vor ihrem Dienstherrn, besonders, wenn sie wie jetzt blind drauflos log. Der Colonel jedoch ersparte ihr beides, indem er ihr mit einer jähen Bewegung das halb geöffnete Paket entgegenstreckte. Er nahm sie weder ins Kreuzverhör, noch wünschte er sie zum Teufel, wie sie es schon erwartet hatte. Er sprach mit einer Barschheit, die Ärger und Beunruhigung, ja beinahe Furcht zu verraten schien.

»Bringen Sie's fort und verbrennen Sie es«, ordnete er mit seiner Kommandostimme an, während sie die Hände danach ausstreckte. »Verbrennen Sie es«, wiederholte er, »oder werfen Sie das verdammte Ding fort!« Dabei schleuderte er es ihr fast entgegen, als ob er keinen Augenblick länger ertragen könnte, es zu berühren. »Wenn der Mann zurückkommt«, befahl er mit stahlharter Stimme, »sagen Sie ihm, daß es vernichtet worden ist – und sagen Sie, *es hat mich nicht erreicht!*« Dabei legte er eine außergewöhnliche Betonung auf die letzten Worte. »Haben Sie verstanden?« Er schrie sie fast an.

»Ja, Sir. Vollkommen, Sir.« Sie stolperte aus dem Zimmer, das Paket vorsichtig auf den Armen vor sich hertragend, als fürchte sie, es enthielte etwas, das sie beißen oder stechen könnte.

Doch ihre Angst hatte etwas nachgelassen; denn wenn er, Colonel Masters, das Paket so geringschätzig behandeln konnte, warum sollte sie sich dann davor fürchten? Und in der Küche, umgeben von ihren vertrauten Hausratsgegenständen, öffnete sie es. Sie schlug das grobe Packpapier zurück, und zu ihrer großen Überraschung und gleichzeitig etwas enttäuscht sah sie nur eine blonde, wachsgesichtige Puppe, die man in jedem Spielwarengeschäft für einen Schilling und Sixpence kaufen konnte. Eine ganz gewöhnliche, billige kleine Puppe! Ihr Gesicht war farblos, blaß und ausdruckslos, ihre winzigen, häßlich geformten Finger und Hände lagen reglos an ihrer Seite, das flachsfarbene

Haar war schmutzig und der Mund geschlossen, obwohl er zu grinsen schien; keine Zähne waren sichtbar. Die lächerlichen Wimpern erinnerten an eine abgenutzte Zahnbürste, und in ihrem dünnen Röckchen sah sie harmlos und häßlich aus.

Eine Puppe! Sie kicherte in sich hinein, und alle Furcht schwand gänzlich dahin.

»Na!« dachte sie. »Im Gewissen des gnädigen Herrn muß es ja aussehen wie in einer Mördergrube! Und vielleicht noch schlimmer!« Jedoch fürchtete sie sich viel zu sehr vor ihm, um ihn deswegen zu verachten; sie hatte eher ein Gefühl des Bedauerns für ihn. »Auf jeden Fall«, überlegte sie, »hatte er es ziemlich mit der Angst bekommen. Er hatte wohl etwas anderes erwartet – nicht so eine schäbige Puppe!« Und in ihrer Warmherzigkeit bemitleidete sie ihn beinahe.

Anstatt das ›verdammte Ding wegzuwerfen‹ oder zu verbrennen‹ – immerhin war es doch eine ganz annehmbare Puppe – schenkte sie Monica das Spielzeug. Und Monica, die wenig neue Spielsachen hatte, schloß die Puppe auf der Stelle in ihr Herz und versprach fest, von Mrs. O'Reilly ernstlich ermahnt, ihren Vater nie und auf keinen Fall wissen zu lassen, daß sie die Puppe hatte.

Ihr Vater, Colonel Hymber Masters, war, wie es schien, ein ›vom Leben enttäuschter Mann‹, den sein Schicksal und seine knappe Pension dazu zwangen, in einer Umgebung und unter Bedingungen zu leben, die er verabscheute – enttäuscht von seiner Karriere, möglicherweise auch in der Liebe; denn zweifellos war Monica ein uneheliches Kind.

Er war ein schweigsamer, verbitterter Mensch, und in der Nachbarschaft weniger unbeliebt als vielmehr mißverstanden. Wegen seines dunklen, faltigen Gesichtes und seiner verschlossenen Art kam er den Leuten unheimlich vor, bedeutete doch in der Vorstadt ›dunkel‹ dasselbe wie geheimnisvoll, und ›verschlossen‹ galt als eine Einladung für die weibliche Phantasie, dieses Vakuum auszufüllen. Nur der offenherzige, blonde Mann wird hier mit allgemeiner Sympathie und Zuvorkommenheit behandelt. Aber da der Colonel ein erstklassiger Bridgespieler war, hatte er wenigstens hierin eine Abwechslung. Abend für Abend ging er aus und kam selten vor Mitternacht nach Hause. Offensichtlich war er den Spielern willkommen, denn die Tatsache, daß er ein innig geliebtes Kind besaß, milderte das Bild dieses ›geheimnisvollen‹ Mannes auf gewisse Weise. Monica, obgleich man sie selten sah, besaß das Mitgefühl aller Frauen in der Nachbarschaft, und ›welchem Verhältnis sie auch entstammen mag‹, lautete der Klatsch, ›er liebt sie.‹

Für Monica in ihrem ziemlich abwechslungslosen, von wenig Spielzeug bereicherten Leben bedeutete die Puppe, ihr neuer Schatz, ein Stückchen ungetrübten Sonnenscheins. Die Tatsache, daß sie ein ›geheimes‹ Geschenk von ihrem Vater war, trug zu ihrem Wert bei. Viele andere Geschenke hatte sie auf diese Weise bekommen, und sie dachte sich nichts dabei; nur hatte er ihr noch nie eine Puppe geschenkt, und sie war fast außer sich vor Begeisterung. Niemals, niemals würde sie ihre Freude und ihr Entzücken verraten; es sollte ihres und sein Geheimnis bleiben, und deshalb liebte sie die Puppe noch mehr. Aber sie liebte auch ihren Vater; seine verschlossene Wortkargheit war etwas, das sie unbewußt repektierte und bewunderte. »Das ist ganz mein Vater!« pflegte sie zu sagen, wenn ein sonderbares neues Geschenk kam, und sie wußte instinktiv, daß sie niemals ›dankeschön‹ dafür sagen durfte, denn das war ein Teil des herrlichen Spiels zwischen ihnen. Aber diese Puppe war außergewöhnlich, einfach wunderschön.

»Sie ist viel wirklicher und lebendiger als meine Teddybären«, erzählte sie der Köchin, nachdem sie die Puppe einige Zeit kritisch begutachtet hatte. »Wie ist er bloß darauf gekommen? Stell dir vor, sie spricht sogar mit mir!« und sie drückte und liebkoste das mißgestaltete Spielzeug. »Sie ist mein Baby«, rief sie und preßte die Puppe gegen ihre Wange.

Denn kein Teddybär konnte ein Kind vorstellen; pudelige Bären hatten nichts Babyhaftes an sich, während eine Puppe doch gut für ein Kind gelten konnte. Sie brachte frisches Leben in ein ziemlich trübseliges Haus, wie sowohl die Köchin als auch die Erzieherin feststellten, Hoffnung und Zärtlichkeit, fast einen mütterlichen Zug; auf jeden Fall etwas, das kein kleiner Bär jemals bewirken konnte. Ein Kind, ein menschliches Baby! Und doch erinnerten sich Köchin und Erzieherin später – denn beide waren bei der Übergabe an Monica zugegen –, daß Monica die Puppe beim Öffnen des Paketes mit einem Schrei wilder Freude begrüßte, der fast ein Schmerzensschrei gewesen sein konnte; denn eine zu hohe, schneidende Note irren Frohlockens lag darin, als ob ein instinktives Grauen der Abneigung unmittelbar abgeschwächt und in einem Wirbel überwältigender Freude ertränkt würde. Es war Madame Jodzka, die sich – lange danach – an diesen einzigartigen Widerspruch erinnerte.

»Jetzt, da Sie mich danach fragen, glaube ich auch, daß sie ein wenig davor zurückschreckte«, gab Mrs. O'Reilly später zu, obwohl sie damals nur gesagt hatte, »O wie schön, Liebling, ist es nicht ein Schätzchen!« Während Madame Jodzka bloß warnend hinzugefügt hatte: »Wenn du ihren Mund so drückst, Monica, wird sie nicht atmen können!«

Monica beachtete die beiden jedoch überhaupt nicht und fuhr fort, die Puppe voller Begeisterung zu drücken und zu liebkosen.

Es war eine billige, flachshaarige, wachsgesichtige kleine Puppe.

Daß ein so seltsamer Fall uns nur aus zweiter Hand berichtet werden kann, ist, wie eingestanden werden muß, sehr zu bedauern; daß viele der Informationen uns zum großen Teil über eine Köchin, ein Hausmädchen und über eine Ausländerin, deren Aussagen von fragwürdigem Wert sind, erreichen müssen, ist ebenso unglücklich. Mit der verschwommenen Grenze aber, an der die berichteten Tatsachen in das Unglaubliche und weiter in das Phantastische hinüberwechseln, verhält es sich wie mit einem Spinnwebfaden, dessen Bau man nur unter einem starken Mikroskop erkennen kann. Dem Auge am Mikroskop erscheint dieser Spinnwebfaden dick wie ein Schiffstau; demjenigen jedoch, der Berichte aus zweiter Hand prüfend betrachtet, er scheinen diese wie ein durchsichtiges, schlüpfriges, sich jedem Zugriff entziehendes Gewebe.

Madame Jodzka, die polnische Erzieherin, verließ das Haus ziemlich unerwartet. Obwohl sie von Monica herzlich geliebt wurde und Colonel Masters sie freundlich akzeptierte, reiste sie nicht lange nach der Ankunft der Puppe ab. Sie war eine hübsche junge Witwe von standesgemäßer Geburt und feiner Bildung – taktvoll, diskret und verständnisvoll. Sie vergötterte Monica, und Monica war glücklich mit ihr. Zwar fürchtete sie ihren Dienstherrn, doch im geheimen bewunderte sie ihn wahrscheinlich als das Urbild des starken, schweigsamen und herrschgewohnten Engländers. Er ließ ihr jede Freiheit, sie nahm sich nie etwas heraus und alles ging glatt. Die Bezahlung war gut, und sie benötigte das Geld. Und dann ließ sie plötzlich alles im Stich. In der Hast ihrer Abreise sowie in der seltsamen Begründung, die sie dafür gab, liegen zweifellos die ersten Andeutungen jener bemerkenswerten Affäre, die über jene ›verschwommene Grenze‹ in den Bereich des Unglaubwürdigen und Phantastischen hinüberwechselte. Ein verständlicher Grund, den sie für ihre Abreise gab, war, daß sie sich zu sehr fürchtete, eine weitere Nacht in diesem Hause zu verbringen. Sie kündigte mit einer Frist von vierundzwanzig Stunden. Ihre Begründung war töricht, wenn auch verständlich, denn jede Frau kann sich in einem gewissen Gebäude so von Furcht gequält fühlen, daß es für ihre Nerven untragbar wird. Ob nun töricht oder nicht, dies ist verständlich. Eine fixe Idee, eine Einbildung, die sich einmal im Geist einer abergläubischen und daher zur Hysterie neigenden Frau verankert hat, kann nicht durch Vernunftgründe widerlegt werden. Es mag töricht sein, aber es ist ›verständlich‹.

Die Geschichte aber, die den eigentlichen Anlaß für Madame Jodzkas Grauen abgab, ist eine andere Sache; am besten gebe ich sie hier ganz einfach und unkompliziert wieder. Sie bezieht sich auf die Puppe. Madame Jodzka schwört bei all ihren Heiligen, sie habe gesehen, wie die Puppe ›ganz von selbst‹ umherging. Sie sei mit abgerissenen, ruckartigen und schreckerregenden Bewegungen über das Bett spaziert, in dem Monica lag und schlief.

Madame Jodzka schwört weiter, daß sie folgendes im schwachen Licht der Kerze auf dem Nachttisch sah: Sie stand in der halbgeöffneten Tür und warf einen Blick in das Kinderzimmer; denn wie es ihre Gewohnheit war und die Pflicht es von ihr verlangte, wollte sie, bevor sie selbst zu Bett ging, noch einmal nachsehen, ob bei dem Kind alles in Ordnung war. Das Licht, wenn auch schwach, beleuchtete die Szene deutlich genug. Zuerst erregte eine ruckweise Bewegung auf der Steppdecke ihre Aufmerksamkeit. Ein kleiner Gegenstand schien über die glatte, seidige Oberfläche der Decke zu rutschen oder zu rollen; vielleicht ein Spielzeug, das Monica beim Einschlafen aus der Hand geglitten war und nun mechanisch bei den Bewegungen, die das Kind im Schlaf ausführte, hin und her rollte.

Doch als sie einige Sekunden hingestarrt hatte, sah sie, daß es nicht nur irgendein ›Gegenstand‹ war, denn es rollte nicht mechanisch hin und her, wie sie sich zuerst eingebildet hatte. Es hatte seltsam lebendige Umrisse und führte kleine, aber wie absichtlich dirigierte Schritte aus, als ob es tatsächlich lebendig wäre. Es hatte ein winziges, furchteinflößendes Gesicht – ausdruckslos, aber in diesem Gesicht befand sich ein Paar kleine, hell leuchtende Augen, die unentwegt Madame Jodzka anstarrten.

Wie vom Blitz getroffen stand sie noch einige Sekunden da und sah zu, bis sie plötzlich mit einem Schock unbeschreiblichen Grauens erkannte, daß dieses kleine zielbewußte Ungeheuer die Puppe war – Monicas Puppe! Und diese Puppe bewegte sich über die unebene Oberfläche der Steppdecke auf sie zu. Sie kam in ihre Richtung – direkt auf sie zu!

Madame Jodzka versuchte, sich körperlich und seelisch zu fassen. Unter Anspannung aller Willenskräfte versuchte sie, dieses Ungewöhnliche, dieses Unglaubliche zu leugnen. Sie achtete nicht auf die Eiseskälte, die durch ihre Adern rann und wie mit Krallen nach ihrem Herzen griff. Sie betete. Sie richtete alle ihre Gedanken auf ihren Priester in Warschau. Sie gab keinen Laut von sich, aber im Geiste schrie sie vor Angst. Doch die Puppe beschleunigte ihre Schritte und kam hoppelnd geradewegs auf sie zu, die gläsernen Augen fest auf ihre eigenen gerichtet.

Dann verlor Madame Jodzka das Bewußtsein.

Daß sie jedoch in ihrer Art eine bemerkenswerte Frau mit Sinn für die Wirklichkeit war, ist aus der Tatsache ersichtlich, daß sie klar erkannte, diese Geschichte würde ›nicht ankommen‹. Sie gestand sie nur der Köchin in vorsichtigem Flüsterton, während sie ihrem Dienstherrn eine glaubwürdigere Geschichte über einen

Todesfall in der Familie erzählte, der ihre sofortige Abreise nach Warschau notwendig machte. Auch machte sie nicht den geringsten Versuch, die Sache auszuschmücken, denn zugleich mit dem Bewußtsein hatte sie auch ihren Mut wiedererlangt – und etwas höchst Beachtliches getan: sie hatte sich gezwungen, den Dingen auf den Grund zu gehen. Mit Hilfe und Unterstützung ihres religiösen Glaubens ging sie ans Werk. Auf Zehenspitzen schlich sie weiter in das Zimmer und vergewisserte sich, daß Monica friedlich schlummerte und daß die Puppe – bewegungslos – ungefähr in der Mitte der Steppdecke lag. Sie warf einen langen, konzentrierten Blick darauf. Die lidlosen, von abstoßend lächerlichen schwarzen Wimpern umrahmten Augen der Puppe starrten mit leerem Blick gegen die Decke. Ihr Ausdruck war nicht so sehr unschuldig als vielmehr ausgesprochen blöde, idiotisch – eine Maske des Todes, die auf billige Weise Leben vortäuschte, wo niemals Leben sein konnte. Sie war nicht nur scheußlich, sie war regelrecht abstoßend.

Aber Madame Jodzka tat noch mehr, als nur dieses Gesicht aufmerksam zu studieren: mit bewunderungswürdiger Beherztheit zwang sie sich, das kleine Scheusal zu berühren. Sie nahm es sogar in die Hand. Ihr Glauben, ihre tiefe religiöse Überzeugung leugneten, was ihre Sinne zuvor wahrgenommen hatten. Sie konnte keine Bewegung gesehen haben. Es war einfach unglaublich, unmöglich. Der Fehler lag irgendwo in ihr selbst. Diese Selbstüberwindung hielt jedenfalls lange genug an, um sie zu befähigen, das widerwärtige kleine Spielzeug anzufassen und aufzuheben. Sie legte die

Puppe auf den Tisch in der Nähe des Bettes, zwischen die Vase mit Blumen und das Nachtlicht, wo sie hilflos, unschuldig und dennoch schreckeinflößend auf dem Rücken liegenblieb. Erst dann verließ sie mit zitternden Knien den Raum und ging hinauf in ihr eigenes Schlafzimmer. Daß ihre Finger eiskalt blieben, bis sie selbst endlich in Schlaf fiel, ist nur natürlich und bedarf wohl keiner weiteren Erklärung.

Ob eingebildet oder wirklich, es muß nichtsdestoweniger ein grauenerregendes Schauspiel gewesen sein – ein maschinell gefertigtes Spielzeug aus einer Fabrik, das wie ein lebendes Wesen zielbewußt daherschritt. Es mußte wie ein Alpdruck sein. Für Madame Jodzka, die seit frühester Jugend von eisernen Grundsätzen beschirmt wurde, kam es wie ein Schock. Und ein Schock bringt selbst eiserne Grundsätze ins Wanken. Der Anblick zerschmetterte alles, was sie bisher als unumstößlich und wirklich kannte. Das Blut stockte ihr in den Adern, es gefror, ein eiskaltes Grauen überwältigte sie, ihr Herz ließ sie für einen Augenblick im Stich, sie wurde ohnmächtig. Und diese Ohnmacht schien eine natürliche Folge zu sein. Doch der Schock über dieses unglaubliche Schauspiel gab ihr auch den Mut zum Handeln. Denn abgesehen davon, daß sie für ihre Pflichten bezahlt wurde, liebte sie Monica. Der Gedanke daran, wie dieses kleine Ungeheuer dicht neben dem Gesicht und den gefalteten Händen des schlafenden Kindes über die Steppdecke schritt, gab ihr die Kraft, es mit nackten Fingern zu ergreifen und außer Reichweite zu setzen...

Noch stundenlang, bevor sie einschlief, vergegenwärtigte sie sich den unglaublichen Zwischenfall, abwechselnd die Tatsachen leugnend und anerkennend; doch als der Schlaf sie schließlich übermannte, nahm sie die Überzeugung mit, daß ihre Sinne sie nicht getäuscht hatten. Es scheint in der Tat kaum etwas zu geben, das man vor einem ordentlichen Gericht gegen ihren aufrichtigen Charakter, ihre Vertrauenswürdigkeit und gegen die logische Folge ihres bis ins einzelne gehenden Berichtes einwenden könnte.

»Es tut mir leid«, sagte Colonel Masters ruhig, als sie kündigte. Er blickte sie forschend an. »Und Monica wird Sie vermissen«, fügte er hinzu und lächelte dabei, was er nur selten tat. »Das Kind braucht Sie.« Und gerade als sie sich abwenden wollte, streckte er plötzlich seine Hand aus. »Wenn Sie vielleicht später zurückkommen können – bitte, lassen Sie es mich wissen. Ihr Einfluß ist eine große Hilfe – und so gut.«

Sie murmelte einige Sätze, die wie ein Versprechen klangen, doch als sie ging, hatte sie den unbestimmten Eindruck, daß es nicht nur, oder nicht in erster Linie Monica war, die sie brauchte. Ein Gefühl der Scham überwältigte sie, fast als liefe sie vor ihrer Pflicht fort, oder zumindest vor einer Chance zu helfen, die Gott ihr in den Weg gelegt hatte. ›Ihr Einfluß ist – so gut.‹

Auch im Zug und auf dem Schiff ließ ihr Gewissen ihr keine Ruhe. Sie hatte ein Kind im Stich gelassen, das sie liebte, ein Kind, das ihrer bedurfte, und nur, weil die Angst sie um den Verstand gebracht hatte. Nein, das war eine einseitige Feststellung. Sie hatte ein Haus verlassen, in das der Teufel eingebrochen war. Aber auch das war nur teilweise wahr. Wenn ein hysterisch veranlagter Mensch, dem seit frühester Kindheit fest gefügte Glaubenssätze unauslöschlich eingeprägt worden sind, Tatsachen zu sieben und Reaktionen zu analysieren beginnt, geraten selbst Logik und gesunder Menschenverstand durcheinander. Der Verstand wies in die eine, das Gefühl in die andere Richtung; sie kam zu keiner ehrlichen Entscheidung.

Sie eilte weiter nach Warschau zu ihrem Stiefvater, einem pensionierten General, in dessen ausschweifendem Leben kein Platz für sie war und der ihre Rückkehr nicht begrüßen würde. So unbemittelt zurückzukommen war für diese junge Witwe, die eine Stellung angenommen hatte, um seinem liederlichen Lebenswandel zu entgehen, eine bedrückende Aussicht. Doch es war wohl leichter, den selbstsüchtigen Unwillen des Stiefvaters zu ertragen, als Colonel Masters den wirklichen Grund für ihre Kündigung anzugeben. Aber auch andere Dinge peinigten ihr Gewissen, und halb vergessene Einzelheiten tauchten wieder auf, während ihre Gedanken und Erinnerungen zurückwanderten.

Diese Blutflecken zum Beispiel, die Mrs. O'Reilly, die abergläubische irische Köchin, erwähnt hatte. Madame Jodzka hatte es sich zwar zur Regel gemacht, Mrs. O'Reillys törichte Geschichten zu ignorieren, aber jetzt fielen ihr plötzlich wieder diese lächerliche Diskussion über die Wäscheliste und die einfältigen Bemerkungen ein, die Köchin und Hausmädchen hatten fallen lassen.

»Aber ich sage Ihnen doch, in einer Puppe ist keine Farbe. Nur Sägespäne, Wachs und Dreck«, hatte das

Hausmädchen gesagt. »Ich weiß, wie rote Farbe aussieht und erkenne sie sofort, wenn ich sie sehe. Aber das ist keine Farbe, das ist Blut!« Und später Mrs. O'Reilly: »Heilige Mutter Gottes! Wieder ein roter Fleck! Sie bebeißt sich die Fingernägel – aber darauf habe *ich* nicht aufzupassen...!«

Die roten Flecken auf Laken und Kissenbezügen waren sicher rätselhaft, aber Madame Jodzka, die diese Bemerkungen durch Zufall gehört hatte, schenkte ihnen damals keine weitere Aufmerksamkeit. Die Wäschelisten waren wohl kaum ihre Angelegenheit. Überhaupt... diese lächerlichen Dienstboten! Und doch – während sie jetzt im Zug saß, schlichen sich diese roten Flecken, mochten sie nun von Farbe oder Blut herrühren, in ihre Gedanken ein und hörten nicht auf, sie zu peinigen.

Und noch etwas anderes lastete auf ihr – das sonderbare, ungute Gefühl, daß sie einen Mann im Stich gelassen hatte, der Hilfe brauchte, Hilfe, die sie gewähren konnte. Es war zu unbestimmt, um es in Worte zu fassen. Gründete es sich vielleicht auf seine Bemerkung, daß ihr Einfluß ›so gut‹ war? Sie konnte es nicht sagen. Es war eine Eingebung, und nur wenige Eingebungen lassen sich ergründen. Unterstützt wurde dieses Gefühl jedoch von einer Überzeugung, die sie schon bei ihrem Dienstantritt im Hause von Colonel Masters gewonnen hatte, von der Überzeugung nämlich, daß er sich vor seiner eigenen Vergangenheit fürchtete. Er mußte irgend etwas getan haben, das er bereute und dessen er sich wahrscheinlich schämte; auf jeden Fall etwas, wofür er Vergeltung fürchtete: eine Vergeltung, die er erwartete, eine Strafe, die wie ein Dieb in der Nacht kommen und ihn bei der Kehle packen würde.

Gegen diese Rache richtete sich ihr ›guter Einfluß‹, ein schutzgewährender Einfluß wahrscheinlich, den ihr tiefreligiöser Glaube vermittelte.

Solche oder ähnliche Gedanken schienen ihr durch den Kopf zu gehen; und ob eine Bewunderung für diesen finsteren und geheimnisvollen Mann in ihrem Inneren existierte, eine Bewunderung und ein beschützerischer Instinkt, die sie sich nicht einmal selbst eingestand, wird wohl für immer in ihrem Herzen verschlossen bleiben.

Nachdem sie einige Wochen lang das schändliche und herzlose Benehmen ihres Stiefvaters ertragen hatte, entschloß sie sich, wie es nicht anders zu erwarten war und wie es der menschlichen Natur entsprach, nach England zurückzukehren. Ein Gefühl vernachlässigter Pflicht und persönlichen Versagens bedrückte sie, und sie betete fast ohne Unterlaß zu ihren Heiligen. Also kehrte sie nach England in die seelenlose Villa in der Vorstadt zurück. Das war zu verstehen; verständlich war auch die stürmische Begrüßung durch Monica, mehr aber noch die Erleichterung und Freude von Colonel Masters, obwohl letzterer ihr dies nur in einer höflichen, in taktvolle Worte gekleideten Botschaft übermitteln ließ, als wäre sie nur kurze Zeit für eine dringende Besorgung fort gewesen; denn es vergingen einige Tage, bevor sie ihn zu Gesicht bekam und sprechen konnte. Die Begrüßung durch die Köchin und das Hausmädchen war wortreich und – beunruhigend. Es gab keine unerklärlichen ›roten

Flecken‹ mehr, aber andere, noch beängstigendere Dinge waren geschehen.

»Monica hat Sie schrecklich vermißt«, sagte Mrs. O'Reilly, »obgleich sie etwas anderes gefunden hat, was sie beruhigt – wenn man es so nennen will.« Und dabei bekreuzigte sie sich.

»Die Puppe?« fragte Madame Jodzka, die bei diesen Worten erschrocken zusammenfuhr, sich jedoch zwang, sofort zur Hauptsache zu kommen, und sich gleichzeitig bemühte, ruhig und wie beiläufig davon zu sprechen.

»Genau das ist es, Madame. Die blutende Puppe.«

Die Erzieherin hatte dieses seltsame Adjektiv schon oft gehört, wußte aber nicht, ob sie es nun sinnbildlich oder als Tatsache hinnehmen sollte. Sie entschloß sich zum letzteren.

»Blut?« fragte sie mit gedämpfter Stimme.

Die Köchin zuckte zusammen. »Oh, eigentlich meinte ich damit mehr die Art und Weise, wie sie sich benimmt«, erklärte sie. »Wie ein Wesen aus Fleisch und Blut, wenn Sie verstehen, was ich damit meine. Und wie Monica sie behandelt und mit ihr spielt«, – in ihrer lauten Stimme klang ein Unterton von Furcht mit. Sie hob abwehrend die Arme, als wolle sie sich gegen einen Angreifer schützen.

»Kratzer beweisen gar nichts«, warf das Hausmädchen geringschätzig ein.

»Sie meinen«, fragte Madame Jodzka, »daß vielleicht jemand – verletzt worden ist?« Sie unterdrückte einen unwillkürlichen Schreckenslaut, beachtete aber sonst in keiner Weise den Zwischenruf des Mädchens.

Mrs. O'Reilly schien sich verschluckt zu haben.

»Es ist nicht Miss Monica, hinter der sie her ist«, flüsterte sie herausfordernd, sobald sie sich wieder gefaßt hatte, »es ist jemand anders. Das ist jedenfalls *meine* Meinung. Und kein Mensch, der so schwarz ist, wie dieser Kerl war«, ließ sie sich gehen, »hat jemals etwas Gutes in ein Haus gebracht, nicht, seit ich geboren bin.«

»Jemand anders...?« wiederholte Madame Jodzka mehr zu sich selbst, die bedeutungsvollen Worte aufgreifend.

»Sie und Ihr schwarzer Mann!« rief das Hausmädchen dazwischen. »Das paßt zu Ihnen! Gott sei Dank bin ich nicht abergläubisch oder so etwas Ähnliches! Aber ich gebe zu, daß ich eines Nachts ein paar unzusammenhängende, schleppende Tritte hörte, und als ich durch den Türspalt ins Zimmer guckte, sah die Puppe irgendwie größer aus – wie angeschwollen...«

»Halt den Mund!« schrie Mrs. O'Reilly, »du weißt ja nicht, was du sagst und was hier wirklich vorgeht.«

Sie wandte sich wieder der Erzieherin zu.

»Hier werden mehr Märchen über eine Puppe verbreitet«, sagte sie absichtlich laut und wie entschuldigend, »als mir jemals in meiner Kindheit in Mayo erzählt wurden, und ich – ich würde an Ihrer Stelle kein Wort davon glauben!«

Dem schnatternden Hausmädchen den Rücken zuwendend, trat sie dicht an Madame Jodzka heran.

»Miss Monica wird bestimmt nichts geschehen, Madame«, flüsterte sie mit Nachdruck, »*ihretwegen* können Sie ganz beruhigt sein. Wenn sich irgendein Unheil ereignet, wird es jemand anders treffen.« Und wieder bekreuzigte sie sich.

In der Abgeschlossenheit ihres Zimmers überlegte Madame Jodzka zwischen ihren Gebeten. Eine tiefe, beängstigende Unruhe quälte sie.

Eine Puppe! Ein billiges, schäbiges kleines Spielzeug, wie es zu Hunderten und Tausenden hergestellt wird, ein fabrikmäßig hergestellter Artikel, für Kinder zum Spielen... Aber...

›Und wie Monica sie behandelt und mit ihr spielt...‹, klang es durch ihre verwirrten Gedanken.

Eine Puppe! In den Augen einer Mutter ist eine Puppe ein rührendes, aber auch ein erschreckendes Spielzeug, und ein mit seiner Puppe beschäftigtes Kind zu beobachten, regt zu tiefem Nachdenken an; denn hier offenbart sich die zukünftige Mutter. Ein Kind kost und streichelt seine Puppe mit leidenschaftlicher Liebe, umsorgt sie hingebungsvoll und stopft sie doch mit verdrehtem Kopf und Hals, mit gebrochenen und entstellten Gliedmaßen in den Puppenwagen. Es läßt sie rücksichtslos mit dem Gesicht nach unten liegen, so daß Atmung und Blutkreislauf unmöglich funktionieren können, während es zum Fenster läuft um nachzusehen, ob der Regen aufgehört hat oder die Sonne wieder hervorgekommen ist. Ein blinder, schrecklicher, automatisch sich wiederholender Vorgang, von der Natur diktiert. Die Mutterliebe jedoch ist ein Herdeninstinkt, der alle Hindernisse überwindet und ständig aufs neue seine Lebenskraft beweist; er trotzt dem Tod, ja, er leugnet ihn sogar. Die Puppe, ob sie nun mit ausgeschlagenen Zähnen und eingedrückten Augen auf dem Fußboden liegt oder liebevoll im Bett zurechtgesetzt wird, um dann in der Nacht gedrückt, gequetscht und verstümmelt zu werden, überlebt alle Grausamkeiten und Mißgeschicke und beweist letzten Endes ihre Unsterblichkeit. Sie ist nicht umzubringen. Sie ist für den Tod unerreichbar.

Ein Kind mit seiner Puppe, überlegte Madame Jodzka, ist wie ein Beispiel für den rücksichtslosen und unbezähmbaren Trieb der Natur, ihren alles beherrschenden Zweck: die Erhaltung der Art...

Ihre Gedanken, vielleicht von ihrem bitteren, unterbewußten Groll gegen die Natur beeinflußt, konnten nicht lange bei diesem Thema verweilen; sie wandten sich bald wieder den greifbaren Tatsachen zu, die sie so beunruhigten und ängstigten: Monica und ihrer flachshaarigen, blinden, blödsinnigen Puppe. Inmitten ihrer Gebete schlief sie dann ein. Sie träumte nicht einmal davon und erwachte frisch und neugestärkt mit dem festen Vorsatz, früher oder später, nach Möglichkeit jedoch früher, mit Colonel Masters über diese Dinge zu sprechen.

Sie beobachtete und lauschte; sie beobachtete Monica, sie beobachtete die Puppe. Alles schien normal zu sein, wie in tausend anderen Heimen auch. Ihr Verstand prüfte noch einmal die Situation, und wo Verstand und Aberglaube aneinandergerieten, behielt der Verstand mit Leichtigkeit die Oberhand. An ihrem freien Abend ging sie in das in der Nähe gelegene Kino, und mit der Überzeugung, daß schöngefärbte Phantasie die Sinne betäube und das Leben selbst viel prosaischer sei, verließ sie das überhitzte Gebäude. Doch noch bevor sie die halbe Meile bis zum Haus zurückgelegt hatte, kehrte ihre tiefe, unerklärliche Unruhe mit überwältigender Macht zurück.

Mrs. O'Reilly hatte Monica an ihrer Stelle zu Bett gebracht, und es war auch Mrs. O'Reilly, die ihr jetzt die Tür öffnete. Ihr Gesicht sah aus wie das einer Toten.

»Sie hat gesprochen«, flüsterte die Köchin, noch bevor sie die Tür geschlossen hatte. Sie war weiß um die Nase herum.

»Gesprochen? *Wer* hat gesprochen? Wovon reden Sie?«

Mrs. O'Reilly schloß vorsichtig die Tür. »Beide«, sagte sie mit dramatischer Betonung. Dann setzte sie sich hin und wischte über ihr Gesicht. Sie sah halb wahnsinnig aus vor Angst.

Madame übernahm das Kommando; ein Kommando jedoch, das auf sehr schwachen Füßen stand.

»Beide?« wiederholte sie mit absichtlich lauter Stimme, um damit dem Flüstern der anderen entgegenzuwirken. »Was meinen Sie damit?«

»Sie haben beide gesprochen – *miteinander* gesprochen!« entgegnete die Köchin.

Die Erzieherin schwieg einen Augenblick, bemüht, ihren sinkenden Mut aufrechtzuerhalten.

»Wollen Sie damit sagen, daß Sie die beiden miteinander sprechen gehört haben?« fragte sie schließlich mit bebender, mühsam beherrschter Stimme.

Mrs. O'Reilly nickte und blickte dabei über ihre Schulter. Ihre Nerven waren offensichtlich in Fetzen. »Ich dachte, Sie würden überhaupt nicht mehr zurückkommen«, jammerte sie, »ich konnte es kaum noch im Haus aushalten.«

Madame blickte ihr scharf in die verängstigten Augen.

»Was haben Sie gehört?« fragte sie ruhig.

»Ich horchte an der Tür. Es waren zwei Stimmen. Verschiedene Stimmen.«

Madame Jodzka bestand nicht länger auf einem Kreuzverhör. Ihre heftige Furcht verhalf ihr zu klügerem Tun.

»Sie meinen, Mrs. O'Reilly«, sagte sie in beruhigendem Tonfall, »daß Sie Miss Monica mit ihrer Puppe sprechen hörten, wie sie es immer tut, und wie sie dabei selbst mit verstellter Stimme für die Puppe antwortete? War es nicht so?«

Aber Mrs. O'Reilly war nicht zu überzeugen. Anstelle einer Antwort schüttelte sie nur den Kopf und bekreuzigte sich.

»Kommen Sie doch mit hinauf und lauschen Sie mit mir, Madame«, flüsterte sie. »Dann können Sie selbst urteilen.«

Und so – es war kurz nach Mitternacht, und Monica lag schon lange in tiefem Schlaf – bezogen diese zwei, die Köchin und die Erzieherin, in einer Vorstadtvilla Stellung im dunklen Korridor vor der Schlafzimmertür eines Kindes. Es war ruhige, windstille Nacht; Colonel Masters, den sie beide fürchteten, hatte sich zweifellos schon vor längerer Zeit auf sein Zimmer in einem anderen Teil des geräumigen Hauses begeben. Es muß ein langes, ermüdendes Warten gewesen sein, bevor die ersten Laute im Schlafzimmer des Kindes hörbar wurden – der unterdrückte, leise Klang von zwei Stimmen, die sich miteinander unterhielten. Ein schwaches, geheimnisvolles, unangenehmes Geräusch aus dem Zimmer, in dem Monica friedlich schlummern sollte, ihre geliebte Puppe neben sich. Doch es waren mit Bestimmtheit zwei Stimmen.

Beide Frauen saßen kerzengerade, beide bekreuzigten sich unwillkürlich und tauschten angstvolle Blicke aus. Beide waren bestürzt und entsetzt.

Was in Mrs. O'Reillys abergläubischem Hirn vorging, können nur die Götter ihres ›good old Ireland‹ verraten; doch was die Polin dachte, war klar und eindeutig: nicht zwei Stimmen waren es, die da sprachen, es konnte nur eine sein. Sie hatte ihr Ohr fest gegen einen Riß in der Tür gepreßt und lauschte aufmerksam, zitternd am ganzen Körper. Wenn jemand im Schlaf redete, erinnerte sich sich, gingen seltsame Veränderungen mit seiner Stimme vor.

»Das Kind spricht im Schlaf mit sich selbst«, flüsterte sie eindringlich, »und das ist alles, Mrs. O'Reilly. Sie spricht ganz einfach im Schlaf«, wiederholte sie mit Betonung zu der Köchin, die sich gegen ihre Schulter lehnte, als benötige sie eine Stütze. »Hören Sie es nicht selbst«, fügte sie etwas lauter und halb ärgerlich hinzu, »ist es nicht jedesmal die gleiche Stimme? Wenn Sie sorgfältig hinhören, werden Sie bestimmt zugeben müssen, daß ich recht habe.«

Sie lauschte selbst noch schärfer als zuvor.

»Horchen Sie doch nur! Jetzt...!« wiederholte sie in atemlosen Flüstern, während sie sich ganz auf die seltsamen Töne konzentrierte, »ist es nicht jedesmal dieselbe Stimme – gibt sie sich nicht jedesmal selbst Antwort?«

Doch während sie noch lauschte, störte ein anderes Geräusch ihre gespannte Aufmerksamkeit, und diesmal schien es hinter ihrem Rücken zu sein – ein schwaches Rascheln und Scharren, als wenn jemand auf Zehenspitzen davoneilte. Sie blickte sich rasch um und sah, daß sie ins Leere geflüstert hatte. Der Platz neben ihr war verlassen. Sie befand sich allein im dunklen Korridor. Mrs.O'Reilly war gegangen. Aus der Tiefe des Hauses, vom Fuße der finsteren Treppe kam ein unterdrückter Aufschrei: »Heilige Mutter Gottes und alle Himmlischen...«, gefolgt von weiteren gestammelten Worten.

Ein Laut der Überraschung und Furcht entschlüpfte ihr, als sie sich so allein und verlassen fand, aber im gleichen Augenblick, genau wie im Märchenbuch, hörte sie ein anderes Geräusch, das sie noch mehr bestürzte – das Rasseln eines Schlüssels in der Haustür. Colonel Masters war also doch noch nicht nach Hause gekommen und zu Bett gegangen, wie sie angenommen hatte: er kam erst jetzt. Würde es Mrs.O'Reilly gelingen, durch die Diele zu schlüpfen, ohne daß er sie sah? Und – schlimmer noch – würde er auf dem Weg zu seinem Schlafzimmer hier vorbeikommen und einen Blick zu Monica hereinwerfen, wie er es manchmal tat? Madame Jodzka lauschte mit flatternden Nerven. Sie hörte, wie er seinen Mantel hinwarf. Er war ein Mann, der zu raschen Handlungen neigte. Der Stock oder Schirm wurde hastig und lärmend auf den Tisch geknallt. Im selben Augenblick ertönte auch schon sein Schritt auf der Treppe. Er kam herauf. In wenigen Sekunden würde er oben im Korridor sein, wo sie vor Monicas Tür kauerte.

Er kam sehr schnell nach oben, zwei Stufen mit jedem Schritt nehmend.

Aber auch Madame Jodzka war schnell in Entschluß

und Handlung. Ihre Gedanken jagten wie der Blitz. Vor der Tür hockend überrascht zu werden, war lächerlich, wenn er sie aber im Zimmer fand, so war das ganz natürlich und zu erklären. Ohne zu zögern handelte sie.

Mit klopfendem Herzen öffnete sie die Tür und schlüpfte ins Zimmer. Eine Sekunde später hörte sie die Schritte von Colonel Masters, wie er den Korridor entlang und weiter zu seinem Schlafzimmer eilte. Er war vorbeigegangen. Sie hörte es mit großer Erleichterung.

Wie sie jetzt im Zimmer stand, die Tür hinter sich geschlossen, sah sie deutlich, was hier vorging.

Monica lag im Bett und spielte mit ihrer Puppe. Doch unzweifelhaft schlief sie dabei tief und fest. Ihre Hände drückten und quetschten die Puppe, als beunruhige sie ein wirrer Traum. Das Kind murmelte im Schlaf, aber keine Worte waren zu verstehen. Gedämpftes Seufzen und Stöhnen kam von seinen Lippen. Doch war da noch ein anderes Geräusch, das auf keinen Fall vom Munde des Kindes herrühren konnte. Woher aber kam es dann?

Madame Jodzka hielt den Atem an, ihr Herz überschlug sich fast. Gespannt lauschte und beobachtete sie. Sie hörte ein Quietschen und Grunzen, und im nächsten Augenblick hatte sie herausgefunden, woher diese Geräusche kamen. Sie kamen nicht von Monicas Lippen. Sie rührten ohne Zweifel von der Puppe her, die das Kind im Traum preßte und verrenkte. Die Glieder, an denen Monica zerrte und drehte, ließen diese sonderbaren Töne hören, als wimmere und quietsche das Sägemehl in Ellbogen- und Kniegelenken protestierend gegen diese unnatürliche Behandlung. Monica hörte allem Anschein nach nichts davon. Während sie den Hals der Puppe umdrehte, gab das Material – Wachs, Bindfaden, Sägemehl – diese sonderbaren, knarrenden Töne von sich, die sich fast wie Silben von Worten anhörten.

Madame Jodzka starrte und lauschte. Sie war kalt wie Eis. Sie suchte nach einer natürlichen Erklärung und fand doch keine. Gebete und Angstgefühle rasten in wirrem Durcheinander in ihrem Kopf umher. Kalter Schweiß brach aus ihren Poren.

Plötzlich drehte sich Monica im Schlaf um, ihr verkrampfter Gesichtsausdruck wurde friedvoll und gelöst, und die furchtbare Puppe, befreit von den sie im Traum umklammernden Händen, fiel zur Seite und lag anscheinend leblos und unbeweglich da. Doch zu Madame Jodzkas unbeschreiblichem Entsetzen – sie traute kaum ihren Ohren – hörte die Puppe nicht auf zu quieken und zu murmeln. Sie fuhr fort, ganz von selbst Laute auszustoßen. Doch es sollte noch schlimmer kommen: im nächsten Augenblick erhob sie sich mit einem Ruck und stand auf ihren verdrehten, krummen Beinen. Sie begann sich zu bewegen. Mit unbeholfenen Schritten marschierte sie über die Steppdecke. Ihre gläsernen, stumpfen Augen schienen Madame Jodzka unverwandt anzustarren. Es war ein unmenschliches, schreckliches, völlig unglaubliches Bild. Mit seltsamen, hoppelnden Bewegungen ihrer gebrochenen Beine und Gelenke kam sie taumelnd und schwankend über die unebene, seidig-glatte Steppdecke auf Madame Jodzka zu. In ihrem Gang lag etwas Zielbewußtes und Drohendes. Und die Geräusche kamen mit ihr – sonderbare, sinnlose, wie unverständliche Silben anzuhörende Töne, die jedoch Zorn auszudrücken schienen. Wie ein lebendes Wesen stolperte die Puppe auf sie zu. Ihre ganze Haltung verriet Angriffslust.

Die Wirkung, die von diesem Kinderspielzeug ausging, das vorsätzlich und mit einem leidenschaftlich verfolgten, verborgenen Ziel in seinem abstoßenden Aussehen das Leben irgendeines scheußlichen Monsters nachäffte, ließ die beherzte polnische Erzieherin wiederum zusammenbrechen. Eine plötzliche Blutleere im Gehirn hüllte alles um sie herum in Dunkel.

Diesmal jedoch dauerte ihre Bewußtlosigkeit nur wenige Sekunden. Sie kam und ging wie ein Augenblick leidenschaftlicher Selbstvergessenheit; denn kaum hatte sie ihre Besinnung wiedererlangt, loderte die Reaktion auf das Gesehene wie eine vom Sturmwind entfachte Flamme in ihr hoch. Vielleicht war es die Raserei eines Feiglings, die übertriebene Wut über ihre eigene Schwachheit? Auf jeden Fall aber kam diese leidenschaftliche Aufwallung ihrem schon gesunkenen Mut zu Hilfe. Sie machte ein paar unsichere Schritte, holte tief Luft, klammerte sich krampfhaft an einem neben ihr stehenden Regal fest und – hatte ihre Selbstkontrolle wiedergefunden. Furien des Hasses peitschten sie, des Hasses gegen dieses völlig unfaßbare Bild einer Wachsfigur, die da umherspazierte und Laute und Silben wie ein mit Verstand begabtes, lebendiges Wesen ausstieß. Sie war davon überzeugt, daß es Silben waren, Silben einer Sprache, die sie nicht verstehen konnte.

Wenn das Widernatürliche lähmend wirken kann, so kann es doch auch beleidigen. Der Anblick und die Geräusche, die dieses billige Fabrikspielzeug ausstieß, das sich nach eigenem Willen und Verstand zu bewegen schien, stürzten sie in einen Rausch von Gewalttätigkeit, der alle ihre Sinne beherrschte. Denn dies war mehr, als sie ertragen konnte. Unwiderstehlich trieb es sie vorwärts. Sie warf sich dem Schrecklichen entgegen, als einzige Waffe ihren Schuh mit dem hohen Absatz in der Hand, den sie spontan vom Fuß geschleudert hatte; sie war entschlossen, die fürchterliche Erscheinung in Stücke zu schlagen und zu vernichten. Ohne Zweifel war sie in diesem Augenblick hysterisch, handelte jedoch vernunftgemäß: dieses gottlose Schreckgebilde mußte ausgelöscht werden und vom Erdboden verschwinden. Nur von diesem einen Ziel war sie besessen – sie mußte es zerstören, zertrümmern, in Fetzen reißen! Nicht die geringste Möglichkeit durfte bestehen bleiben, daß dieses Ungeheuer weiterlebte.

Sie standen dicht voreinander, die gläsernen Augen starrten ihr ins Gesicht – doch ihre Hand, die sie zum vernichtenden Schlag erhoben hatte, gehorchte ihr nicht. Ein stechender Schmerz, scharf wie ein Schlangenbiß, fuhr ihr plötzlich durch Finger, Handgelenk und Arm, ihr Griff wurde gewaltsam gelöst, der Schuh flog zur Seite ins Zimmer, und in dem flackernden Licht der Kerze schien es ihr, als bebe der ganze Raum. Gelähmt und vollkommen hilflos stand sie da. Welche Götter oder Heiligen konnten ihr zu Hilfe kommen? Keine. Nur ihr eigener Wille konnte jetzt helfen. Zitternd und am Rande des Zusammenbruchs versuchte sie es: »Mein Gott!« hörte sie ihre gepreßte Stimme, halb einem Flüstern, halb einem Aufschrei gleich, »es kann nicht wahr sein! Das muß eine Lüge sein! Mein Gott leugnet dich! Oh, mein Gott, ich flehe dich an...!«

Doch ihr Grauen vergrößerte sich noch, als die fürchterliche kleine Puppe daraufhin ihren gebrochenen Arm schwenkte und ihr als Antwort ein paar schrille, unzusammenhängende Silben entgegenschrie, die sie nicht verstehen konnte – Silben, die einer anderen Sprache zu entstammen schienen. Im gleichen Augenblick aber fiel sie unvermutet auf der Steppdecke in sich zusammen, wie ein Luftballon, in den man mit einer Nadel gestochen hatte. Vor ihren Augen wurde sie zu einem verstümmelten kleinen Häufchen, während Monica – zu ihrem zusätzlichen Schrecken – sich unruhig im Schlaf bewegte und blind mit den Händen umhertastete, als suche sie etwas, das sie vermißte. Und dieser Anblick des unschuldig schlafenden Kindes, das unbewußt nach einem unvorstellbar bösartigen und gefährlichen Scheusal griff und verlangte, ging wiederum über die Kräfte der Polin.

Dunkelheit umfing sie zum zweiten Mal.

Was dann folgte, verschwamm undeutlich in ihrer Erinnerung; Erregung und Aberglaube erwiesen sich als zu stark, um vom gesunden Menschenverstand ertragen zu werden. Erst als sie sich wieder in ihrem Zimmer befand und auf den Knien neben ihrem Bett liegend betete, kehrte ihr Bewußtsein voll zurück. Das einzige, woran sie sich vor diesem Zeitpunkt erinnert, ist ein heftiger, unvernünftiger Wutausbruch. Wie sie jedoch durch den Korridor und die Treppe hinauf in ihr Zimmer gekommen ist, weiß sie nicht mehr; aber ihren Schuh hatte sie dabei fest umklammert in der Hand gehalten. Und sie erinnerte sich auch noch, daß sie die schlappe, wachsgesichtige Puppe mit vor Raserei zitternden Fingern umkrampfte, preßte und zerrte, bis das Sägemehl aus den geplatzten Gelenken rieselte und der abscheuliche kleine Leib bis zur Unkenntlichkeit verstümmelt, wenn nicht sogar vernichtet war... Danach hatte sie die Überreste erbarmungslos auf einen Tisch außerhalb Monicas Reichweite geworfen, während Monica friedlich in tiefstem Schlaf lag. Daran erinnerte sie sich. Sie sah auch deutlich das Bild des kleinen Ungeheuers, wie es grotesk, schmutzig und in unanständiger Haltung zwischen den Fetzen seines dünnen Kleidchens lag, bewegungslos und mit unnatürlich glitzernden Augen, reglos, doch immer noch lebendig, von einem bösen Ziel besessen.

Kein noch so langes und inbrünstiges Gebet konnte dieses Bild auslöschen.

Sie wußte jetzt, daß eine offene, unverhüllte Aussprache mit ihrem Dienstherrn dringend notwendig war; ihr Gewissen, ihr Seelenfrieden, ihre Vernunft und ihr Pflichtgefühl geboten es ihr. Mit Absicht hatte sie niemals ein Wort mit dem Kind darüber gesprochen, und sie war sicher, richtig gehandelt zu haben. Es schien ihr gefährlich, die Aufmerksamkeit des Kindes auf etwas zu richten, das man ihm gegenüber am besten unerwähnt ließ. Aber Colonel Masters, der sie für ihre Dienstleistungen bezahlte, an ihre Redlichkeit glaubte und ihr vertraute, war sie unverzüglich eine Erklärung schuldig.

Eine Unterhaltung mit ihm war unerhört schwierig; erstens weil er Umstände dieser Art haßte und ihnen nach Möglichkeit aus dem Wege ging, und zweitens, weil er sich nur sehr selten zeigte und außerordentlich unzugänglich war. Des Abends kam er sehr spät nach Hause, und morgens traute sich niemand in seine Nähe. Er erwartete, daß der kleine Haushalt, dessen Plan ein für allemal festgelegt war, von selbst lief. Die einzige Einwohnerin des Hauses, die vor sein Angesicht zu treten wagte, war Mrs. O'Reilly; alle sechs Monate marschierte sie geradeswegs in sein Arbeitszimmer, kündigte, erhielt eine Lohnerhöhung und ließ ihn für die nächsten sechs Monate in Ruhe.

Madame Jodzka, die seine Gewohnheiten kannte, verstellte ihm am nächsten Vormittag in der Diele den Weg, während Monica wie gewöhnlich vor dem Essen schlief. Er war im Begriff auszugehen, und sie hatte auf dem oberen Treppenabsatz darauf gewartet. Seit sie aus Warschau zurückgekehrt war, hatte sie ihn kaum zu Gesicht bekommen. Sie bewunderte seine drahtige, aufrechte Gestalt, sein dunkles, verschlossenes Gesicht. Er war die vollkommene Verkörperung eines Soldaten. Ihr Herz bebte, als sie die Treppe hinunterlief. Und als er stehenblieb und sie ansah, vergaß sie ihre sorgfältig vorbereiteten Sätze und ein wildes Durcheinander von Worten in einem konfusen Englisch floß von ihren Lippen. Er hörte erst höflich zu, unterbrach aber schließlich ihren Redeschwall.

»Wie ich Ihnen schon sagte, bin ich sehr froh, daß Sie zu uns zurückkommen konnten. Monica hat Sie sehr vermißt –«

»Sie hat etwas Neues zum Spielen…«

»Ohne Zweifel das richtige Spielzeug«, unterbrach er sie, »Ihr ausgezeichnetes Urteilsvermögen…Bitte, sagen

Sie mir, wenn Sie meinen, daß noch irgend etwas...«, und er drehte sich halb zur Seite, als wolle er weitergehen.

»Aber ich habe es doch gar nicht besorgt! Es ist ein entsetzliches – fürchterliches...«

Colonel Masters ließ sein seltenes Lachen hören. »Natürlich, alles Kinderspielzeug ist fürchterlich, aber wenn sie ihre Freude daran hat... Ich habe es nicht gesehen und kann nichts darüber sagen... Wenn Sie etwas Besseres kaufen können –«, er zuckte mit den Schultern.

»Ich habe es nicht gekauft!« schrie sie verzweifelt. »Es wurde gebracht. Es stößt Laute aus – unverständliche Worte. Ich habe gesehen, wie es sich bewegte hat – ganz von selbst bewegt hat! Es ist eine Puppe.«

Ruckartig, als hätte ihn etwas gestochen, fuhr er herum; er hatte bereits die Haustür erreicht. Eine plötzliche Blässe verfärbte sein dunkles Gesicht, und seine herabhängenden Schultern standen im Widerspruch zu dem Lodern seiner Augen.

»Eine Puppe!« wiederholte er mit betont ruhiger Stimme. »Eine Puppe – sagten Sie?«

Aber seine Augen und sein Gesichtsausdruck brachten sie aus der Fassung, so daß sie nur einen stockenden Bericht von einem Paket gab, das jemand gebracht hatte. Seine Frage nach einem Paket, das er ausdrücklich zu vernichten befohlen hatte, trug noch mehr zu ihrer Verwirrung bei.

»War es nicht so?« fragte er heiser flüsternd, als könne er nicht glauben, daß man seinen Befehl nicht ausgeführt hatte.

»Ich glaube, es wurde weggeworfen«, log sie, um die Köchin in Schutz zu nehmen, unfähig, ihm dabei in die

Augen zu sehen. »Vielleicht – hat Monica es gefunden.«
Sie schämte sich ihres fehlenden Mutes, aber seine Beharrlichkeit brachte sie restlos durcheinander. Außerdem fühlte sie ein seltsames Verlangen, ihm keinen
Schmerz zuzufügen, als stände nicht Monicas, sondern
seine Sicherheit und sein Glück auf dem Spiel. »Sie
spricht! – Und sie bewegt sich!« schrie sie verzweifelt
und brachte es endlich fertig, ihn dabei anzusehen.

Colonel Masters erstarrte, sein Atem ging unregelmäßig.

»Monica hat die Puppe, sagten Sie? Spielt damit? Sie
haben gesehen, wie sie sich bewegte, und silbenähnliche
Laute gehört?« Er fragte mit leiser Stimme, fast, als
spräche er mit sich selbst. »Sie haben – zugehört?« flüsterte er.

Unfähig, überzeugende Worte zu finden, neigte sie
den Kopf, während sein Entsetzen wie ein eisiger Windhauch auf sie übergriff. Kalte Furcht umklammerte sein
Herz. Statt jedoch zu explodieren und sie zu tadeln, wie
sie erwartet hatte, sprach er leise und ruhig: »Es war
richtig, daß Sie zu mir gekommen sind und mir alles
erzählt haben – ganz richtig«, und in so leisem Ton, daß
sie die unheilkündenden Worte kaum verstehen konnte,
fügte er hinzu: »So etwas Ähnliches habe ich erwartet…
früher oder später… es mußte kommen…«, und seine
Stimme erstickte in dem Taschentuch, das er ans Gesicht führte.

Und unvermittelt, als verspürte sie einen Appell an
ihre Sympathie, schwemmte dieses Gefühl ihre Furcht
hinweg. Sie trat dicht an ihren Dienstherrn heran und
blickte ihm fest in die Augen.

»Sie müssen das Kind selbst sehen«, sagte sie entschlossen und eindringlich. »Kommen Sie mit mir und hören Sie selbst. Kommen Sie mit in Monicas Schlafzimmer.«

Sie sah ihn wanken. Einen Augenblick lang sagte er nichts.

»Wer«, fragte er dann mit unsicherer, leiser Stimme, »wer hat das Paket gebracht?«

»Ein Mann, glaube ich.«

Die Pause vor seiner nächsten Frage schien eine Ewigkeit zu dauern.

»Ein Weißer«, fragte er, »oder ein – Schwarzer?«

»Er war dunkel«, antwortete sie, »sehr dunkel.«

Er zitterte wie Espenlaub, sein Gesicht wurde bleich; er lehnte sich gegen die Tür, welk und verfallen – wenn sie nicht sofort irgend etwas unternahm, drohte ein Zusammenbruch, dessen sie nicht Zeuge zu sein wünschte.

»Sie werden heute nacht mit mir kommen«, sagte sie bestimmt, »und wir werden es zusammen hören. Warten Sie hier, bis ich zurückkomme. Ich hole etwas Brandy.« In einer Minute war sie zurück, und als sie sah, wie er ein halbes Wasserglas voll Brandy hinunterstürzte, wußte sie, daß es richtig gewesen war, ihm alles zu erzählen. Sein Gehorsam war der Beweis dafür.

Ihr plötzlicher Wandel scheint seltsam, doch kann Feigheit, die bei ihresgleichen eine Anleihe aufnimmt, mitunter Mut erzeugen.

»Heute nacht«, wiederholte sie, »heute nacht nach Ihrem Bridge. Wir treffen uns im Korridor vor Monicas Zimmer. Ich werde da sein. Um halb eins also.«

Er richtete sich auf, starrte ihr in die Augen und machte eine zustimmende Kopfbewegung.

»Zwölf Uhr dreißig«, murmelte er, »im Korridor vor dem Zimmer.« Sich schwer auf seinen Stock stützend öffnete er die Tür und trat vor das Haus. Sie sah ihn die Auffahrt hinuntergehen und war sich dabei bewußt, daß ihre Angst sich in Mitleid gewandelt hatte, und daß sie den schwankenden Gang eines Mannes beobachtete, dessen Gewissen zu stark schlug, um auch nur einen Augenblick Frieden finden zu können; eines Mannes, der zu verängstigt war, um noch an Gott glauben zu können.

Madame Jodzka hielt die Verabredung ein; sie hatte nicht zu Abend gegessen, sondern war in ihrem Zimmer geblieben – sie hatte gebetet. Davor hatte sie Monica zu Bett gebracht.

»Meine Puppe«, hatte das Kind gebettelt, nachdem sie es zugedeckt hatte, »ich muß meine Puppe haben, sonst kann ich bestimmt nicht einschlafen.« Widerstrebend hatte Madame Jodzka sie gebracht und auf den Nachttisch neben dem Bett gelegt.

»Sie kann hier ganz bequem schlafen, Monica, Liebling. Wollen wir sie nicht lieber hier liegenlassen?« Wie sie bemerkt hatte, war die Puppe sorgfältig mit Nadel und Faden geflickt worden.

Das Kind griff nach ihr. »Ich möchte sie aber ganz dicht bei mir im Bett haben«, sagte sie mit glücklichem Lächeln. »Wir erzählen uns immer Geschichten. Wenn sie so weit weg ist, kann ich nicht hören, was sie sagt.« Und mit einer Zärtlichkeit, die der Frau kalt ans Herz griff, zog sie die Puppe an sich.

»Selbstverständlich, Liebling – wenn du so schneller einschlafen kannst, sollst du sie haben.« Monica sah nicht die zitternden Finger, noch bemerkte sie das Grauen in Stimme und Gesicht der Frau. Und tatsächlich, kaum daß die Puppe neben ihrer Wange auf dem Kissen lag und ihre Finger streichelnd durch das flachsige Haar und über das wächserne Gesicht fuhren, schlossen sich auch schon ihre Augen, ein tiefer, zufriedener Atemzug kam über ihre Lippen, und Monica war eingeschlafen.

Madame Jodzka ging auf Zehenspitzen zur Tür, wagte dabei nicht sich umzublicken und verließ das Zimmer. Im Korridor wischte sie sich den kalten Schweiß von der Stirn. »Gott segne und beschütze sie«, murmelte sie, »und möge Er mir vergeben, falls ich gesündigt habe.«

Sie hielt ihre Verabredung ein; sie wußte, daß auch Colonel Masters sie einhalten würde.

Es war eine lange Wache gewesen, von acht Uhr bis nach Mitternacht. Absichtlich und mit großer Überwindung war sie nicht mehr in die Nähe von Monicas Tür gegangen – sie fürchtete, ein Geräusch zu hören, das ihr sofortiges Eingreifen notwendig machen würde. Sie ging also auf ihr Zimmer und blieb dort. Aber schließlich hörte sie müde mit Beten auf, denn wenn ihr Gott helfen konnte, genügte auch eine kurze Bitte. Stunde um Stunde weiter zu beten würde nicht nur eine Beleidigung seiner Göttlichkeit bedeuten, es erschöpfte sie auch körperlich. Sie hörte deshalb auf und las einige Seiten im Buche eines polnischen Heiligen, verstand jedoch nicht, was sie las. Später verfiel sie in ein dumpfes, unruhiges Brüten. Endlich schlief sie ein...

Ein Geräusch weckte sie – leise Schritte vor ihrer Tür. Ein Blick auf die Uhr zeigte ihr, daß es elf war. Die verstohlenen Schritte kannte sie. Mrs.O'Reilly watschelte hinauf zu ihrem Schlafzimmer. Die Laute erstarben. Madame Jodzka wußte zwar nicht warum, aber sie schämte sich ein wenig und widmete sich wieder ihrem polnischen Heiligen, entschlossen, die Ohren offen zu halten. Dann schlief sie wieder ein...

Was sie zum zweiten Male geweckt hatte, konnte sie nicht sagen. Sie war erschrocken. Sie lauschte. Die Nacht war ungemütlich still, das Haus so ruhig wie ein Grab. Kein Fahrzeug kam vorbei. Kein Windhauch bewegte die düsteren Nadelbäume in der Auffahrt. Die Welt war stumm. Einige Minuten nach Mitternacht, sie sah gerade auf die Uhr, hörte sie ein scharfes Knacken, das auf ihre überreizten Nerven wie ein Pistolenschuß wirkte. Es war die Haustür, die sich langsam schloß. Dann folgten Schritte durch die Diele unten, dann etwas unsicher die Treppe herauf. Colonel Masters war nach Hause gekommen. Langsam und, wie sie meinte, unwillig stieg er die Stufen hinan, um seine Verabredung einzuhalten. Madame Jodzka sprang von ihrem Stuhl, sah in den Spiegel, murmelte noch schnell ein unzusammenhängendes Gebet und öffnete ihre Zimmertür zum dunklen Korridor.

Sie nahm sich zusammen, sowohl körperlich als auch geistig, und dachte: »Jetzt wird er es selber hören – und vielleicht auch sehen. Und Gott helfe ihm!«

Sie schritt durch den Korridor und erreichte die Tür

von Monicas Schlafzimmer; dabei lauschte sie so gespannt, daß sie nur das Rauschen ihres eigenen Blutes hören konnte. An der vereinbarten Stelle blieb sie wie erstarrt stehen und wartete, während seine Schritte näherkamen. Einen Augenblick später blockierte sein Körper den Durchgang, im schwachen Lichtschein von der Diele her nur als schwarzer Schatten erkennbar. Dieser schwarze Schatten kam näher, trat dicht an sie heran. Sie erinnerte sich, »Guten Abend« gesagt zu haben und daß er murmelte: »Ich hatte versprochen zu kommen ... verdammter Unsinn ...«, oder so etwas Ähnliches. Dann stand das Paar Seite an Seite in dem dunklen, schweigenden Korridor und wartete wortlos. So standen sie Schulter an Schulter vor Monicas Schlafzimmer. Ihr Herz schlug bis an den Hals.

Sie hörte seinen Atem, ein Geruch von Branntwein und schalem Tabakrauch wehte zu ihr herüber; sein Schatten an der Wand schien sich zu bewegen – er trat von einem Fuß auf den anderen. Ein plötzliches, starkes Gefühl überflutete sie; halb war es ein mütterlicher, beschützender Instinkt, halb fast ein geschlechtliches Begehren, so daß sie einen vorübergehenden Augenblick lang darauf brannte, ihn in die Arme zu schließen und mit wilden Küssen zu bedecken und ihn gleichzeitig gegen eine drohende Gefahr zu schützen, der er in seiner dummen Unwissenheit ausgeliefert war. Mit Widerstreben, Bedauern und dem Gefühl sündhafter Leidenschaft erkannte sie diese plötzliche Schwäche, aber im nächsten Augenblick flammte das Gesicht ihres Warschauer Priesters durch ihre berauschten Sinne. Unheil lag in der Luft. Das konnte nur der Teufel sein. Sie fühlte sich erbeben, ihre Knie gaben nach, ihr Körper wankte zur Seite, aber in Colonel Masters' Richtung. Noch eine Sekunde, und sie wäre gegen ihn gefallen, in seine Arme.

Ein Geräusch unterbrach die Stille und brachte sie gerade rechtzeitig zur Besinnung. Es kam von jenseits der Tür, aus Monicas Schlafzimmer.

»Horchen Sie!« flüsterte sie, die Hand auf seinem Arm, und während er sich kaum bewegte, kein Wort sprach, sah sie, wie er seinen Kopf gegen die geschlossene Tür legte. Auf der anderen Seite hörte man Laute – Monicas Stimme war deutlich zu erkennen, daneben ein leiser, schriller Laut, der sie unterbrach und ihr antwortete. Es waren zwei Stimmen.

»Hören Sie«, wiederholte sie mit kaum hörbarem Flüstern. Seine warme Hand preßte die ihre so hart, daß es ihr wehtat.

Zuerst waren keine Worte zu verstehen, nur diese seltsamen, gebrochenen Laute von zwei verschiedenen Stimmen drangen in den dunklen Korridor des schweigenden Hauses – die Stimme eines Kindes und dieser andere schwache, sonderbare, kaum menschliche Laut, der jedoch auch eine Stimme zu sein schien.

»Que le bon Dieu –«, begann sie, stockte aber plötzlich, denn es verschlug ihr den Atem, als sie Colonel Masters sich bücken und durch das Schlüsselloch gucken sah: das war das letzte, was sie für möglich gehalten hätte. Fast eine volle Minute lang hielt er sein Auge ans Schlüsselloch gepreßt; dabei umklammerte er immer noch ihre Hand. Er kniete mit einem Bein, um das Gleichgewicht zu halten.

Die Laute hatten aufgehört, nichts regte sich mehr im Zimmer. Das Nachtlicht, wußte sie, zeigte ihm deutlich die Kissen des Bettes, Monicas Kopf und die Puppe in ihrem Arm. Colonel Masters mußte alles sehen können, was es zu sehen gab, und doch ließ er mit keiner Geste erkennen, daß er etwas sah. Einen Augenblick lang hatte sie das sonderbare Gefühl, daß sie sich vielleicht alles nur eingebildet und damit als eine vollkommene, dumme, hysterische Närrin erwiesen hatte. Sein seltsames Schweigen bestärkte sie in diesem gräßlichen Gefühl. War sie möglicherweise nur eine arme Irre? Hatten alle ihre Sinne sie getäuscht? Warum gab er kein Zeichen – sah er denn nichts? Warum hatten die Stimmen aufgehört? Nicht das leiseste Geräusch drang aus dem Zimmer.

Plötzlich ließ Colonel Masters ihre Hand los, stellte sich wieder auf beide Beine und richtete sich kerzengerade auf. Ängstlich bereitete sie sich auf seine zornigen, verächtlichen Worte vor, die sie jetzt erwartete. Und während sie sich dagegen wappnete, hörte sie ihn zu ihrem größten Erstaunen sagen:

»Ich habe sie gesehen« – die Worte kamen in einem erstickten Flüstern – »ich habe sie gehen sehen!«

Sie stand wie gelähmt.

»Sie lauert auf mich«, fügte er kaum hörbar hinzu, »auf *mich*!«

Diese völlig unerwartete Reaktion raubte ihr zunächst die Sprache, und erst das nackte Entsetzen in seinem halberstickten Flüstern stellte ihre Selbstbeherrschung wieder her. Doch er zuerst fand die Worte wieder, schreckliche, geflüsterte Worte, mehr zu sich selbst als zu ihr gesprochen.

»Ich habe es immer gefürchtet – ich wußte, daß es eines Tages kommen würde – aber nicht auf diese Weise. Nicht in dieser Form.«

Unvermittelt wurde wieder eine Stimme in dem Zimmer hörbar, eine liebliche, sanfte Stimme, aufrichtig und voller Natürlichkeit und Gefühl – Monicas kindliche, bettelnde Stimme:

»Geh nicht fort, laß mich nicht allein! Bitte – komm zurück ins Bett.«

Als Antwort folgte ein unverständlicher Laut – Silben in jenem knarrenden, leisen Ton, den Madame Jodzka wiedererkannte, Silben, die sie nicht verstehen konnte. Wie Eiszapfen drangen sie ihr ins Herz. Sie stand bewegungslos. Und ihr gegenüber stand der Colonel, ein unbeweglicher, mächtiger Schatten. Er neigte sich so dicht zu ihr, daß sie seinen Atem auf ihrer Wange spürte, als er sprach:

»*Buth laga*...«, sie hörte, wie er die Silben wiederholte. »*Rache* – auf Hindustani...« Er machte einen tiefen, gequälten Atemzug. Die Worte sanken wie Gifttropfen in sie ein, die Silben, die sie schon mehrmals gehört, aber nie verstanden hatte. Endlich kannte sie ihre Bedeutung. Rache!

»Ich muß hineingehen«, murmelte er wie zu sich selbst. »Ich muß hineingehen und mich ihr stellen.« Ihre Vermutung war gerechtfertigt; nicht Monica, sondern ihm drohte Gefahr. Ihr plötzlicher, mütterlich beschützender Instinkt hatte ebenfalls seine Erklärung gefunden. Die tödliche Macht, die sich in jener unheimlichen Puppe konzentrierte, war auf *ihn* gerichtet. Er begann ungestüm an ihr vorbeizudrängen.

»Nein!« schrie sie. »Ich werde gehen! Lassen Sie mich hinein!« Und mit all ihrer Kraft versuchte sie, ihn beiseite zu schieben. Aber seine Hand lag bereits auf dem Türgriff, und im nächsten Augenblick hatte er die Tür geöffnet und war im Zimmer. An der Schwelle blieben sie eine Sekunde lang fast Seite an Seite stehen. Sie befand sich nur ein wenig hinter ihm und bemühte sich verzweifelt, an ihm vorbeizukommen und sich schützend vor ihn zu stellen.

Sie starrte über seine Schulter, die Augen so weit aufgerissen, daß ihr angespanntes Bemühen, alles auf einmal zu sehen, das Gegenteil zu bewirken drohte. Aber ihre Augen arbeiteten normal, und sie sah alles, was es zu sehen gab, und das war – nichts; wenigstens nichts Ungewöhnliches, nichts Erschreckendes, so daß zum zweiten Mal Zweifel in ihr aufstiegen. Hatte sie sich bis zu diesem nervenzerrüttenden Zustand erregt, nur um Monica gesund und sicher in einem stillen Zimmer schlafen zu sehen? Das flackernde Nachtlicht enthüllte nicht mehr als ein friedlich schlafendes Kind, ohne irgendein Spielzeug auf dem Kopfkissen. Das Wasserglas stand neben der Blumenvase auf dem Tisch, das Bilderbuch lag in Reichweite auf dem Fensterbrett, und das Fenster dicht über dem Fußboden war ein wenig geöffnet. Monicas Gesicht lag mit einem friedlichen Ausdruck auf dem Kopfkissen. Ihr Atem ging tief und regelmäßig, nirgendwo war ein Zeichen der Unruhe oder Verwirrung, die jenen bittenden Satz vor zwei Minuten begleitet haben konnte, außer daß die Betttücher vielleicht etwas durcheinander waren. Die Steppdecke häufte sich in Falten zum Fußende des Bettes hin, als hätte

Monica sie im Schlaf zurückgeschoben, weil es ihr zu warm gewesen war. Weiter nichts.

Das war das Bild, das Colonel Masters und die Erzieherin im ersten Augenblick in sich aufnahmen, friedlich und hübsch. Es war so still im Zimmer, daß man deutlich die Atemzüge des Kindes hören konnte. Sie ließen ihre Augen überallhin schweifen. Nirgends bewegte sich etwas. Doch im gleichen Augenblick merkte Madame Jodzka eine Bewegung. Irgend etwas regte sich. Nur ihr Gefühl sagte es ihr, denn keiner ihrer Sinne hatte etwas wahrgenommen. Es ließ sich nicht wegleugnen; irgendwo in diesem stillen, schweigenden Zimmer war eine Bewegung, und in dieser unwahrnehmbaren Bewegung lag Gefahr.

Sie war gewiß, ob nun zu Recht oder zu Unrecht, daß sie und das schlafende Kind sicher waren; genau so gewiß war sie, daß Colonel Masters Gefahr drohte. Instinktiv wußte sie es.

»Warten Sie hier bei der Tür«, sagte sie fast gebieterisch, als er an ihr vorbei weiter in das stille Zimmer drängte. »Sie wissen, daß sie auf Sie lauert. Sie ist irgendwo versteckt – seien Sie vorsichtig!«

Sie klammerte sich an ihn, aber er war schon an ihr vorbei.

»Verdammter Unsinn«, murmelte er und schritt vorwärts.

Noch nie zuvor in ihrem ganzen Leben hatte sie einen Mann mehr bewundert als in diesem Augenblick, als sie den Colonel auf jene geistige und körperliche Gefahr zugehen sah – nie zuvor und niemals wieder würde so ein unheimlicher, schrecklicher Anblick sich im Leben einer Frau wiederholen. Mitleid und Entsetzen stürzten sie in eine Flut leidenschaftlichen, aber vergeblichen Verlangens nach ihm. Einen Mann, der seinem Schicksal entgegengeht, flog es ihr durch den Sinn, sollte niemand beobachten, der ihm nicht helfen konnte. Keines Menschen Kraft kann den Lauf der Gestirne aufhalten.

Ihr Auge blieb wie durch Zufall auf den Falten und Vertiefungen der zurückgeschobenen Steppdecke haften. Sie lag im Schatten am Fußende des Bettes, undeutlich und verschwommen in ihren Umrissen. Hätte Monica sich nicht bewegt, wäre sie so bis zum Morgen liegengeblieben. Doch Monica bewegte sich. In diesem entscheidenden Augenblick wälzte sie sich im Schlaf herum. Sie streckte ihre kleinen Beinchen, bevor sie in der neuen Lage zur Ruhe kam, und verschob dabei die schwere Steppdecke am Fußende des Bettes. Das an eine winzige, hügelige Landschaft erinnernde Aussehen der Decke veränderte sich. Eine Figur – eine kleine Figur wurde sichtbar. Bis jetzt hatte sie verborgen zwischen den Schatten gelegen. Wie von einer Feder geschnellt schien sie aus ihrem dunklen Versteck zu springen. Schnell, mit einer übernatürlichen, beängstigenden Geschwindigkeit stieß sie daraus hervor. Mit dem drohend vorgestreckten Kopf, den sich bewegenden Armen und Beinen und ihren bösartig glitzernden Augen bot sie einen grauenhaften Anblick. Die verkörperte Bosheit und Angriffslust drückte sich in der an sich so lächerlichen Figur aus.

Es war die Puppe.

Sie raste mit unglaublicher Schnelligkeit und Gewandtheit über die glatte Oberfläche der faltigen, seidenen Steppdecke, tauchte, kletterte und schoß zielbewußt und wie von Verstand gelenkt vorwärts. Daß sie ein bestimmtes Ziel hatte, war vollkommen offensichtlich. Ihre starren, gläsernen Augen konzentrierten sich auf einen Punkt hinter der von Grauen geschüttelten Erzieherin, genau auf die Stelle, wo Colonel Masters gegen ihre Schulter gelehnt stand.

Eine unbewußte, schützende Bewegung von ihr blieb wirkungslos in der Luft hängen...

Instinktiv wandte sie sich um und legte einen Arm um seine Schulter, den er jedoch sofort abschüttelte.

»Lassen Sie das verdammte Ding kommen!« schrie er. »Ich werde mich zu wehren wissen...!« Er schob Madame Jodzka heftig beiseite.

Die Puppe stürzte sich auf ihn. Während sie auf ihn zuschoß, knarrten die Gelenke ihrer winzigen, gebrochenen Arme und Beine leise – es klang wie die Silben, die Madame Jodzka schon mehr als einmal gehört hatte. Silben, die ihr bisher unverständlich gewesen waren – *buth laga* –, die aber jetzt einen unheilvollen Sinn für sie enthielten: *Rache!*

Bevor Colonel Masters auch nur einen Schritt zu seinem Schutz vor oder zurück tun, bevor er auch nur einen Finger zu seiner Verteidigung rühren konnte, war sie aus dem Bett und sprang ihn an. Sie packte zu. Wild bissen ihre winzigen Kiefer, die man einer solchen Tat nicht für fähig gehalten hätte, tief in Colonel Masters Kehle und krampften sich dort fest.

Wie ein Blitz geschah dies, wie ein Blitz ging es vorüber. In Madame Jodzkas Gedächtnis prägte sich diese

Erinnerung jedenfalls wie ein weiß auf schwarz gemeißelter Blitz ein. Mit seinem Hereinbrechen hatte dieses Ereignis Gegenwärtiges und Vergangenes ausgelöscht. Kaum war es da, war es auch schon wieder verschwunden. Wie nach einem blendenden, flammenden Blitzstrahl waren ihre Sinne einen Augenblick lang gelähmt, nichts Vergangenes oder Gegenwärtiges existierte mehr. Sie war Zeuge dieses furchtbaren Geschehens gewesen, aber sie hatte es nicht erfaßt. Und weil sie es nicht erfassen konnte, lähmte und betäubte es sie. Colonel Masters jedoch stand neben ihr, als hätte sich nichts Ungewöhnliches ereignet, vollkommen beherrscht, ruhig und gesammelt. Im Augenblick des Angriffs war kein Laut über seine Lippen gekommen, er hatte nicht einmal versucht, sich zu verteidigen. Er hatte es hingenommen, wie es gekommen war. Was er dann sagte, erschreckte sie um so mehr wegen seiner Belanglosigkeit.

»Wäre es nicht besser, wenn Sie die Steppdecke vielleicht ein bißchen geradezögen?«

Gesunder Menschenverstand, im rechten Augenblick angewandt, vermag die Hysterie zu verscheuchen. Madame Jodzka war verblüfft, aber sie gehorchte. Automatisch ging sie vorwärts, um seiner Bitte nachzukommen. Dabei sah sie, wie er etwas von seinem Hals abstreifte, als hätte eine Wespe, ein Moskito oder irgendein anderes giftiges Insekt versucht, ihn zu stechen. An mehr erinnerte sie sich nicht, denn in seiner Ruhe war ihm nichts anzumerken.

Als sie versuchte, die Falten der Steppdecke zu glätten, fand sie zu ihrer Verwunderung Monica wach im Bett sitzen.

»Oh, Doska – du bist hier!« rief das Kind sie verschlafen mit ihrem liebevollen Spitznamen an. »Und Vati auch! Oh, wie fein...!«

»Ich w–will dich nur zudecken, Liebling«, stotterte sie, kaum wissend, was sie sagte. »Du sollst dich schlafen legen. Ich wollte eben nur einmal nachsehen...« Mechanisch murmelte sie noch ein paar Worte.

»Und Vati ist auch hier!« wiederholte das Kind aufgeregt, immer noch schlaftrunken und verwundert, was all dies wohl bedeutete. »Ooh! Ooh!« – und streckte die Arme nach ihnen aus.

Dieser kurze Wortwechsel, man braucht fast eine Minute, ihn zu beschreiben und wiederzugeben, dauerte vielleicht nur zehn Sekunden – genau so lang, wie die Erzieherin an der Steppdecke herumfingerte und Colonel Masters etwas von seinem Hals abstreifte und wegschleuderte. Nichts als dies und ihr lautes Atmen war zu vernehmen; aber noch etwas anderes – sie schwört es bei all ihren Heiligen – sah Madame Jodzka.

In Augenblicken lähmenden Entsetzens arbeiten die Sinne nicht etwa entsprechend langsamer oder weniger genau; im Gegenteil, ihre Funktion wird noch verstärkt und beschleunigt – nur die Registrierung ihrer Meldungen dauert länger. Das benebelte Gehirn verursacht diese offensichtliche Verzögerung: das Erfassen des Wahrgenommenen wird verlangsamt.

Madame Jodzka erfaßte daher erst den Bruchteil einer Sekunde später, was ihre Augen unzweifelhaft wahrgenommen hatten: ein dunkelhäutiger Arm hatte sich durch das offene Fenster neben dem Bett geschoben, den kleinen Gegenstand vom Fußboden aufgenommen, den

Colonel Masters von seiner Kehle geschleudert hatte, und war mit blitzartiger Geschwindigkeit wieder im Dunkel der Nacht verschwunden.

Niemand außer ihr hatte augenscheinlich diesen Vorgang beobachtet, fast übernatürlich schnell hatte es sich ereignet.

»Und nun wirst du ganz schnell einschlafen, glückliche kleine Monica«, flüsterte Colonel Masters jetzt an ihrem Bettchen. »Ich wollte eben nur einmal nachsehen, ob dir auch nichts fehlt…«; seine Stimme klang dünn und erschreckend tonlos.

Madame Jodzka, die noch starr vor Entsetzen an der Tür stand, sah zu und lauschte.

»Fehlt dir auch nichts, Vati? Ganz bestimmt nicht? Ich habe so schrecklich geträumt, aber jetzt ist es vorbei.«

»Aber nein, Monica. Mir geht es großartig. Besser als je in meinem Leben. Aber noch besser wird es mir gehen, wenn du jetzt ganz schnell wieder einschläfst. Ich will diese dumme Kerze ausblasen, denn bestimmt bist du nur davon aufgewacht.«

Zusammen mit dem Kind, das schläfrig dabei auflachte und sich dann still in seinem Bettchen zusammenkuschelte, blies er die Kerze aus. Leise und auf Zehenspitzen ging er danach zu Madame Jodzka an die Tür. »Viel Lärm um nichts«, hörte sie ihn mit der gleichen, schrecklich tonlosen Stimme murmeln, und als sie wieder hinter der geschlossenen Tür im dunklen Korridor standen, tat er plötzlich etwas völlig Unerwartetes. Colonel Masters nahm Madame Jodzka in die Arme, preßte sie einen Augenblick lang heftig an sich, küßte sie leidenschaftlich und stieß sie dann von sich.

»Gott segne Sie – und vielen Dank!« sagte er mit leiser, ärgerlicher Stimme. »Sie haben ihr Bestes getan. Sie haben sich großartig benommen. Ich aber habe bekommen, was ich verdient habe. Seit Jahren habe ich darauf gewartet.« Dann eilte er die Treppe zu seinen Zimmern hinauf. Auf halbem Wege blieb er stehen und blickte herab zu Madame Jodzka, die gegen das Treppengeländer gelehnt stand. »Sagen Sie dem Doktor«, flüsterte er rauh, »daß ich ein Schlafmittel genommen habe – eine Überdosis.«

Und das war es auch, was Madame Jodzka dem Arzt am nächsten Morgen ungefähr erzählte. Ein dringender Telefonanruf hatte ihn an das Bett gebracht, in dem ein toter Mann mit geschwollener, schwärzlich verfärbter Zunge lag. Bei der gerichtlichen Untersuchung gab sie die gleiche Schilderung, und die leere Flasche eines starken Schlafmittels unterstützte ihre Angaben…

Und Monica – noch zu jung, um über den Kummer eines egoistisch empfundenen Verlustes hinaus größeren Schmerz zu fühlen – erwähnte seltsamerweise nicht ein einziges Mal das Fehlen ihrer geliebten Puppe, die ihr in vielen Stunden, bei Tag und bei Nacht, ein so vertrauter Spielgefährte gewesen war. Sie schien völlig vergessen und aus ihrer Erinnerung gelöscht zu sein, als hätte sie niemals existiert. Wenn die Rede auf eine Puppe kam, blieb sie vollkommen unbeteiligt; sie zog ihre abgenutzten, unansehnlichen Teddybären vor. Die Schiefertafel ihrer Erinnerung war von diesen Vorgängen reingewischt.

»Sie sind so warm und zutraulich«, beschrieb sie ihre

Bären, »und sie kitzeln nicht, wenn ich sie liebhabe. Außerdem«, fügte sie unschuldig hinzu, »quieken sie nicht und versuchen nicht auszukneifen.«

Und in der Vorstadt, wo vereinzelte Straßenlaternen die Finsternis der Nacht nicht zu durchdringen vermögen und der feuchte Wind flüsternd durch die trauernd herabhängenden Zweige der silbrigen Kiefern streicht, wo sich nichts ereignet und wo die Lichter der City die Leute magisch anziehen, geht das Leben weiter; nur gelegentlich regt sich etwas zwischen den toten, trockenen Ästen, hinter denen sich die Mauern respektabler Villen verbergen...

Daphne du Maurier

Der Apfel-
baum

Es waren drei Monate seit ihrem Tode verstrichen, da fiel ihm der Apfelbaum zum erstenmal auf. Er hatte ihn natürlich schon immer gekannt, stand er doch zusammen mit den anderen vor dem Hause auf dem Rasen, der sich sanft ansteigend bis an das angrenzende Feld erstreckte. Dennoch hatte er an diesem Baum, der ja nicht anders war als die übrigen, nichts weiter bemerkt, als daß er der dritte von links war und, ein wenig abseits stehend, sich stärker an die Terrasse lehnte.

Es war an einem schönen, klaren Morgen zu Beginn des Frühjahrs, und er rasierte sich bei offenem Fenster. Als er sich, den Seifenschaum noch im Gesicht, den Rasierapparat in der Hand, aus dem Fenster lehnte, um die frische Luft einzusaugen, fiel sein Blick auf den Apfelbaum. Wahrscheinlich lag es an der Beleuchtung, vielleicht waren die Strahlen der Sonne, die über den Wäldern aufstieg, zufällig gerade in diesem Augenblick auf den Baum gefallen; jedenfalls war die Ähnlichkeit unverkennbar.

Er legte den Rasierapparat auf das Fenstersims und starrte hinaus. Der Baum war dürr, schief gewachsen und bedauernswert kümmerlich. Von der knorrigen Gesundheit der anderen Bäume war an ihm nichts zu bemerken, und die wenigen Äste, die wie schmale Schultern bei einem großen Menschen hoch am Stamm ansetzten, breiteten sich aus in märtyrerhafter Ergebenheit, als ob es sie in der frischen Morgenluft fröstelte. Das Drahtgeflecht, das den Stamm bis zur halben Höhe umgab, schlotterte wie ein ärmlicher, grauer Rock um magere Glieder. Der oberste Zweig reckte sich über alle anderen in die Luft, war aber dennoch ein wenig geneigt, so daß er wie ein vornübergebeugter Kopf wirkte.

Wie oft hatte er Midge so niedergeschlagen stehen sehen! Wo immer es gewesen war, ob im Garten oder im Haus, ja selbst während des Einkaufens in der Stadt, immer wieder hatte sie den Kopf so Mitleid heischend zur Seite geneigt, als wolle sie allen kundtun, das Leben habe ihr schwer mitgespielt; sie vor allen anderen sei ausersehen, an einer besonders schweren Last zu tragen, die sie klaglos bis zum Ende schleppen würde.

»Midge, du siehst so abgearbeitet aus, um Himmels willen, setze dich doch und ruhe dich ein wenig aus!« – Diese Worte hatte sie immer nur mit dem unvermeidlichen Achselzucken und dem unvermeidlichen Seufzen beantwortet: »Jemand muß die Arbeit schließlich machen.« Daraufhin pflegte sie sich wieder an das öde Einerlei all der unnützen Arbeiten zu begeben, die tagaus, tagein, das liebe lange Jahr hindurch zu verrichten sie sich auferlegt hatte.

Er starrte noch immer auf den Apfelbaum. Die gebeugte Haltung, der geneigte Wipfel, die müden Zweige, die wenigen verdorrten Blätter, die der Wind und der Regen des vergangenen Winters nicht hatte von den Zweigen lösen können und die jetzt wie Haarbüschel im Frühlingswind flatterten, all das klagte den Besitzer des Gartens, der darauf hinabschaute, stumm an: »Deinetwegen bin ich so! Weil du mich vernachlässigt hast!« Er wandte sich vom Fenster ab und fuhr fort, sich zu rasieren.

Er durfte diesen Gedanken keinen Raum geben, durfte sich nicht diesen Phantasiebildern überlassen, jetzt, da er endlich begann, sich frei zu fühlen. Er badete, zog sich an und ging hinunter, um zu frühstücken. Eier und Speck erwarteten ihn auf der Wärmeplatte, er stellte sie vor seinen einsamen Platz, der für ihn am Eßtisch gedeckt war. Die sauber gefaltete letzte Nummer der ›Times‹ lag zu seiner Rechten.

Als Midge noch lebte, hatte er sie ihr aus langer Gewohnheit immer zuerst gereicht. Wenn sie ihm die Zeitung nach dem Frühstück zurückgab und er sie mit ins Arbeitszimmer nahm, war sie unsauber zusammengefaltet, und die Blätter lagen in falscher Reihenfolge, so daß ihm die Lust zu lesen schon fast vergangen war. Nicht einmal die Meldungen selbst waren ihm neu; denn Midge hatte die Angewohnheit, die wichtigsten Nachrichten laut vorzulesen und abfällige Bemerkungen über das Gelesene zu machen, um ihre Verachtung zu zeigen.

Las sie zum Beispiel, daß gemeinsame Freunde eine Tochter bekommen hatten, so schluckte sie zuerst, ruckte dann ein wenig mit dem Kopf und sagte schließlich: »Die Armen, wieder ein Mädchen!«, oder wenn es ein Junge war: »Es wird nicht leicht sein, heutzutage einen Jungen zu erziehen.« Er dachte, diese Bemerkungen hätten ihre psychologischen Gründe; denn sie selbst hatten keine Kinder, und er glaubte, sie mißgönne anderen dies Glück. Aber später machte sie bei jeder guten, freudigen Nachricht diese Bemerkungen, als sei jeder Freude ein Gift beigemischt.

»Es sollen in diesem Jahre viel mehr Menschen verreist sein als in den vergangenen. Hoffentlich haben sie sich auch gut erholt. Mehr kann man nicht wünschen.«

Es lag aber keine rechte Freude in diesen Worten, sie klangen eher verächtlich.

Nach dem Frühstück pflegte sie den Stuhl zurückzuschieben, »ach, ja...« zu sagen und den Satz nicht zu beenden. Aber das Aufseufzen, das Achselzucken, die Wölbung ihres langen, schmalen Rückens, während sie das Geschirr forträumte – um dem Tagmädchen die Arbeit abzunehmen –, all das war ein ständiger Vorwurf gegen ihn, der ihnen das Dasein seit langen Jahren verbittert hatte.

Wortlos, immer zuvorkommend, pflegte er ihr die Tür zu öffnen. Sie ging an ihm vorüber, gebeugt unter der Last des schwerbeladenen Tabletts, das sie gar nicht hätte abzutragen brauchen. Bald darauf hörte er durch die halbgeöffnete Tür in der Anrichte auch schon den Wasserhahn laufen. Dann setzte er sich noch einmal an den Tisch. Die ›Times‹ lag vor ihm, neben dem Toastständer. Sie war zerknittert und mit Marmelade beschmiert. Wieder, in ewiger Gleichförmigkeit, hämmerte die Frage auf ihn ein: »Was habe ich getan?«

Nicht, daß sie gekeift hätte. Keifende Frauen gehörten genau so wie die bösen Schwiegermütter zu den abgedroschenen Witzen in den Kabaretts. Er konnte sich nicht erinnern, Midge jemals aus der Haut fahren oder streitsüchtig gesehen zu haben. Es war nur dieser ständige halbverhohlene Vorwurf gegen ihn, zusammen mit ihrer Duldermiene, die die Atmosphäre seines Hauses vergifteten und ihm ein heimliches Schuldgefühl eingaben.

Einmal, als es regnete, wollte er sich in sein Arbeitszimmer zurückziehen. Der Heizofen glühte, das Zimmer füllte sich mit dem Rauch der ersten Pfeife nach dem Frühstück. Er setzte sich an den Schreibtisch, um, wie er Midge gesagte hatte, Briefe zu schreiben. Das war jedoch nur ein Vorwand gewesen; er wollte die Behaglichkeit und Sicherheit seiner vier Wände genießen, die nur ihm gehörten. Da öffnete sich plötzlich die Tür, Midge trat herein, den breitrandigen Filzhut tief in die Stirn gedrückt, rümpfte die Nase, zwängte sich in den Regenmantel und sagte: »Huh, was für eine stickige Luft!« Er antwortete nicht, sondern rutschte auf seinem Sessel hin und her und verdeckte mit dem Arm den Roman, den er aus Langeweile vom Bücherregal genommen hatte.

»Fährst du nicht in die Stadt?« fragte sie ihn.

»Ich hatte nicht die Absicht.«

»Ach! Nun, es macht nichts.« Sie drehte sich um, um hinauszugehen.

»Warum, möchtest du etwas besorgt haben?«

»Ach, nur den Fisch zum Lunch morgen. Mittwoch gibt es keinen Fisch. Ich kann ihn ja auch selbst holen, wenn du beschäftigt bist. Ich dachte nur...«

Und draußen war sie, ohne den Satz zu beenden.

»Gut, Midge«, rief er ihr nach. »Ich werde den Wagen nehmen und ihn sofort holen. Es hat keinen Sinn, sich so durchnässen zu lassen.«

Da er glaubte, sie habe ihn nicht gehört, ging er ihr nach in die Halle. Sie stand in der offenen Haustür, der feine Regen sprühte auf sie hernieder. Sie trug einen langen, flachen Korb am Arm und zog ein Paar Handschuhe an, um im Garten zu arbeiten.

»Ich werde sowieso naß«, sagte sie, »es macht also nichts. Schau, die Blumen dort müssen hochgebunden werden. Wenn ich fertig bin, werde ich den Fisch holen.«

Seine Einwände wären zwecklos gewesen. Sie hatte es sich nun einmal in den Kopf gesetzt. Er schloß die Tür hinter ihr und ging wieder ins Arbeitszimmer. Irgendwie war jede Behaglichkeit verflogen. Er schaute aus dem Fenster; sie hastete mit nachlässig zugeknöpftem Regenmantel, vor Nässe triefendem Hut und dem mit halbverwelkten Astern gefüllten Gartenkorb vorüber. Sein Gewissen ließ ihm keine Ruhe und er stellte den elektrischen Heizofen kleiner.

Ein anderes Mal war es Frühling gewesen, fast schon Sommer. Er schlenderte ohne Kopfbedeckung durch den Garten, die Hände in den Taschen vergraben. Er hatte nichts anderes im Sinn, als sich die Sonne auf den Rücken scheinen zu lassen, die Wälder und Felder und den sich schlängelnden Bach zu betrachten. Er hörte von oben das Geräusch des auf vollen Touren laufenden Staubsaugers, doch plötzlich brach es ab. Er stand auf der Terrasse, und Midge rief zu ihm hinunter: »Hast du etwas Bestimmtes vor?«

Nein. Der Geruch des Frühlings, des beginnenden Sommers hatte ihn in den Garten getrieben. Jetzt, da er nicht mehr in der Stadt arbeitete, sondern von seinem Vermögen lebte, hatte er das köstliche Gefühl, daß die Zeit keine Rolle mehr spielte und er sie vertun konnte, wie es ihm beliebte.

»Nein«, sagte er. »Es ist ein so herrlicher Tag. Warum?«

»Ach, nichts«, antwortete sie. »Das Abflußrohr unter dem Küchenfenster ist nur wieder kaputt. Es ist völlig verstopft, kein Tropfen Wasser geht mehr hindurch. Das kommt daher, weil niemand sich darum kümmert. Ich muß heute nachmittag selbst einmal nach dem Rechten sehen.«

Ihr Gesicht verschwand. Sogleich hörte er, wie der Staubsauger wieder anlief. Wie dumm, daß eine solche Unterbrechung einem den ganzen schönen Tag verleiden konnte. Nicht ihre Bitte, nicht die Arbeit war es, die ihn verstimmte (denn bei der Säuberung des Abflußrohres kam er sich vor wie ein Schulbub, der im Schlamm spielt), sondern ihr bleiches Gesicht, mit dem sie auf die sonnenüberflutete Terrasse hinunterblickte, die Handbewegung, mit der sie sich einige Haare aus der Stirn strich, der unvermeidliche Seufzer, ehe sie sich wieder ihrer Arbeit zuwandte, das unausgesprochene »Ich wollte, ich hätte einmal soviel Zeit, um auch so in der Sonne stehen zu können. Ach, ja...«

Einmal hatte er es gewagt, sie zu fragen, warum denn der ewige Hausputz notwendig sei. Wozu das unablässige Ausräumen aller Zimmer! Wozu mußten alle Stühle aufeinander gestellt, Teppiche aufgerollt und alle umherstehenden Kleinigkeiten zusammen auf große Bogen Zeitungspapier gestellt werden! Warum mußte vor allen Dingen neben dem Läufer auf dem oberen Korridor, wo sowieso niemand hintrat, so umständlich mit der Hand gebohnert werden; warum Midge und die Putzfrau abwechselnd auf den Knien den ganzen Korridor entlangrutschen wie Sklaven in längst vergangener Zeit?

Midge hatte ihn nur verständnislos angestarrt.

»Du wärest der erste, der sich beklagte«, sagte sie, »wenn das Haus wie ein Schweinestall aussähe. Du willst es doch gemütlich haben.«

Sie lebten in verschiedenen Welten, aneinander vorbei. War das immer so gewesen? Er wußte es nicht. Sie hatten vor fünfundzwanzig Jahren geheiratet und lebten seitdem aus lauter Gewohnheit zusammen unter einem Dache.

Als er noch ins Geschäft ging, schien es anders gewesen zu sein. Er hatte jedenfalls nicht so viel davon bemerkt. Er kam nach Hause, aß, schlief und fuhr mit dem Frühzug wieder fort. Doch als er seinen Beruf aufgab, trat sie plötzlich mit Macht in sein Bewußtsein, und von Tag zu Tag spürte er ihren Groll, ihre Mißbilligung deutlicher.

Im letzten Jahr vor ihrem Tod schließlich hatte er alles Zureden aufgegeben. Er hatte seine Zuflucht zu kleinen Ausreden genommen, um fortgehen zu können. Er sagte, er müsse nach London, um sich die Haare schneiden zu lassen, müsse zum Zahnarzt oder sei von einem alten Geschäftsfreund zum Essen eingeladen worden und aß in Wirklichkeit in seinem Klub, am Fenster, ganz allein, aber in Frieden.

Die Krankheit, die sie ihm so plötzlich von der Seite riß, war Gott sei Dank nicht langwierig gewesen. Sie hatte eine Grippe, der eine Lungenentzündung folgte. Nach einer Woche war sie tot. Er wußte kaum, wie es geschah. Sie war, wie gewöhnlich, übermüdet, hatte sich erkältet und wollte nicht ins Bett. Eines Abends, als er mit dem Spätzug aus London nach Hause kam, wo er im Kino gewesen war und sich an diesem kalten Dezembertag mitten unter den Menschen recht wohl gefühlt hatte, fand er sie im Keller über den Heizungsofen gebeugt. Sie stocherte darin herum und zerstieß die halb ausgebrannten Koksstücke.

Sie schaute mit verhärmtem und vor Ermüdung bleichem Gesicht zu ihm auf.

»Was, um Gottes willen, machst du denn da, Midge?« rief er.

»Es ist der Ofen«, sagte sie, »den ganzen Tag haben wir uns schon mit ihm herumgeärgert. Er will nicht brennen. Wir müssen morgen unbedingt jemanden kommen lassen, der nachsieht, was daran nicht in Ordnung ist. Ich kann es wirklich nicht allein machen.« Ihre Wange war rauchgeschwärzt. Sie ließ den schweren Schürhaken auf den Kellerboden fallen, begann zu husten und zuckte vor Schmerzen zusammen.

»Du gehörst ins Bett«, sagte er. »Solcher Unsinn! Zum Teufel, laß doch den Ofen Ofen sein!«

»Ich dachte, du kämst zeitig nach Hause«, sagte sie, »und hättest dann Feuer machen können. Es ist den ganzen Tag so bitter kalt gewesen, es ist mir unbegreiflich, wie du dich in London herumtreiben konntest.« Sie stieg mit gebeugtem Rücken langsam die Kellertreppe hinauf, und als sie oben war, blieb sie stehen und begann mit halb geschlossenen Augen zu zittern. »Wenn es dir nicht gar zu unangenehm ist«, sagte sie, »so mache ich dir jetzt gleich dein Abendessen, dann bin ich fertig. Ich selbst möchte nichts essen.«

»Zum Teufel mit dem Abendbrot«, sagte er. »Ich werde schon etwas finden. Geh du nur hinauf ins Bett. Ich werde dir etwas Heißes zu trinken bringen.«

»Ich sagte dir doch, ich möchte nichts essen«, sagte sie. »Meine Wärmflasche kann ich auch selbst füllen. Ich möchte dich nur um eines bitten. Vergiß nicht nachzuschauen, ob auch nirgends mehr Licht brennt, wenn du nach oben kommst.« Sie ging mit hängenden Schultern in die Halle.

»Soll ich dir nicht doch ein Glas heiße Milch bringen?« fragte er unsicher von neuem, während er den Mantel auszog. Dabei fiel ihm die Kinokarte aus der Tasche auf den Fußboden. Sie sah es, sagte aber kein Wort. Sie begann wieder zu husten und schleppte sich die Treppe hinauf.

Am nächsten Morgen hatte sie vierzig Grad Fieber. Der Arzt kam und stellte eine Lungenentzündung fest. Sie fragte, ob es nicht besser sei, sie käme ins Krankenhaus; eine Pflegeschwester ins Haus zu nehmen, bedeute zuviel Arbeit. Das war am Dienstagmorgen. Sie kam ins Krankenhaus, und am Freitagmorgen wurde ihm gesagt, sie werde die Nacht wahrscheinlich nicht überleben. Er ging, nachdem man ihm das mitgeteilt hatte, zu ihr hinein. Er sah sie im unpersönlichen Krankenhausbett liegen, und sein Herz zog sich vor Mitleid zusammen, denn er fand, man habe ihr zu viele Kissen gegeben und der Kopfteil des Bettes sei zu hoch gestellt, so daß sie sicherlich keine Ruhe finden konnte.

Er hatte ihr Blumen mitgebracht, fand es jedoch nicht richtig, sie der Schwester zu geben, damit diese sie in eine Vase stelle; denn Midge war zu krank, um auch nur einen Blick darauf zu werfen. In einem Anflug von Zartgefühl legte er sie auf den Tisch hinter dem Wandschirm, als die Schwester sich über sie beugte.

»Braucht sie vielleicht irgend etwas?« fragte er. »Ich meine, ich könnte sehr gut...« Er brachte den Satz nicht zu Ende, er ließ ihn in der Luft schweben und hoffte, die Schwester verstehe, was er meinte, daß er nämlich mit dem Wagen irgendwohin fahren könne, um irgend etwas zu holen, falls etwas gebraucht werde.

Die Schwester schüttelte den Kopf. »Wir werden Sie anrufen«, sagte sie, »falls eine Veränderung eintreten sollte.« Was für eine Veränderung denn, fragte er sich, als er draußen vor dem Krankenhaus stand. Das weiße, abgehärmte Gesicht auf den Kissen würde sich nicht mehr verändern, es gehörte niemandem mehr.

Midge starb am Sonnabend in den frühen Morgenstunden.

Er war nicht religiös und glaubte nicht recht an die Unsterblichkeit, doch als das Begräbnis vorüber war, quälte ihn der Gedanke, daß ihr armer Körper nun in dem nagelneuen Sarg mit den Messinggriffen ganz allein liegen sollte. Es schien ihm gefühllos, das zuzulassen. Der Tod müßte ganz anders sein. Er stellte sich vor, er müsse wie ein Abschiednehmen vor einer langen Reise sein, allerdings völlig schmerzlos. Es lag etwas Unanständiges in dieser Übereilung, mit der man einen Menschen unter die Erde brachte, der nur durch bösen Zufall kein atmendes, lebendes Geschöpf mehr war. Als sie den Sarg in das offene Grab hinunterließen, stellte er sich in seiner Betrübnis vor, Midge sagte »ach, ja...«.

Er hoffte inständig, die arme Midge möge trotz allem in Zukunft in einem unsichtbaren Paradies leben und – ohne zu bemerken, was mit ihrer leiblichen Hülle geschah – irgendwie durch grüne Täler wandern. Aber mit wem? fragte er sich. Ihre Eltern waren schon vor vielen Jahren in Indien gestorben, und selbst wenn Midge sie am Himmelstor träfe, wäre nicht mehr viel Gemeinsames da, was sie miteinander verbände.

Plötzlich stellte er sich vor, wie sie vor dem Himmelstor Schlange stand, ziemlich am Ende, wie es meistens ihr Schicksal gewesen war. Sie trug die große Einkaufstasche aus geflochtenem Stroh, die sie überallhin mitzunehmen pflegte, und wartete mit dem geduldigen Märtyrerblick. Als sie durch das Drehkreuz ins Paradies trat, schaute sie vorwurfsvoll zu ihm hinunter.

Diese beiden Bilder, das vom Sarg und von der Schlange, beunruhigten ihn etwa eine Woche lang und verblaßten von Tag zu Tag ein wenig mehr.

Dann vergaß er sie. Er war frei! Er freute sich des sonnigen, leeren Hauses, des strahlenden, frostklaren Wetters. Niemand schrieb ihm vor, wie er sich seinen Tag einzuteilen hatte. Er dachte nicht mehr an Midge, bis eben an diesem Morgen sein Blick auf den Apfelbaum fiel.

Später, am gleichen Tage, schlenderte er durch den Garten, und die Neugier zog ihn zum Apfelbaum. Es war doch nur eine dumme Einbildung gewesen. Am Baum war nichts Auffälliges – ein Apfelbaum wie jeder andere. Plötzlich erinnerte er sich daran, daß der Baum von jeher schwächer als alle anderen gewesen war – er war in der Tat nicht halb so stark wie die übrigen Bäume – und daß einmal davon die Rede gewesen war, ihn zu fällen. Aber es war nichts daraus geworden. Jetzt wäre es eine nette Wochenendbeschäftigung für ihn. Außerdem roch Apfelholz besonders gut, wenn es brannte. Es würde ein Genuß werden, wenn es erst im Kamin knisterte.

Unglücklicherweise regnete es nach diesem Tage fast eine Woche ununterbrochen, so daß er die Arbeit, die er sich vorgenommen hatte, nicht ausführen konnte. Er hatte keine Lust, bei diesem Wetter draußen zu sein und sich womöglich zu erkälten. Er sah den Baum von seinem Schlafzimmerfenster aus immer noch. Es begann ihn zu beunruhigen, wie er so abseits von den anderen, dünn und verwachsen im Regen dastand. Es war nicht kalt, und der sanfte Regen war ein Segen für den Garten. Keiner der anderen Bäume war in einem so elenden Zustande wie dieser. Neben ihm stand ein junger Apfelbaum – das Bäumchen war, wie er sich noch erinnerte, erst vor wenigen Jahren gepflanzt worden der war aufrecht und fest gewachsen und streckte die jungen Triebe in den Himmel, daß es ganz so aussah, als freute er sich über den Regen. Er schaute durch das Fenster zum Bäumchen hinüber und lächelte. Aber warum, zum Teufel, mußte er plötzlich an den Zwischenfall mit dem Mädchen denken, das vor einigen Jahren aufs Land gekommen war, um auf dem Nachbarhof zu helfen?

Er überlegte: Tatsächlich, er hatte monatelang nicht mehr an sie gedacht. Und außerdem, was war denn schon dabei gewesen? Er hatte während des Krieges übers Wochenende auf dem Hof ausgeholfen – sie war dort gewesen, sie war fröhlich, hübsch und lächelte immer. Sie hatte schwarze Locken, war braungebrannt und jungenhaft und hatte eine Haut wie ein frischer junger Apfel.

Er freute sich darauf, sie sonnabends oder sonntags zu sehen. Sie war ein Gegengift gegen die unvermeidlichen neuesten Meldungen und Klagen über die Kriegsverhältnisse, die er den ganzen Tag über von Midge zu hören bekam. Er schaute die Kleine in den engen Kniehosen und den hellen Blusen gern an; sie war fast noch ein Kind, höchstens neunzehn Jahre alt, und wenn sie lachte, war es, als umarmte sie die ganze Welt.

Er wußte nicht, wie es geschah, und es war doch auch so harmlos. Eines Tages hatte er etwas am Traktor zu tun und beugte sich über den Motor. Sie stand in der Scheune neben ihm, ganz nahe. Sie lachten, er drehte sich um, um nach der Putzwolle zu greifen und einen Zapfen zu säubern, da lag sie plötzlich in seinen Armen, und er hatte sie geküßt. Es war schön, ganz spontan und frei von jeder Überlegung, und das Mädchen so warm und so reizend mit ihrem frischen, jungen Mund.

Dann hatten sie weiter am Traktor gearbeitet, gemeinmeinsam jetzt, mit einer Vertraulichkeit, die sie beide fröhlich und friedlich zugleich gemacht hatte. Als das Mädchen die Schweine füttern mußte, ging er mit ihr aus der Scheune hinaus. Er hatte ihr seine Hand auf die Schulter gelegt, es war eine nichtssagende, bedeutungslose Geste gewesen, eine harmlose Liebkosung. Als sie in den Hof traten, stand Midge da und starrte sie an. »Ich muß zur Rot-Kreuz-Versammlung«, sagte sie, »aber der Motor will nicht anspringen. Ich rief dich, aber du scheinst mich nicht gehört zu haben.« Ihr Gesicht war unbeweglich. Sie schaute das Mädchen an.

Sofort hatte er sich schuldig gefühlt. Das Mädchen grüßte Midge freundlich und ging über den Hof zu den Schweinen.

Er war mit Midge zum Wagen gegangen und hatte ihn durch einen Handgriff in Gang gebracht. Midge dankte ihm mit tonloser Stimme. Er konnte ihr nicht in die Augen blicken. Das also war Ehebruch, das also war

Sünde! So etwas stand auf der zweiten Seite in der Sonntagszeitung: »Ehemann im vertrauten Umgang mit einem Mädchen der Landhilfe in einer Scheune. Ehefrau Augenzeugin.« Die Hände zitterten ihm, als er nach Hause ging, und er mußte einen Whisky trinken. Sie sprachen nie darüber. Midge erwähnte die Angelegenheit mit keinem Wort. Eine feine Regung hielt ihn davon ab, am nächsten Wochenende wieder auf den Hof zu gehen, und dann hörte er, die Mutter des Mädchens sei erkrankt; es sei zu seinen Eltern nach Hause gefahren.

Er hatte es nie wiedergesehen. Warum, fragte er sich, kam es ihm gerade heute in den Sinn, während er hinabschaute und beobachtete, wie der Regen auf die Apfelbäume rieselte? Es würde das beste sein, den alten Baum zu fällen, und sei es auch nur, um dem jungen, emporstrebenden mehr Licht zu geben. Er konnte sich im Schatten des alten nur schlecht entwickeln.

Am Freitag nachmittag ging er in den Gemüsegarten, um Willis, dem Gärtner, der dreimal in der Woche kam, seinen Lohn zu zahlen. Bei dieser Gelegenheit wollte er im Gerätehaus nachschauen, ob Axt und Säge in gutem Zustand wären. Willis hatte die Gartengeräte in Ordnung zu halten, dazu hatte Midge ihn angehalten; Axt und Säge hingen wie immer an ihrem Platz an der Wand.

Er zahlte Willis seinen Lohn und wandte sich zum Gehen, als dieser plötzlich sagte: »Ist es nicht seltsam, Sir, mit dem alten Apfelbaum?« Diese Bemerkung kam so unerwartet, daß er erschrak. Er fühlte, wie ihm das Blut in den Kopf schoß.

»Apfelbaum? Was für ein Apfelbaum?« fragte er.

»Nun, der am Ende der Terrasse«, antwortete Willis,

»er hat, solange ich hier arbeite – und das tue ich nun schon etliche Jahre lang –, niemals Früchte getragen. Keinen Apfel und auch keine einzige Blüte. Wir wollten ihn schon in dem strengen Winter fällen, vielleicht erinnern Sie sich noch daran, aber dann haben wir es doch unterlassen. In diesem Jahr scheint neues Leben in ihn gekommen zu sein. Haben Sie es noch nicht gesehen?« Der Gärtner schaute ihn lächelnd und mit einem verschmitzten Ausdruck an.

Was meinte der Kerl? Sollte tatsächlich auch der Gärtner diese blödsinnige Ähnlichkeit bemerkt haben? Nein, das war ganz und gar unmöglich, der Gedanke war lächerlich! Außerdem war es ihm schon wieder ganz aus dem Sinn gekommen, er hatte selbst nicht mehr daran gedacht.

»Ich habe nichts gesehen«, sagte er, es klang wie eine Entschuldigung.

Willis lachte. »Kommen Sie mit zur Terrasse, Sir«, sagte er. »Ich werde es Ihnen zeigen.« Sie gingen zusammen den leicht abschüssigen Rasen hinunter, und als sie unter dem Apfelbaum standen, zog Willis einen Zweig herunter, den er erreichen konnte. Er knarrte ein wenig, als sei er völlig steif und unnachgiebig. Willis entfernte mit dem Finger die trockene Flechte, die sich am Zweig festgesetzt hatte und legte die spitzen Triebe bloß. »Sehen Sie, Sir, er treibt Knospen. Schauen Sie, fühlen Sie selbst. Es ist noch Leben drin. Ich hab so etwas noch nicht erlebt. Sehen Sie, auch dieser Zweig.« Er ließ den einen los, reckte sich empor und ergriff einen anderen.

Willis hatte recht. Der Baum hatte viele Knospen angesetzt. Allerdings waren sie klein und braun und schienen kaum den Namen Knospen zu verdienen. Sie saßen an den Zweigen, als gehörten sie nicht recht dorthin, waren staubig und trocken. Er steckte die Hände in die Hosentaschen. Es war ihm seltsam unangenehm, die Knospen zu berühren.

»Ich glaube nicht, daß viel dabei herauskommen wird«, sagte er.

»Ich weiß nicht recht, Sir«, sagte Willis. »Ich hoffe doch. Der Baum hat den Winter ausgehalten, und wenn wir keinen starken Frost mehr bekommen, können wir ein Wunder erleben. Es wäre doch eine Überraschung, wenn der alte Baum noch einmal blühte. Vielleicht trägt er doch noch Früchte.« Er strich mit der Hand über den Stamm des Baumes; es lag etwas Vertrauliches und Liebevolles in der Bewegung.

Der Besitzer des Apfelbaumes wandte sich ab. Aus irgendeinem unbestimmten Grunde ärgerte er sich über Willis. Jetzt würde also jeder überzeugt sein, daß noch Leben in dem Baum stecke. Und aus seinem Plan, ihn übers Wochenende zu fällen, würde nun nichts werden. »Er nimmt dem jungen Baum dort nur das Licht fort«, sagte er. »Wäre es nicht wirklich besser, ihn zu fällen und dem jungen dadurch mehr Raum zu geben, sich zu entwickeln?«

Er trat an den jungen Baum heran und strich mit der Hand über einen Ast. Der war nicht mit Flechten überzogen. Die Rinde war glatt, und der Zweig federte elastisch zurück, als er ihn freigab.

»Den Baum fällen«, fragte Willis, »während noch Leben in ihm ist? O nein, Sir, das würde ich nicht tun.

Er schadet dem jungen Baum nicht. Lassen wir den alten doch noch ein Jahr leben. Wenn er nicht trägt, können wir ihn ja im nächsten Winter fällen.«

»Gut, Willis«, sagte er und ging eilig fort. Er hatte keine Lust, weiter darüber zu sprechen.

Als er an diesem Abend zu Bett ging, öffnete er wie immer das Fenster und zog die Vorhänge zurück. Er wachte morgens nicht gern in einem geschlossenen Zimmer auf. Der Vollmond schien und tauchte Terrasse und Rasen in ein gespenstisch-weißes, stilles Licht. Kein Lüftchen regte sich, kein Laut war zu hören. Er lehnte sich aus dem Fenster; denn er liebte die Stille. Der volle Glanz des Mondes lag auf dem jungen Apfelbaum. Es war ein seltsames Licht, und der Baum sah aus wie im Märchen. Klein, geschmeidig und schlank stand er da. Er hätte eine Tänzerin sein können, die mit erhobenen Armen auf den Zehenspitzen voll innerer Ausgeglichenheit zu schweben und nur darauf zu warten schien, herumzuwirbeln. Es lag eine so absichtslose, glückliche Anmut in ihm! Prächtiges junges Bäumchen! Links von ihm stand der andere, noch halb im Schatten. Nicht einmal das Mondlicht konnte ihm Schönheit verleihen. Warum, zum Teufel, mußte er nur so krumm und gebeugt dastehen, anstatt sich aufzurichten, sich dem Lichte entgegenzuheben? Er verdarb die stille, ruhige Nacht, störte die Umgebung. Er war ein Narr gewesen, Willis nachzugeben und den Baum nicht zu fällen. Diese lächerlichen Knospen würden niemals richtige Blüten werden, und selbst wenn...

Er ließ die Gedanken schweifen, und zum zweitenmal in dieser Woche kam ihm das Mädchen von der Farm und sein fröhliches Lachen in den Sinn. Er überlegte, was wohl aus ihm geworden sein mochte. Wahrscheinlich hatte es geheiratet, eine Familie gegründet, irgendeinen Burschen glücklich gemacht. Sicherlich. Ach, ja... Er lächelte. Fing er selbst jetzt an, diesen Ausdruck zu gebrauchen? Arme Midge! Dann hielt er den Atem an und stand, die Hand am Vorhang, ganz still. Der Apfelbaum zur Linken lag jetzt nicht mehr im Schatten. Das Mondlicht fiel auf die störrischen Zweige; sie sahen aus wie die in demütiger Bitte erhobenen Arme eines Skeletts. Erfrorene Arme, starr, steif bis zum Schmerz. Kein Lüftchen regte sich, die anderen Bäume standen bewegungslos. Aber dort, die obersten Zweige; erschauerten, bewegten sie sich nicht wie in einem Windhauch, der von nirgendwoher kam und sogleich wieder erstarb? Plötzlich löste sich ein großer Zweig des Apfelbaumes vom Stamm und fiel auf den Rasen. Es war der Ast mit den kleinen, dunklen Knospen, den er nicht zu berühren gewagt hatte. Er starrte bewegungslos auf den Ast, der dort im Mondlicht im Grase lag.

Der Schatten des jungen Apfelbaumes fiel darüber; er lag ganz nahe an dessen Stamm und schien wie anklagend auf ihn hinzuweisen.

Zum ersten Male, seit er sich erinnern konnte, zog er die Vorhänge vor, um das Mondlicht abzuwehren.

Willis Aufgabe beschränkte sich auf den Gemüsegarten. Er hatte zu Midges Lebzeiten niemals viel im Vordergarten zu tun gehabt, denn die Blumen hatte sie sich selbst vorbehalten. Sie hatte zumeist sogar den Rasen eigenhändig gemäht und tief gebeugt den alten

Rasenmäher den Abhang hinauf und hinunter geschoben.

Das war eine jener Aufgaben, die sie sich freiwillig aufgebürdet hatte, wie das Staubsaugen der Schlafzimmer. Da Midge den Vordergarten nicht mehr bearbeiten und dem Gärtner auch keine Anweisungen mehr geben konnte, kam Willis jetzt oft nach vorn. Er freute sich über diese Veränderung und fühlte sich nun für den ganzen Garten verantwortlich.

»Es ist mir unbegreiflich, wieso der Zweig abbrechen konnte, Sir«, sagte er am Montag.

»Was für ein Zweig?«

»Nun, der Zweig des Apfelbaums, der, den wir uns angeschaut haben, ehe ich fortging.«

»Er wird wohl morsch gewesen sein. Ich habe Ihnen doch gesagt, der Baum hat kein Leben mehr in sich.«

»Er war durchaus nicht morsch, Sir. Sehen Sie doch, es ist eine ganz frische und glatte Bruchstelle.«

Noch einmal mußte der Hausherr seinem Gärtner zur Terrasse folgen und ihm recht geben. Willis hob den Zweig auf. Die Flechte, die auf ihm saß, war vom Regen durchweicht. Sie war schmutzig wie verfilztes Haar.

»Sie sind doch über Sonntag nicht noch einmal gekommen, um nachzusehen, und haben den Zweig doch nicht berührt, nicht wahr, Sir?« fragte der Gärtner.

»Nein, ganz gewiß nicht«, antwortete der Hausherr ein wenig unsicher. »Im Gegenteil, ich habe in der Nacht den Zweig herabfallen hören, als ich gerade die Schlafzimmerfenster öffnete.«

»Merkwürdig. Es war doch eine so ruhige Nacht.«

»So etwas passiert manchmal bei alten Bäumen. Es ist

mir unbegreiflich, warum Sie sich über diesen so aufregen. Man denkt ja fast...« Er unterbrach sich; denn
er wußte nicht, wie er den Satz beenden sollte.

»Was sagen Sie, Sir?«

Er hatte sagen wollen, Willis kümmere sich um den
Baum wie um einen Menschen. Doch ein Instinkt hielt
ihn davon ab, es auszusprechen.

»Man denkt ja fast, es wäre ein wertvoller Baum«,
sagte er dann.

Der Gärtner schüttelte den Kopf. »Nein«, sagte er,
»es ist nicht der Wert des Baumes; ich behaupte nicht,
daß er überhaupt etwas wert sei. Es ist nur, daß er nach
all der Zeit, während wir dachten, es sei kein Leben
mehr in ihm, nun doch noch treibt, wenn man es so nennen darf. Es ist eine Laune der Natur, sage ich. Hoffentlich brechen vor der Blüte nicht noch mehr Zweige ab.«

Später, als der Hausherr zu seinem Spaziergang fortging, sah er, wie der Gärtner das Gras um den Baum
herum abmähte und den Baum selbst mit einem neuen
Drahtgeflecht umgab. Es war doch zu lächerlich! Er
zahlte diesem Kerl nicht das viele Geld, damit er sich
mit einem halbabgestorbenen Baum beschäftigte. Er
gehörte in den Küchengarten und sollte seine Gemüse
ziehen. Aber es war zu unbequem, sich deswegen mit
ihm herumzustreiten.

Er kam gegen halb sechs Uhr nach Hause; den Nach-
mittagstee überschlug er seit Midges Tod. Er freute sich
auf den Armsessel neben dem Kamin, auf seine Pfeife,
ein Glas Whisky-Soda und auf die Ruhe.

Das Feuer war kurz vorher angezündet worden und
der Schornstein rauchte. Im Wohnzimmer roch es

sonderbar, ja widerlich. Er öffnete die Fenster und ging nach oben, um die schweren Schuhe auszuziehen. Als er wieder nach unten kam, hing der Rauch noch im Zimmer, der Geruch war nicht gewichen. Es war unmöglich, ihn genauer zu bestimmen. Süßlich, eigenartig. Er rief nach der Aufwartefrau in der Küche.

»Es riecht so seltsam im Hause«, sagte er. »Woher mag es wohl kommen?« Die Frau kam in die Halle.

»Was für ein Geruch, Sir?« fragte sie beleidigt.

»Es ist im Wohnzimmer«, sagte er. »Das ganze Zimmer war verräuchert. Haben Sie irgend etwas verbrannt?«

Ihr Gesicht hellte sich auf. »Es muß das Holz sein«, sagte sie. »Willis hat es extra für Sie gehackt, Sir. Er sagte, Sie würden sich freuen.«

»Was für Holz?«

»Er sagte, es sei Apfelholz, Sir. Von dem Zweig, den er zersägt hat. Apfelholz soll ausgezeichnet brennen. Manche Leute lieben es ganz besonders. Ich selbst rieche nichts, aber ich bin etwas erkältet.«

Sie sahen gemeinsam nach dem Feuer. Willis hatte das Holz ganz klein gehackt. Die Aufwartefrau hatte in der Absicht, dem Hausherrn eine Freude zu machen, einiges davon über die Kohlen geschichtet, damit das Feuer nicht so schnell ausginge. Es brannte jedoch nicht gut. Nur ein dünner, armseliger, grünlicher Rauch stieg auf. War es möglich, daß sie tatsächlich diesen widerlichen, ranzigen Geruch nicht bemerkte? »Das Holz ist feucht«, sagte er plötzlich, »das hätte Willis sich doch denken können. Kein Wunder, daß das Feuer nicht brennt.»

Das Gesicht der Aufwartefrau nahm einen steifen, ja verdrießlichen Ausdruck an. »Es tut mir leid«, sagte sie.

»Ich habe nichts davon bemerkt. Als ich das Feuer anzündete, schien das Holz gut zu brennen. Ich dachte immer, Apfelholz wäre ein besonders gutes Brennholz. Willis hat's auch gesagt. Er hat mir eingeschärft, dies Holz zu nehmen; denn er hat es extra für Sie gehackt. Ich dachte, Sie wüßten davon und hätten ihm den Auftrag gegeben.«

»Schon gut«, sagte er hastig, »es wird wohl noch brennen. Sie können ja nichts dafür.«

Er drehte ihr den Rücken, stocherte im Feuer herum und versuchte, das Holz beiseite zu schieben. Solange die Aufwartefrau im Hause war, konnte er nichts machen. Wenn er das feuchte, schwelende Apfelholz herausnehmen, fortwerfen und das Feuer mit frischem Holz wieder anzünden wollte, würde sie eine Bemerkung machen. Er müßte durch die Küche gehen, wenn er Holz zum Anfeuern holen wollte, das im Nebenraum gelagert wurde. Sie würde ihn anstarren, auf ihn zutreten und sagen: »Lassen Sie mich das machen, Sir. Ist das Feuer denn schon ausgegangen?« Nein, er mußte bis nach dem Abendessen warten. Sie ging gewöhnlich nach dem Abräumen und Geschirrspülen nach Hause. So lange mußte er den Geruch eben ertragen.

Er goß sich ein Glas Whisky-Soda ein, zündete die Pfeife an und starrte ins Feuer. Es strahlte überhaupt keine Hitze aus, und da die Zentralheizung nicht brannte, war es im Wohnzimmer empfindlich kalt. Hin und wieder lösten sich kleine, grüne Rauchwolken leise zischend vom Holze. Daher schien der widerlich-süße Geruch zu kommen, der sich mit keinem anderen ihm bekannten Rauchgeruch vergleichen ließ. Daß der Gärtner sich auch in alles einmischen mußte! Warum hatte er den

Zweig nur zersägt? Er mußte sich doch denken, daß das Holz feucht war, ganz vollgesogen mit Feuchtigkeit.

Er lehnte sich vor und schaute genauer hin. War es denn wirklich die Regennässe, die dort hervorquoll und in kleinen Tropfen vom dünnen Holz niederfiel? Nein, es war der Saft des Holzes, unangenehm und schleimig.

Er nahm den Schürhaken und stieß ärgerlich mitten ins Holz hinein, um das Feuer anzufachen, damit der grüne Rauch verschwände. Doch erfolglos. Das Holz brannte nicht. Nur der Saft tropfte auf den Rost und füllte das Zimmer mit dem süßlichen Geruch, von dem ihm fast übel wurde. Er nahm das Whiskyglas und sein Buch, stellte in seinem Arbeitszimmer den elektrischen Heizofen an und beschloß, es sich dort gemütlich zu machen.

Es war zum Aus-der-Haut-Fahren! Es erinnerte ihn an die Vergangenheit, in der er hatte vorgeben müssen, Briefe zu schreiben, um ungestört im Arbeitszimmer sitzen zu können, während Midge im Wohnzimmer strickte. Sie hatte die Angewohnheit, abends nach getaner Arbeit ständig zu gähnen. Dieser Gewohnheit war sie sich durchaus nicht bewußt. Sie pflegte sich mit dem Strickzeug aufs Sofa zu setzen, die Nadeln klapperten bei den hastigen, wilden Bewegungen, und plötzlich begann es dann: zuerst das leichte Zittern des Kinns, dann kam aus der Tiefe ein langgezogenes »ah...ah ... hi-oh«, und es folgte das unvermeidliche Seufzen. Dann war es wieder still, nur die Stricknadeln klapperten. Er aber saß vor seinem Buch und wartete, daß innerhalb weniger Minuten das Gähnen von neuem begänne, wieder von einem Seufzer begleitet.

Ein hoffnungsloser Ärger stieg in ihm auf. Er hatte größte Lust, das Buch auf den Tisch zu knallen und zu rufen: »Wäre es nicht besser, du gingest zu Bett, wenn du so müde bist?« Aber er beherrschte sich, und nach einer Weile, wenn er es nicht mehr ertragen konnte, pflegte er sich dann zu erheben und sich ins Arbeitszimmer zurückzuziehen.

Jetzt tat er das gleiche, genau wie früher, nur wegen des Apfelholzes diesmal, wegen dieses verdammten, widerlichen Geruches des schwelenden Holzes. Er blieb in seinem Sessel vor dem Schreibtisch sitzen und wartete auf das Abendessen. Es war beinahe neun Uhr, ehe die Aufwartefrau sein Bett gerichtet hatte und gegangen war.

Er kehrte ins Wohnzimmer zurück, das er seit einigen Stunden nicht mehr betreten hatte. Das Feuer war ausgegangen. Es mußte einige Male aufgeflackert sein; denn das Holz war verkohlt und auf dem Rost in sich zusammengesunken. Die Asche sah kümmerlich aus, und der süßliche Geruch haftete an den halbverkohlten Holzresten. Er ging in die Küche, fand einen leeren Kohleneimer und trug ihn ins Wohnzimmer. Er schüttete Holz und Kohle hinein. Entweder mußte Wasser im Eimer gewesen sein, oder das Holz war noch immer nicht trocken; denn als er alles hineingeschüttet hatte, erschien es ihm noch dunkler als vorher. Es war, als bildete sich eine Art Schaum darauf. Er trug den Eimer in den Heizungskeller, öffnete die Klappe des Ofens und warf einen Teil des Eimerinhaltes hinein.

Dann erinnerte er sich plötzlich – zu spät natürlich –, daß die Zentralheizung ja schon seit ein oder zwei Wochen nicht mehr benützt wurde, weil es Frühling geworden war. Das Holz würde also bis zum nächsten Winter unberührt dort unten liegenbleiben.

Er fand Papier, Streichhölzer, eine Kanne Petrol, setzte alles in Brand, schloß die Klappe und lauschte dem Knistern der Flammen. Damit wäre die Sache erledigt! Er wartete, stieg dann die Treppe hinauf, ging in die Kammer neben der Küche, um Holz für den Kamin zu holen und das Feuer wieder anzuzünden. Es dauerte lange, ehe er das geeignete Brennmaterial fand, doch seine Geduld wurde belohnt. Das Feuer brannte endlich wieder, und er machte es sich im Armsessel davor bequem.

Er hatte ungefähr zwanzig Minuten gelesen, da hörte er plötzlich eine Tür klappen. Er ließ das Buch sinken und lauschte. Nichts. Doch dann, ja, da war es wieder. In der Nähe der Küche klapperte eine Tür.

Er erhob sich, um sie zu schließen. Es war die Tür vor der Kellertreppe. Er hätte geschworen, sie geschlossen zu haben. Irgendwie hatte sich der Haken losgemacht. Er knipste das Licht oben an der Kellertreppe an, um nachzusehen. Am Haken war nichts Besonderes zu bemerken. Gerade wollte er die Tür fest schließen, da spürte er wieder den Geruch. Der widerlich-süße Geruch des schwelenden Apfelholzes! Er kam von unten aus dem Keller heraufgekrochen.

Plötzlich packte ihn grundlos eine Furcht, beinah ein Schrecken. Wenn nun der Geruch in der Nacht das ganze Haus, von den Küchenräumen, bis zum oberen Stock, verpestete und, während er schlief, in sein Schlafzimmer eindrang und ihn erstickte, so daß er nicht mehr atmen konnte? Der Gedanke war lächerlich, wahnsinnig; und dennoch...

Er zwang sich, die Kellertreppe noch einmal hinab-zusteigen. Aus dem Ofen drang kein Geräusch, kein Flammengeknister war mehr zu hören. Dünne, grüne Rauchwölkchen bahnten sich durch die Ritzen der ge-schlossenen Klappe ihren Weg. Das also war es, was er oben gerochen hatte!

Er trat näher und öffnete die Klappe. Das Papier und einige kleinere Holzstücke waren verbrannt. Aber die größeren Scheite, das Apfelholz, waren nicht mit-verbrannt. Sie lagen noch genau so da, wie er sie hinein-geworfen hatte, ein angekohltes Stück über dem ande-ren, wie verbrannte und rauchgeschwärzte Gebeine. Übelkeit befiel ihn. Er biß mit den Zähnen ins Taschen-tuch und würgte. Plötzlich rannte er nach oben, um den Kohleneimer zu holen. Er wußte kaum, was er tat. Mit Schaufel und Zange versuchte er, das Holz durch die enge Öffnung herauszuholen und wieder in den Eimer zu befördern.

Endlich war der Eimer gefüllt. Er trug ihn die Treppe hinauf durch die Küche bis an die Hintertür. Er öffnete sie. Der Mond schien heute nicht, es regnete. Er schlug den Rockkragen hoch und blinzelte hinaus in die Dunkel-heit. Er wußte nicht, wohin mit dem Holz. Es war zu naß und zu dunkel, um sich bis zum Küchengarten zu tasten und den Eimer dort auf dem Komposthaufen auszuleeren. Doch auf der Weide hinter der Garage stand das Gras hoch und dicht. Mochte das Holz dort un-gesehen und versteckt liegen! Er tastete sich über den mit Kies bestreuten Fahrweg und warf – als er an den

Zaun gekommen war – seine Last in das alles verhüllende Gras. Mochte es dort vergehen, vermodern, sich ganz mit Regen vollsaugen und schließlich selbst wieder zur Erde werden, ihn kümmerte es nicht! Er war nicht mehr dafür verantwortlich. Es war nicht mehr in seinem Hause, mochte nun aus ihm werden, was da wollte.

Er kehrte ins Haus zurück und versicherte sich diesmal, daß die Kellertür auch fest zugehakt war. Die Luft war wieder klar, der Geruch verflogen.

Er ging ins Wohnzimmer, um sich am Kaminfeuer zu erwärmen, doch Hände und Füße waren vom Regen feucht. Im Magen verspürte er noch immer die Übelkeit, die vom Geruch des Apfelholzes herrührte, und all dies durchfror ihn, und er zitterte am ganzen Leibe.

Er schlief schlecht, und als er am nächsten Morgen erwachte, fühlte er sich nicht wohl. Er hatte Kopfschmerzen und einen schlechten Geschmack auf der Zunge. Er verließ das Haus nicht. Seine Leber schmerzte ihn. Um seinen Gefühlen Luft zu machen, fuhr er die Aufwartefrau scharf an:

»Ich habe mich scheußlich erkältet, als ich mich gestern abend am Feuer wärmen wollte. All das wegen dem Apfelholz. Der Geruch und der Rauch haben mich angegriffen. Sagen Sie das Willis, wenn er morgen kommt.«

Sie sah ihn ungläubig an.

»Ach, das tut mir aber leid«, sagte sie. »Als ich gestern abend nach Hause kam, erzählte ich die Geschichte mit dem Holz meiner Schwester. Sie hat gesagt, das wäre etwas ganz Ungewöhnliches; denn im allgemeinen gilt Apfelholz als besonders köstliches Brennholz und brennt vor allen Dingen ausgezeichnet.«

»Dieses hat jedenfalls nicht gebrannt, soviel steht fest«, sagte er. »Ich will nichts mehr davon sehen. Was den Geruch angeht... ich spüre ihn immer noch. Er hat mich ganz krank gemacht.«

Ihr Mund wurde schmal. »Das tut mir leid«, sagte sie. Bevor sie das Wohnzimmer verließ, fiel ihr Auge auf die leere Whiskyflasche auf der Anrichte. Sie zögerte einen Augenblick, stellte sie aber schließlich doch aufs Tablett.

»Sie haben die Flasche ausgetrunken, Sir?«

Natürlich hatte er sie ausgetrunken, das konnte sie ja wohl sehen; denn die Flasche war leer. Dennoch ahnte er die Folgerungen, die sie stillschweigend aus dieser Tatsache zog. Sie wollte sagen, der Gedanke, daß der Geruch des Apfelholzes ihm Übelkeit verursacht habe, sei unsinnig; er habe wohl ein wenig zu tief ins Glas geschaut. Diese Unverschämtheit!

»Ja«, sagte er, »stellen Sie eine neue bereit.«

Das würde sie lehren, sich in Dinge zu mischen, die sie nichts angingen.

Er war einige Tage recht krank, hatte mit Übelkeit und Schwindel zu kämpfen und ließ schließlich den Arzt kommen. Die Geschichte vom Apfelholz klang wirklich unsinnig, als er sie jetzt erzählte, und der Arzt schien wenig beeindruckt zu sein, nachdem er ihn untersucht hatte.

»Die Leber ist nur ein wenig geschwollen«, sagte er. »Das kommt von den nassen Füßen, und wahrscheinlich haben Sie auch zuviel durcheinander gegessen. Ich glaube kaum, daß der Rauch etwas damit zu tun hat. Sie sollten sich mehr Bewegung verschaffen. Sie neigen zu Leberschwellungen. Spielen Sie doch Golf. Ich wüßte nicht, wie ich leben sollte, wenn ich nicht übers Wochenende Golf spielen könnte.« Er lachte, als er seine Tasche packte.

»Ich werde Ihnen ein Medikament verschreiben«, sagte er. »Aber sobald es nicht mehr regnet, stehen Sie auf und gehen an die Luft. Es ist doch so mild draußen, und alles, was wir brauchen, ist ein wenig Sonnenschein. In Ihrem Garten ist alles schon weiter als in meinem. Ihre Obstbäume stehen kurz vor der Blüte.«

Bevor er ging, sagte er noch: »Sie dürfen auch nicht vergessen, daß Sie vor wenigen Monaten ein schwerer Verlust getroffen hat. Man braucht Zeit, um über so etwas hinwegzukommen. Sie vermissen Ihre Frau immer noch. Wissen Sie, das beste wäre, viel auszugehen und unter Menschen zu kommen. Also, tragen Sie sich Sorge.«

Sein Patient zog sich an und ging nach unten. Der Arzt meinte es natürlich gut, aber dieser Besuch war nur Zeitverschwendung gewesen. ›Sie vermissen Ihre Frau immer noch!‹ Woher sollte der Arzt es auch wissen! Arme Midge… Wenigstens sich selbst gegenüber war er ehrlich und gestand, daß er sie in keiner Weise vermisse, daß er – jetzt, da sie tot war – ungehindert und frei sei, und das hatte mit der Leber gar nichts zu tun, mit der es schon seit einigen Jahren nicht zum besten stand.

Die wenigen Tage, die er im Bett lag, hatte die Aufwartefrau benutzt, im Wohnzimmer großen Frühjahrsputz zu halten.

Das war natürlich eine unnötige Arbeit, aber sie betrachtete es als eine Art Erbe, das Midge ihr hinterlassen hatte. Das Zimmer sah gescheuert, aufgeräumt und nicht gerade gemütlich aus. Seine persönlichen Dinge waren fortgeräumt, Bücher und Papiere säuberlich aufeinander gestapelt. Es war wirklich schrecklich, daß er immer jemanden um sich haben mußte, der für ihn sorgte. Es hätte nicht viel gefehlt, und er hätte sie hinausgeworfen und für sich allein gesorgt, so gut es ging.

Nur die Umstände, die er mit der Kocherei und dem Geschirrspülen haben würde, hielten ihn davon ab. Das ideale Leben führten natürlich die Männer im Osten oder in der Südsee, die sich eine Eingeborene zur Frau nahmen. Da gab es keine Probleme. Die hatten ihre Ruhe, gute Bedienung und Aufwartung, bekamen ausgezeichnetes Essen und brauchten sich nicht zu unterhalten. Und wenn man mehr begehrte, so war sie da in der Nacht, eine junge, warme Geliebte. Keine Kritik, der Gehorsam eines Tieres gegen seinen Herrn und das unbeschwerte Lachen eines Kindes! Ja, sie wußten schon, was sie taten, diese Burschen, die mit aller Konvention brachen. Er wünschte ihnen von Herzen Glück.

Er trat ans Fenster und blickte über den sanft ansteigenden Rasen. Der Regen hörte auf, das Wetter versprach morgen gut zu werden, und er würde an die Luft gehen können, wie der Arzt ihm geraten hatte. Er hatte auch mit den Obstbäumen recht. Das Bäumchen neben den Stufen, die auf die Terrasse führten, stand bereits in Blüte. Eine Amsel saß auf einem Zweig, der unter dem Gewicht leicht hin und her schwankte.

Die Regentropfen glitzerten, die aufbrechenden Blüten waren noch ganz eingerollt und rosa. Aber morgen, wenn die Sonne durchbrach, würden sie weiß und zart gegen den blauen Himmel stehen. Er mußte den alten Photoapparat hervorsuchen, einen Film einsetzen und den kleinen Baum aufnehmen. Aber auch die anderen versprachen, noch in dieser Woche zu blühen. Nur der alte Apfelbaum zur Linken sah so tot aus wie immer, oder aber die Knospen waren so braun, daß er sie aus der Ferne nicht erkennen konnte. Vielleicht hatte ihm der abgebrochene Ast doch den Rest gegeben. Das wäre nur gut.

Er wandte sich vom Fenster ab, begann das Zimmer wieder nach seinem Geschmack herzurichten und seine persönlichen Dinge überall zu verteilen. Er liebte es herumzutrödeln. Er öffnete Schubladen, nahm etwas heraus und legte es wieder zurück. Auf einem dieser Seitentische lag ein roter Bleistift, der einmal hinter einen Bücherstapel gefallen und offenbar beim Aufräumen wieder gefunden worden war. Er spitzte ihn sorgfältig. In einer Schublade fand er einen neuen Film. Er nahm ihn heraus, um ihn am nächsten Morgen in den Apparat einzusetzen. In einer andern gab es zahlreiche Papiere und Photographien. Es lag alles durcheinander, Dutzende von Amateuraufnahmen. Midge hatte sich früher um diese Dinge gekümmert und die Photos in ein Album geklebt. Später, während des Krieges, hatte sie die Lust daran verloren oder auch zuviel zu tun gehabt.

Diesen ganzen Krimskrams konnte man wirklich fortwerfen. Das hätte neulich ein schönes Feuer gegeben und vielleicht sogar das Apfelholz zum Brennen gebracht. Wozu all das aufheben! Da war zum Beispiel diese unmögliche Photographie von Midge, die vor vielen Jahren aufgenommen sein mußte; nicht lange nach ihrer

Hochzeit, wie er aus der Art der Aufnahme entnahm. Hatte sie wirklich ihr Haar so getragen? Diesen Wuschelkopf, der für ihr schon damals langes und schmales Gesicht viel zu dick und kraus war? Sie trug ein sehr tief ausgeschnittenes Kleid, lange Ohrringe, und ihr gezwungenes Lachen machte den Mund noch breiter, als er schon war. In die linke untere Ecke hatte sie geschrieben ›Meinem geliebten Butz von seiner Midge‹. Er hatte seinen alten Kosenamen völlig vergessen. Sie hatte ihn schon lange nicht mehr so genannt, und er erinnerte sich, daß er niemals sehr entzückt davon gewesen war. Er hatte ihn lächerlich gefunden, war immer verlegen gewesen, wenn sie ihn vor anderen so nannte, und hatte ihr deswegen einmal Vorwürfe gemacht.

Er zerriß die Photographie und warf sie ins Feuer. Er beobachtete, wie sie sich aufrollte, verbrannte, und das letzte, was er sah, war ihr lachender Mund. Meinem geliebten Butz... Plötzlich erinnerte er sich an das Abendkleid, das sie auf der Photographie getragen hatte. Es war grün gewesen. Grün hatte ihr niemals gestanden, es hatte sie blaß gemacht. Sie hatte das Kleid zu einer besonderen Gelegenheit gekauft, zu einem Dinner bei Freunden, die ihren Hochzeitstag feierten. Zu diesem Dinner waren alle diejenigen Freunde und Bekannten geladen gewesen, die ungefähr zur gleichen Zeit mit ihnen geheiratet hatten; deswegen waren Midge und er auch hingegangen.

Es gab sehr viel Champagner, einige Tischreden wurden gehalten, sie waren sehr ausgelassen gewesen, hatten gelacht und Witze gemacht – einige Witze waren sehr deutlich gewesen –, und er erinnerte sich, daß ihr Gastgeber, als sie am Abend ins Auto stiegen, von Lachen geschüttelt gerufen hatte: »Na, alter Junge, wenn du Erfolg bei den Frauen haben willst, dann wirf dich in Staatskleider, und alles wird klappen.«

Es war ihm aufgefallen, wie Midge aufrecht und steif neben ihm gesessen hatte, genau so lachend wie auf der Photographie, die er eben verbrannt hatte; lebhaft und doch unsicher, zweifelnd, ob sie den Sinn der Worte, die ihr leicht angetrunkener Gastgeber in den Abend hinausgerufen hatte, auch richtig verstanden habe. Sie wollte überlegen scheinen, war darauf bedacht, immer freundlich zu sein, vor allem aber begierig, verzweifelt begierig zu gefallen.

Nachdem er den Wagen in die Garage gefahren hatte und ins Haus gegangen war, hatte sie noch ohne jeden besonderen Grund im Wohnzimmer gesessen. Den Mantel hatte sie abgeworfen, um sich im Abendkleid zu zeigen, und das unsichere Lächeln war immer noch auf ihren Zügen.

Er hatte gegähnt, sich in einen Sessel gesetzt und nach einem Buch gegriffen. Sie hatte eine Weile gewartet, dann ihren Mantel genommen und war noch oben gegangen. Kurz darauf mußte die Aufnahme entstanden sein! ›Meinem geliebten Butz von seiner Midge‹. Er warf eine Handvoll trockenes Holz aufs Feuer. Die Scheite knisterten und spalteten sich, die Photographie zerfiel zu Asche. Kein grünes, feuchtes Apfelholz diesmal...

Am folgenden Tage war gutes Wetter. Die Sonne schien, es war warm, die Vögel sangen. Er hatte plötzlich Lust, nach London zu fahren. Das war ein Tag, um die

Bond-Street entlangzubummeln und die Vorübergehenden zu beobachten; ein Tag, um zum Schneider zu gehen, sich die Haare schneiden zu lassen und in einer Bar ein Dutzend Austern zu essen. Die Erkältung war wie weggeblasen. Vielleicht könnte er am Nachmittag sogar noch ins Kino gehen.

Der Tag verging ohne Zwischenfall, friedlich und gemächlich, gerade so, wie er es erhofft hatte. Es war eine angenehme Unterbrechung des ewigen Einerleis auf dem Lande. Gegen sieben Uhr fuhr er nach Hause, freute sich schon auf einen Whisky und das Essen. Es war so warm, daß er keinen Mantel brauchte, nicht einmal jetzt, da die Sonne unterging. Freundlich grüßte er den Bauern, der gerade durchs Tor trat, als er in die Einfahrt einbog.

»Ein herrlicher Tag«, rief er ihm zu.

Der Bauer nickte und lächelte. »Davon können wir jetzt noch mehr brauchen«, rief er zurück. Ein netter Kerl! Seit er während des Krieges den Traktor gefahren hatte, verstand er sich sehr gut mit ihm.

Er fuhr den Wagen in die Garage, trank einen Whisky und machte vor dem Essen noch einen Rundgang durch den Garten. Wie anders sah es hier nach den wenigen sonnigen Stunden aus! Osterglocken und Narzissen waren aus der Erde hervorgekommen, und die grünen Hecken zeigten frische und kräftige Triebe. Die Knospen der Apfelbäume waren aufgebrochen, sie standen alle in der Blüte.

Er trat zu seinem Liebling, strich über die Blüten und schüttelte das Bäumchen sanft an einem großen Zweige. Er fühlte die Glätte der Rinde. Das Bäumchen war stark und würde nicht wanken. Vom Geruch der Blüten war bis jetzt noch nichts zu spüren, aber noch einige sonnige Tage, vielleicht ein oder zwei kleine Schauer, und die geöffneten Blüten würden einen sanften, nicht durchdringend starken, sondern zarten Duft ausströmen. Es war ein Duft, den man suchen mußte wie die Bienen, und hatte man ihn einmal gefunden, so verließ er einen nicht wieder, sondern verweilte, war süß, lockend und erfrischend. Er strich noch einmal über den Stamm des kleinen Baumes und stieg die Stufen hinunter ins Haus.

Am nächsten Morgen, während er frühstückte, klopfte es an die Tür des Eßzimmers, und die Aufwartefrau sagte, Willis warte draußen und wolle ihn sprechen. Er bat Willis einzutreten. Der Gärtner sah bedrückt aus. Ob es wohl etwas Unangenehmes war?

»Es tut mir leid, Sie zu belästigen, Sir«, sagte er, »aber Mister Jackson hat heute morgen mit mir gesprochen. Er macht mir Vorwürfe.« Jackson war der Bauer, dem die angrenzenden Felder gehörten.

»Weswegen macht er Ihnen Vorwürfe?«

»Er sagt, ich hätte Holz über den Zaun auf seine Weide geworfen. Ein Fohlen, das mit der Stute dort weidete, hat sich den Fuß darauf vertreten und lahmt jetzt. Ich habe aber wirklich kein Holz über den Zaun geworfen, Sir. Mr. Jackson war sehr böse, Sir. Er sprach vom Wert des Fohlens und sagt, er könne es jetzt vielleicht nicht so gut verkaufen.«

»Sie haben ihm doch hoffentlich gesagt, daß Sie es nicht gewesen sind?«

»Ja, natürlich, Sir. Aber das Schlimme ist, daß tatsächlich jemand Holz über den Zaun geworfen haben muß. Er hat mir die Stelle gezeigt, gleich hinter der Garage. Ich bin mit Mr. Jackson hingegangen, und er hatte recht. Es ist Feuerholz hinübergeworfen worden. Ich dachte, es sei das beste, erst mit Ihnen und dann in der Küche darüber zu sprechen, sonst gibt es doch nur Unannehmlichkeiten.«

Er fühlte, wie das Auge des Gärtners erwartungsvoll auf ihn gerichtet war. Es gab keinen Ausweg mehr, soviel stand fest. Und in erster Linie war es ja Willis' Schuld.

»Sie brauchen in der Küche gar nicht erst darüber zu sprechen, Willis«, sagte er, »denn ich selbst habe das Holz hinübergeworfen. Sie haben es ins Haus gebracht, ohne daß ich Sie darum gebeten hatte, und dann hat es nicht einmal gebrannt, sondern das Zimmer verräuchert und mir den ganzen Abend verdorben. In meiner Wut habe ich es dann über den Zaun geworfen, und wenn ich dadurch Jacksons Fohlen einen Schaden zugefügt habe, so entschuldigen Sie mich bei ihm und sagen Sie, ich werde den Schaden ersetzen. Ich möchte Sie aber bitten, mir kein solches Holz mehr ins Haus zu bringen.«

»Nein, Sir. Ich habe schon gehört, daß Sie sich geärgert haben. Ich wußte allerdings nicht, daß Sie das Holz hinauswerfen würden.«

»Ich habe es nun einmal getan! Aber jetzt wollen wir nicht mehr darüber sprechen!«

»Ja, Sir.« Er machte Miene zu gehen, doch ehe er das Eßzimmer verließ, zögerte er und sagte: »Ich kann trotzdem nicht begreifen, daß das Holz nicht gebrannt hat. Ich habe meiner Frau ein Stück davon mitgebracht, und es hat abends herrlich in unserer Küche gebrannt, genau so wie jedes andere Holz.«

»Hier hat es nicht gebrannt.«

»Aber wie dem auch sei, der alte Baum macht den Verlust des einen Astes wieder wett, Sir. Haben Sie ihn heute morgen schon gesehen?«

»Nein.«

»Die Sonne gestern und die warme Nacht haben ihm sehr wohl getan, Sir. Der Baum ist ein Gedicht mit den vielen Blüten. Sie sollten ihn sich selbst ansehen, Sir.«

Der Gärtner verließ das Zimmer, und der Hausherr beendete sein Frühstück. Dann trat er auf die Terrasse hinaus. Er ging nicht sofort auf den Rasen; er tat so, als schaue er sich die anderen Pflanzen an, trug einen schweren Gartenstuhl hinaus, weil das Wetter schön und beständig zu werden versprach, nahm eine Rosenschere und schnitt an den jungen Rosenstöcken unter den Fenstern herum.

Willis hatte recht gehabt. Ob es nun die Sonne gewesen war oder die warme Nacht, vermochte er nicht zu sagen; jedenfalls waren die kleinen, braunen Knospen aufgesprungen, hatten sich entfaltet und bildeten jetzt über ihm eine phantastische Wolke weißer, taufeuchter Blüten. Im Wipfel des Baumes drängten sie sich am dichtesten, und es sah aus, als säßen lauter feuchte Wattebäusche nebeneinander. Alle Blüten, vom Wipfel bis zu den untersten Zweigen, waren vom gleichen blassen, kränklichen Weiß.

Er sah gar nicht aus wie ein richtiger Baum, sondern glich eher einem schlaff herabhängenden Zelt, das die Besitzer während des Regens verlassen hatten; oder aber einem Staubwedel, einem Riesenstaubwedel, dessen streifige äußerste Enden in der Sonne gebleicht waren.

Die einzelnen Blüten waren zu dick, eine viel zu große Last für den dünnen Baum, und der Tau, der an den Blüten hing, vergrößerte sie nur noch. Schon verfärbten sich die Blüten der untersten Zweige in ein Braun, als sei die Anstrengung für den Baum zu groß gewesen. Dabei hatte es gar nicht geregnet. Ja, so war es. Willis hatte recht behalten: der Baum war erblüht. Aber statt daß die Blüte Ausdruck des Lebenswillens und der Schönheit gewesen wäre, war sie eine einzige Entstellung, eine einzigartige Mißgeburt, die nicht wußte, wie grotesk sie gestaltet war, und die nun zu gefallen suchte. Fast als wollte sie selbstbewußt unter einem verzerrten Lächeln sagen: »Schau! All das ist für dich!«

Plötzlich hörte er Schritte hinter sich. Es war Willis.

»Ist er nicht eine Pracht?«

»Bedaure, aber ich kann es unmöglich schön finden. Die Blüte ist viel zu dick.«

Der Gärtner sah ihn wortlos an. Es fiel ihm ein, der Gärtner müsse ihn für einen schwierigen, unumgänglichen, ja exzentrischen Menschen halten. Wahrscheinlich ging er hinterher in die Küche und sprach mit der Aufwartefrau über ihn, die ihm sicherlich zustimmen würde. »Er ist ein ganz anderer Mensch geworden. Er ist nicht mehr so wie früher. Schade!«

Er zwang sich, Willis zuzulächeln.

»Sehen Sie«, sagte er, »ich möchte Ihre Freude nicht dämpfen. Aber diese ganze Blüte interessiert mich nicht. Ich habe es gern, wenn die Blüte duftet und so zart und farbig wie die des kleinen Baumes ist. Aber nehmen Sie nur von den Zweigen mit nach Hause. Bringen Sie sie Ihrer Frau. Nehmen Sie, soviel Sie wollen, ich habe durchaus nichts dagegen, im Gegenteil, es würde mich freuen.«

Er machte eine großzügige Handbewegung. Er wäre froh gewesen, wenn Willis nun gegangen wäre, eine Leiter geholt und sämtliche Äste abgesägt hätte.

Doch der Gärtner schüttelte den Kopf. Er schaute ganz erschrocken drein. »Nein, vielen Dank, Sir, das würde mir im Traum nicht einfallen... Das würde ja den ganzen Baum ruinieren. Nein, ich möchte auf die Früchte warten, darauf freue ich mich, auf die Früchte.« Es war aussichtslos.

»Nun gut, Willis, lassen Sie es sein.«

Er ging zurück zur Terrasse, doch als er dort in der Sonne saß und den sanft ansteigenden Rasen hinaufschaute, konnte er den kleinen Baum überhaupt nicht sehen, der so bescheiden und zurückhaltend über den Treppenstufen stand und seine Blüten in die Luft hielt. Er stand klein und versteckt im Gras hinter der Mißgeburt mit der großen Wolke kraftloser, schon wieder verwelkender, bräunlichweißer Blüten. Wie immer er auf der Terrasse auch seinen Sessel drehte, ob er hierhin oder dorthin schaute, es schien ihm, als könne er dem Baum nicht entfliehen, als stände er da, ängstlich und vorwurfsvoll, als verlange er nach der Bewunderung, die er ihm nicht zu schenken vermochte.

In diesem Sommer dehnte er die Ferien länger aus als die Jahre zuvor. Er blieb kaum zehn Tage bei seiner alten Mutter in Norfolk statt – wie sonst mit Midge – einen ganzen Monat, und den Rest des August und den ganzen September verbrachte er in der Schweiz und in Italien.

Er fuhr mit dem Wagen, war auf diese Weise völlig unabhängig und konnte hinfahren, wohin er wollte. Er machte sich nichts aus Sehenswürdigkeiten und Ausflügen und war auch kein begeisterter Bergsteiger. Er genoß es, in der Abendkühle in eine Kleinstadt zu kommen, sich ein gemütliches kleines Hotel zu suchen und dort – wenn es ihm gefiel – zwei oder drei Tage zu bleiben und die Zeit in süßem Nichtstun hinzubringen.

Er saß morgens gern mit einem Glas Wein vor einem Café oder Restaurant und schaute dem Treiben der Leute zu. So viele fröhliche junge Menschen reisten heutzutage. Er liebte das Geschnatter der Unterhaltungen um sich herum, solange er sich nicht daran zu beteiligen brauchte. Hin und wieder grüßte ihn lächelnd ein Gast des gleichen Hotels, in dem er wohnte, wenige Worte flogen zu ihm herüber, aber sie bedrückten ihn nicht, sondern gaben ihm das Gefühl, irgendwie dazuzugehören, jemand zu sein, der es sich leisten konnte, in der Fremde sich ganz der Muße hinzugeben.

Früher, wenn er die Ferien mit Midge zusammengewesen war, hatte sie zu seinem Ärger immer sofort Bekanntschaft mit Leuten geschlossen, die ihrer Meinung nach ›nett‹ aussahen oder die, wie sie es auch ausdrückte, ›Menschen unserer Art‹ waren. Es begann mit einer Unterhaltung über Kaffee und endete gewöhnlich mit dem Plan, einen Tag gemeinsam zu verbringen oder eine Autofahrt zu viert zu unternehmen. Er konnte es nicht ertragen, die Ferien waren ihm verdorben.

Jetzt war er davon Gott sei Dank unabhängig. Er machte, was er wollte, und teilte sich die Zeit ein, wie es ihm beliebte. Keine Midge sagte: »Nun, wollen wir nicht gehen?«, wenn er noch zufrieden über seinem Wein saß, und keine Midge machte Pläne, Kirchen zu besuchen, die ihn nicht interessierten. Er nahm während dieser Ferien zu, aber er machte sich deswegen keine Sorgen. Es war niemand da, der ihn trieb, nach einem reichlichen Essen einen langen Spaziergang zu machen und ihn so in der Schläfrigkeit störte, die ihn nach Kaffee und Nachtisch überfiel. Es schaute ihn niemand erstaunt an, wenn es ihm plötzlich einfiel, ein etwas extravagantes Hemd oder eine farbenprächtige Krawatte zu tragen.

Wenn er ohne Hut, mit der brennenden Zigarre im Mund, durch die kleinen Städte und Dörfer strich und die fröhlichen jungen Leute ihm freundlich zulächelten, dann fühlte er sich richtig wohl. Das war das Leben: keine Unannehmlichkeiten, keine Sorgen. Kein »Wir müssen bis zum fünfzehnten wieder zu Hause sein, denn dann ist die Beratung des Komitees im Krankenhaus angesetzt«, kein »Wir können das Haus nicht länger als vierzehn Tage ohne Aufsicht lassen, bedenke, was alles geschehen könnte.«

Statt dessen die glänzenden Lichter eines ländlichen Jahrmarktes in einem Dorf, dessen Namen herauszufinden er sich nicht einmal die Mühe machte. Das Gedudel der Musik, die lachenden Burschen und Mädchen und er selbst, wie er sich, von einer Flasche hiesigen Weines erhitzt, vor einem jungen Ding mit einem farbenfrohen Kopftuch verbeugte und sie unter dem heißen Zeltdach im Tanze schwenkte. Was kümmerte es ihn, ob ihre Schritte mit den seinen harmonierten – waren doch Jahre vergangen, seitdem er das letzte Mal getanzt hatte –, es war herrlich, es war gut. Er verabschiedete sich von ihr, als die Musik aufhörte, und sie lief kichernd fort zu ihren jungen Freunden, die sich zweifelsohne über ihn lustig machten. Was lag schon daran? Er hatte seinen Spaß gehabt.

Er verließ Italien, als das Wetter gegen Ende September umschlug, und war in der ersten Oktoberwoche wieder zu Hause. Es war gar kein Problem – ein Telegramm an die Aufwartefrau mit dem vermutlichen Ankunftstag, das war alles. Selbst ein kurzer Urlaub mit Midge und die Rückkehr waren immer mit Komplikationen verbunden gewesen. Sie legte ihre Anweisungen über Einkauf von Lebensmitteln, von Milch und Brot sowie über das Bettenlüften und Feueranmachen schriftlich nieder und schickte Mahnungen über die Zustellung der Morgenzeitungen ab. Die Hausarbeit ließ sie auch im Urlaub nicht los.

An einem schönen Oktoberabend bog er in die Einfahrt ein. Rauch stieg aus den Schornsteinen, die Haustür stand offen, sein gemütliches Heim erwartete ihn. Niemand hastete durch die Wirtschaftsräume und fragte nach möglichen Rohrbrüchen, Schäden, Wassermangel und Schwierigkeiten beim Einkauf der Lebensmittel. Die Aufwartefrau war zu klug, um ihn mit solchen Unannehmlichkeiten zu empfangen. Sie sagte nur: »Guten Abend, Sir. Ich hoffe, Sie haben sich gut erholt. Das Abendessen um die gleiche Zeit wie immer?« Und dann war Ruhe.

Er konnte seinen Whisky-Soda trinken, sich die Pfeife anzünden und sich ausruhen. Die wenigen Briefe, die angekommen waren, ließ er ungeöffnet liegen. Niemand riß sie fieberhaft auf und begann dann zu telephonieren. Er brauchte sich diese endlosen und langweiligen Gespräche mit Freundinnen nicht anzuhören. »Nun? Wie steht's? Wirklich? Meine Liebe... und was sagst du dazu...ach, nein...am Mittwoch kann ich unmöglich...« Er dehnte sich behaglich, denn er war von der langen Fahrt recht steif geworden, und schaute aufmerksam und zufrieden im freundlichen, leeren Wohnzimmer umher.

Er war auf der Reise von Dover nach Hause hungrig geworden, und das Kotelett schien ihm nach der fremden Kost sehr mager. Aber das machte nichts, es würde ihm nur wohltun, jetzt wieder einfacher zu leben. Er aß nach dem Kotelett noch eine Sardine auf Toast und sah sich dann nach dem Nachtisch um.

Auf der Anrichte stand eine Schale mit Äpfeln. Er nahm sie herunter und stellte sie auf den Eßzimmertisch. Die Äpfel sahen kümmerlich aus. Sie waren klein und verschrumpft, von einem unerfreulichen Braun. Er biß hinein, aber sobald er den Geschmack auf der Zunge spürte, spie er den Bissen wieder aus. Der Apfel war verfault. Er versuchte einen anderen. Genau das gleiche. Er sah sich die Äpfel näher an: die Schale war lederartig, rauh und hart, so daß man erwarten sollte, die Äpfel seien sauer. Aber weit gefehlt. Sie waren breiig und weich, das Kerngehäuse gelb. Sie hatten einen scheußlichen Geschmack. Ein Stückchen hatte sich davon zwischen seinen Zähnen festgesetzt, er befreite sich davon. Zäh, schauderhaft... Er klingelte, und die Frau kam aus der Küche.

»Haben wir keinen anderen Nachtisch?« fragte er.

»Leider nicht, Sir. Ich wußte, daß Sie gern Äpfel essen,

und da brachte Willis diese aus dem Garten. Er sagte, sie seien besonders gut und gerade eßreif.«

»Nun, da hat er sich geirrt, sie sind ungenießbar.«

»Das tut mir leid, Sir. Ich hätte sie nicht hingestellt, wenn ich das gewußt hätte. Draußen sind noch viel mehr.«

»Alle von der gleichen Sorte?«

»Ja, Sir. Die kleinen braunen. Andere sind überhaupt noch nicht da.«

»Nun, es macht nichts, dann läßt es sich nicht ändern. Ich werde morgen früh selbst nachsehen.«

Er erhob sich und ging in das Wohnzimmer, trank ein Glas Portwein, um den schlechten Geschmack loszuwerden; es half nichts, selbst als er noch einen Zwieback aß. Der breiige, verdorbene Nachgeschmack wich nicht von Zunge und Gaumen, und schließlich ging er sogar ins Badezimmer hinauf und putzte sich die Zähne. Er hätte zu gern nach dem Abendessen einen schönen, saftigen Apfel gehabt. Einen Apfel mit glatter, sauberer Schale, innen nicht zu süß, lieber etwas säuerlich. Er kannte die Sorte. Es war eine Lust hineinzubeißen, nur mußte man sie natürlich im richtigen Augenblick pflücken.

Er träumte in dieser Nacht, er sei wieder in Italien und tanze unter dem Zeltdach auf dem kleinen gepflasterten Platz. Als er erwachte, klang ihm noch das Gedudel der Musik im Ohr, doch er konnte sich nicht mehr an das Gesicht des Bauernmädchens erinnern, noch an die Berührung, wenn sie gegen seine Füße stieß. Er versuchte, sich beim Morgentee vorzustellen, wie alles gewesen war, doch es gelang ihm nicht.

Er stand auf und trat ans Fenster, um nach dem Wetter zu schauen. Es versprach schön zu werden. Leichter Frost lag in der Luft.

Dann sah er den Baum. Es traf ihn wie ein unerwarteter Schlag. Er hatte das unselige Ding vollkommen vergessen, doch nun wurde ihm auf einmal klar, woher die Äpfel gestern abend stammten. Der Baum hing über und über voll von Früchten und brach unter der Last fast zusammen. Sie drängten sich, klein und braun, an jedem Ast und wurden immer kleiner, je höher sie saßen. An den höchsten Ästen waren sie noch nicht reif und sahen aus wie Nüsse. Der Baum vermochte sie kaum zu tragen; daher sah er so gebeugt und entstellt aus, streiften die unteren Zweige doch fast den Rasen. Im Gras um den Stamm herum lagen noch mehr, ja, eine Menge Äpfel, die der Wind heruntergeschüttelt hatte. Der Boden war übersät damit. Viele waren aufgesprungen; an den fauligen Stellen taten die Wespen sich gütlich. Nie in seinem Leben hatte er einen Baum mit so vielen Früchten gesehen. Es war ein Wunder, daß er unter seiner Last nicht zusammengebrochen war.

Nach dem Frühstück ging er hinaus. Die Neugierde war zu groß. Er starrte den Baum an. Er hatte sich nicht geirrt, es waren die gleichen Äpfel, die er gestern im Eßzimmer probiert hatte. Sie waren kaum größer als Mandarinen, viele sogar noch kleiner, und saßen so dicht gedrängt an den Zweigen, daß, wer einen pflücken wollte, gleich ein Dutzend herunterriß.

Der Anblick war irgendwie ungeheuerlich, ja widerwärtig. Dennoch mußte man den Baum bedauern, dem eine solche Qual auferlegt worden war; denn eine Qual war es, anders konnte man es nicht bezeichnen. Die Früchte marterten den Baum, der unter der Last stöhnte, und zu allem Unglück konnte man nicht einmal einen einzigen dieser Äpfel essen. Sie waren alle durch und durch verfault. Er zertrat das Fallobst mit den Füßen, kein Apfel entging seinem Schicksal. Sie waren sofort ein schleimiger Brei, der an seinen Schuhen klebte, so daß er den Schmutz mit Grasbüscheln abwischen mußte.

Es wäre besser gewesen, der Baum wäre abgestorben, als er noch kahl gewesen war, ehe dies hier geschehen konnte. Was für einen Nutzen brachte ihm oder irgendeinem anderen Menschen diese Ernte verfaulter Früchte, die auf dem Boden herumlagen und den Rasen verdarben? Der Baum aber, niedergezerrt, daß es ihn schmerzen mußte, schien – er hätte es beschwören können – zu triumphieren, sich zu weiden.

Es war wie im Frühjahr, als das Übermaß der flockigen, farblosen und häßlichen Blüten das widerstrebende Auge immer wieder von den anderen Bäumen fort auf sich gezogen hatte. Genauso war es jetzt. Immer wieder mußte man den Baum mit seiner Fruchtlast anschauen. Er wußte genau, wie es kommen würde. Die Früchte würden noch den ganzen Oktober und November an den Zweigen hängenbleiben, bis zur Ernte, ja, sie würden überhaupt nicht gepflückt werden, weil niemand sie essen konnte. Er sah voraus, wie er sich den ganzen Herbst hindurch über den Baum ärgern würde. Er würde die Terrasse nicht betreten können, ohne den niedergebeugten Baum zu sehen.

Der Abscheu gegen den Baum war immer mehr gewachsen. Er war ihm ein ewiges Mahnmal der Tatsache, daß er… ja, wenn er nur wüßte, an was… ein ewiges Mahnmal der Dinge, die er am heftigsten verabscheut hatte und die er nicht mit Namen zu nennen vermochte. In diesem Augenblick beschloß er, Willis solle die Äpfel pflücken und fortschaffen, verkaufen, irgendwie loswerden, wenn er sie nur nicht zu essen brauchte, und wenn er nur nicht Tag für Tag, den ganzen Herbst hindurch, den Baum mit den heruntergebogenen Zweigen vor Augen haben mußte. Er wandte ihm den Rücken zu und war erleichtert, als er sah, daß keiner der anderen Bäume sich dazu erniedrigt hatte, eine solch unsinnige Menge von Früchten zu tragen.

Sie trugen alle recht gut, aber nichts, was aus dem Rahmen fiel. Als hätte er es gewußt, zeigte der junge Baum zur Rechten des alten, was er konnte: er trug eine Anzahl mittelgroßer, rosiger, nicht zu dunkler, sondern nur an der Sonnenseite etwas tiefer geröteter Früchte. Er beschloß, einen Apfel zu pflücken und zum Frühstück zu essen. Er wählte, und der Apfel fiel ihm bei der ersten Berührung in die Hand. Der sah so frisch aus, daß er aus lauter Gaumenlust hineinbiß. Ja, das war ein Apfel! Saftig, süß duftend, herb, noch vom Frühtau überzogen. Er sah den alten Apfelbaum nicht mehr an, sondern ging hungrig zum Frühstück ins Haus.

Der Gärtner brauchte fast eine Woche, um den Baum abzuernten, und er tat es offensichtlich widerstrebend.

»Es ist mir gleich, was Sie mit den Äpfeln machen«, hatte der Hausherr zu ihm gesagt, »Sie können sie verkaufen und das Geld behalten, oder Sie können sie mit nach Hause nehmen und Ihre Schweine damit füttern.

Ich kann den Anblick nicht länger ertragen, das ist alles. Nehmen Sie eine lange Leiter, und fangen Sie gleich an.«

Ihm schien, als ob Willis aus reinem Trotz besonders langsam arbeite. Er beobachtete, wie der Gärtner mit langsamen Bewegungen die Leiter aufstellte, dann mühselig hinaufkletterte und wieder herabstieg, um die Leiter fester zu stellen. Danach das Pflücken. Er pflückte jeden Apfel einzeln in den Korb hinein, tagelang war es immer das gleiche. Willis stand mit seiner Leiter dauernd auf dem Rasen unter dem Baum, dessen Zweige ächzten und stöhnten. Neben ihm im Grase standen Körbe, Eimer, Schüsseln und andere Gefäße, um die Äpfel aufzunehmen. Endlich war die Arbeit beendet. Die Leiter wurde fortgetragen, Körbe und Eimer verschwanden, und der Baum war leer.

Abends sah er den Baum an und war befriedigt. Keine verfaulten Früchte beleidigten mehr sein Auge. Kein einziger Apfel war am Baum geblieben. Dennoch sah er – statt von der Last befreit sich zu strecken – womöglich noch krummer aus als zuvor. Er ließ die Zweige hängen, und die Blätter, die den kalten Herbstnächten entgegenwelkten, rollten sich zusammen und zitterten.

Ist dies der Lohn für alles, was ich für dich getan habe? schien der Baum zu fragen. Das Licht schwand, der Schatten des Baumes war wie ein Gifthauch in der dunstigen Nacht. Bald würde der Winter kommen und die kurzen, trüben Tage.

Er hatte den Winter niemals besonders geliebt. Früher, als er noch täglich ins Geschäft nach London gefahren war, hatte der Winter bedeutet, daß er frühmorgens in der Kälte in den Zug steigen mußte. Dann wurde schon vor drei Uhr am Nachmittag von den Angestellten das Licht eingeschaltet. Taten sie es nicht, so machte die neblige Luft alles trüb und traurig. Abends fuhr man im ratternden Bummelzug nach Hause; zu fünft saßen sie, wie er ums tägliche Brot bemüht, im Abteil in einer Reihe, einige davon mit Schnupfen. Es folgte ein langer Abend. Er saß vor dem Kaminfeuer, Midge ihm gegenüber, und er hörte sich ihren Bericht über ihren Tageslauf und all das an, was wieder geschehen war, oder heuchelte jedenfalls Aufmerksamkeit. Hatte sich zufällig einmal nichts Unangenehmes im Haushalt ereignet, so hackte sie auf irgendeinem Tagesereignis herum, um ihm jegliche Stimmung zu verderben.

»Wie ich gelesen habe, werden die Fahrkarten wieder teurer. Wie ist es mit deiner Monatskarte?« Oder: »In Südafrika scheint es nicht rosig auszusehen. In den Sechs-Uhr-Nachrichten haben sie ausführlich davon berichtet.« Oder auch: »Es sind wieder drei Fälle von Kinderlähmung im Krankenhaus eingeliefert worden. Ich weiß nicht, was die Ärzte eigentlich tun...«

Nun war er jedenfalls von der Rolle des Zuhörers erlöst, aber die Erinnerung an diese langen Abende war noch sehr lebendig in ihm. Wenn das Licht angemacht und die Vorhänge niedergelassen wurden, dachte er jedesmal an das Klick-Klack der Stricknadeln, an das inhaltlose Geschwätz und ihr schreckliches Gähnen. Er trank jetzt oft vor oder nach dem Abendessen im ›Grünen Mann‹, einem Gasthaus, das ungefähr einen halben Kilometer von seinem Hause entfernt an der Hauptstraße lag, ein Glas Whisky. Dort bedrückte ihn keine

Erinnerung. Er wünschte der Besitzerin, der freundlichen Mrs. Hill, einen guten Abend, setzte sich mit
einer Zigarette und einem Glas Whisky in eine Ecke und
beobachtete die Nachbarn, die hereinkamen, um einen
halben Liter zu trinken, das Wurfspießspiel zu spielen oder
zu schwatzen. In gewisser Weise war das eine Fort-
setzung seiner Sommerferien. Es erinnerte ihn, wenn
auch nur entfernt, an die sorglos freie Atmosphäre in
den Cafés und Restaurants. Die helle Bar, an der die
Arbeiter hockten, die sich um ihn nicht kümmerten,
alles strömte eine Wärme aus, die ihm behagte, ja, ihn
glücklich machte. Diese Besuche halfen ihm, die Winter-
abende zu verkürzen und sie einigermaßen erträglich zu
gestalten.

Eine Erkältung, die er sich Mitte Dezember zuzog,
setzte diesen Besuchen für länger als eine Woche ein
Ende. Er mußte zu Hause bleiben. Merkwürdig, wie
sehr er den ›Grünen Mann‹ vermißte und wie sehr es
ihn anödete, im Wohn- oder Arbeitszimmer zu sitzen
und immer nur zu lesen oder Radio zu hören. Die Erkältung, die Langeweile machten ihn verdrießlich und
reizbar, und die noch größere Untätigkeit ließ seine
Leber träge werden. Er brauchte ein wenig Körper-
übung. Was für ein Wetter morgen auch sein mag, beschloß er an einem Abend, der so kalt und so ungemütlich war wie die vorangegangenen, ich werde morgen
spazierengehen. Der Himmel hing den ganzen Nachmittag voll schwerer Wolken, und es drohte zu schneien;
aber er konnte nicht noch weitere vierundzwanzig Stunden ununterbrochen zu Hause sitzen.

Den letzten Grund zu dieser schlechten Laune legte

die Geleetorte, die es zum Abendessen gab. Er befand sich im Endstadium einer schweren Erkältung, wo man den Geschmack noch nicht vollständig wiedererlangt und keinen rechten Appetit hat, wo man im Magen eine gewisse Leere spürt, die ganz besonderer Dinge bedarf, um ausgefüllt zu werden. Geflügel zum Beispiel hätte ihm ausgezeichnet geschmeckt. Vielleicht ein halbes, köstlich gebratenes Rebhuhn und hinterher ein Käseauflauf. Doch das war so unerreichbar wie der Mond.

Die Aufwartefrau, die in der Zusammenstellung des Küchenzettels keine besondere Phantasie aufwies, servierte Scholle, von allen Fischen ausgerechnet den trockensten und geschmacklosesten. Nachdem sie die Reste fortgetragen hatte – und er hatte das meiste auf der Platte gelassen –, kam sie mit einer Fruchttorte wieder. Da er durchaus noch nicht satt war, nahm er ein großes Stück. Doch ein Bissen genügte. Er würgte und spie den ersten Bissen wieder auf den Teller. Er erhob sich und klingelte.

Die Aufwartefrau erschien und machte bei dem unerwarteten Anblick ein erstauntes Gesicht.

»Was zum Teufel ist denn das für ein Zeug?«

»Eine Geleetorte, Sir.«

»Aus was für einem Gelee?«

»Apfelgelee, Sir, selbstgekochtes.«

Er warf die Serviette auf den Tisch.

»Das habe ich mir fast gedacht. Sie haben das Gelee aus den Äpfeln gemacht, über die ich mich vor einigen Wochen beschwert habe. Ich habe Ihnen und Willis ausdrücklich gesagt, ich wollte keinen dieser Äpfel mehr in meinem Hause sehen.«

Das Gesicht der Frau erstarrte.

»Sie sagten, Sir, ich sollte die Äpfel weder kochen noch zum Nachtisch servieren, haben mir aber nicht verboten, Gelee davon zu bereiten. Ich dachte, sie würden als Gelee gut schmecken, und da habe ich von den Äpfeln einige Gläser eingekocht. Die gnädige Frau und ich haben das früher immer getan.«

»Es tut mir leid, daß Sie soviel Mühe damit gehabt haben, aber ich kann das unmöglich essen. Die Äpfel habe ich schon im Herbst nicht gemocht, und ob sie nun zu Gelee oder sonstwas verarbeitet sind, ich kann sie nun einmal nicht essen. Bringen Sie die Torte fort. Ich will weder von ihr noch vom Gelee jemals etwas wiedersehen. Bitte bringen Sie mir den Kaffee ins Wohnzimmer.«

Er zitterte, als er das Zimmer verließ. Es war wirklich kaum zu glauben, daß eine solche Kleinigkeit ihn so aufregen konnte. Mein Gott! Was für Narren die Menschen doch waren! Die Frau und Willis wußten genau, daß er die Äpfel nicht mochte, daß er ihren Geschmack und Geruch haßte, doch in ihrer Knauserigkeit hatten sie sich ausgerechnet, daß sie Geld sparen könnten, wenn er selbstgemachtes Gelee bekäme, und hatten die Äpfel verarbeitet, die er so besonders verabscheute. Er goß einen starken Whisky hinunter und zündete sich eine Zigarette an.

Kurz darauf brachte die Aufwartefrau den Kaffee. Sie zog sich nicht sogleich wieder zurück, nachdem sie das Tablett niedergesetzt hatte.

»Dürfte ich Sie wohl einen Augenblick sprechen, Sir?«
»Was ist denn?«

»Ich glaube, es ist das beste, ich kündige.«

Nun zu allem anderen auch das noch! Was für ein Tag, was für ein Abend!

»Aus welchem Grunde, weil ich keine Apfeltorte vertrage?«

»Es ist nicht nur das allein, Sir. Ich finde, es ist alles anders geworden als früher. Ich habe schon ein paarmal die Absicht gehabt, mit Ihnen zu sprechen.«

»Mache ich Ihnen zuviel Arbeit?«

»Nein, Sir. Nur fühlte ich früher, als die gnädige Frau noch lebte, daß meine Arbeit anerkannt wurde. Nun scheint alles egal zu sein, ob es so oder so gemacht wird. Niemand sagt ein Wort darüber, und obgleich ich mir alle Mühe gebe, weiß ich doch nicht, ob ich es auch recht mache. Ich glaube, ich wäre glücklicher, wenn ich irgendwo arbeitete, wo eine Frau im Hause ist, die meine Arbeit anerkennt.«

»Das können Sie natürlich selbst am besten beurteilen. Es tut mir leid, daß es Ihnen in der letzten Zeit hier nicht mehr gefallen hat.«

»Sie waren in diesem Sommer so lange fort, Sir. Als die gnädige Frau noch lebte, blieben Sie niemals länger als vierzehn Tage. Alles scheint anders geworden zu sein. Weder ich noch Willis wissen recht, woran wir eigentlich sind.«

»Also hat Willis es auch satt?«

»Darüber etwas zu sagen, steht mir natürlich nicht zu. Ich weiß nur, daß er sich über die Apfelgeschichte geärgert hat, aber das ist ja schon so lange her. Vielleicht spricht er selbst noch mit Ihnen.«

»Möglich. Ich habe nicht geahnt, daß ich Ihnen beiden

soviel Ärger bereitet habe. Nun, es ist gut. Gute Nacht.«

Sie verließ das Zimmer. Er schaute gedankenversunken vor sich hin. Gott sei Dank, daß er sie los war, wenn es so mit ihnen stand. Es ist nicht mehr so wie früher! Alles ist verändert! Verdammter Unsinn! Wie dumm von Willis, sich wegen der Äpfel so aufzuregen. Hatte er nicht das Recht, mit seinem eigenen Baum zu tun, was er wollte?

Zum Teufel mit der Erkältung und dem Wetter! Er konnte es nicht mehr aushalten, vor dem Kamin zu sitzen und über Willis und die Köchin nachzudenken. Er wollte zum ›Grünen Mann‹ gehen und dort alles vergessen. Er zog den Mantel an, nahm den Schal um, setzte den alten Hut auf, stapfte hastig die Straße hinunter und saß nach zwanzig Minuten in seiner alten Ecke im ›Grünen Mann‹. Mrs. Hill goß ihm seinen Whisky ein und freute sich, ihn wiederzusehen. Einer oder zwei der ständigen Gäste lachten ihm zu und fragten. wie es ihm ginge.

»Waren Sie erkältet, Sir? Überall das gleiche. Jeder hat sich was geholt.«

»Ja, so ist es.«

»Kein Wunder in dieser Jahreszeit!«

»Das war nicht anders zu erwarten. Schlimm wird's, wenn man's auf der Brust hat.«

»Nicht schlimmer als ein benommener Kopf.«

»Ja, eins ist so unangenehm wie's andere. Scheußliche Sache!«

Es waren nette Kerle. Freundlich, lagen einem nicht in den Ohren, belästigten keinen Menschen.

»Bitte noch einen Whisky.«

Mrs. Hill strahlte hinter der Theke. Die liebe alte Seele! Durch die Rauchschwaden hindurch lauschte er dem Geschwätz, dem tiefen Lachen, dem Aufprallen der Pfeile, dem lustigen Geschrei, wenn sie ins Schwarze trafen.

»...und wenn es anfängt zu schneien, weiß ich gar nicht, was ich machen soll«, sagte Mrs. Hill. »Die Kohlen werden so spät geliefert. Wenn ich nur Brennholz hätte, dann wäre mir fürs erste geholfen, aber was meinen Sie, was das Holz kostet? Zwei Pfund die Fuhre. Das ist denn doch...«

Er lehnte sich vor, und seine Stimme klang wie aus weiter Ferne; er selbst empfand es so.

»Sie können von mir Holz bekommen«, sagte er.

Mrs. Hill wandte sich um. Sie hatte nicht mit ihm gesprochen.

»Wie bitte?« sagte sie.

»Sie können von mir Holz bekommen«, wiederholte er. »Ich habe zu Hause einen alten Baum, den wollte ich schon seit Monaten fällen. Gleich morgen werde ich ihn für Sie absägen.« Er nickte lächelnd.

»O nein, Sir. Ich kann nicht verlangen, daß Sie sich meinetwegen soviel Mühe machen. Die Kohle wird schon kommen, keine Angst.«

»Es macht mir durchaus keine Mühe. Es ist mir ein Vergnügen. Es freut mich, Ihnen helfen zu können, und mir selbst wird die Arbeit guttun. Ich werde zu dick. Sie können sich auf mich verlassen.«

Er erhob sich etwas unsicher und griff nach dem Mantel.

»Es ist ein Apfelbaum«, sagte er. »Ist Ihnen das recht?«

»Warum nicht«, antwortete sie. »Ich nehme jedes Holz. Aber brauchen Sie es denn nicht selbst, Sir?«

Er nickte geheimnisvoll. Es war abgemacht, es war ein Geheimnis. »Ich werde es Ihnen morgen im Anhänger hinunterschaffen«, sagte er.

»Seien Sie vorsichtig, Sir«, warnte sie ihn. »Denken Sie an die Stufen.«

Er ging durch die kalte, frostklare Nacht nach Hause und lächelte vor sich hin. Er wußte am nächsten Morgen nicht, wie er sich ausgezogen hatte und ins Bett gekommen war. Sein erster Gedanke war das Versprechen, Mrs. Hill das Holz zu bringen.

Es war – wie er befriedigt feststellte – keiner der Tage, an denen Willis in seinem Garten arbeitete. Also brauchte er dessen Einspruch nicht zu fürchten. Der Himmel war wolkenschwer, in der Nacht war Schnee gefallen. Wahrscheinlich würde es noch mehr schneien. Aber jetzt brauchte er sich darum noch nicht zu kümmern. Nichts stand seinem Vorhaben im Wege.

Er ging nach dem Frühstück in das Gerätehaus und nahm Säge, Keile und Axt herunter. Man konnte nicht wissen, was er alles brauchen würde. Er fuhr mit dem Daumen prüfend über die Schneide; sie war scharf.

Als er mit den geschulterten Werkzeugen zurück in den Vordergarten ging, lachte er vor sich hin. So wie er jetzt mußte in früherer Zeit der Scharfrichter ausgesehen haben, wenn er sich aufmachte, ein armes Opfer im *Tower* zu köpfen. Er legte die Werkzeuge in der Nähe des Apfelbaumes nieder. Es war ja wirklich nur ein Gnadenakt. Niemals hatte er etwas so Erbärmliches, so unend-

lich Jammervolles wie diesen Apfelbaum gesehen. Es
konnte wirklich kein Leben mehr in ihm sein. Kein
Blatt hing mehr in den Zweigen. Verzerrt, häßlich, nieder-
gebeugt! Der hübsche Rasen wurde durch ihn verdorben. Wenn er fort wäre, würde die ganze Garten-
anlage viel besser zur Geltung kommen.

Eine Schneeflocke fiel ihm auf die Hand. Dann noch
eine. Er schaute an der Terrasse vorbei zum Speise-
zimmerfenster und sah die Aufwartefrau den Tisch
decken. Er ging hinunter ins Haus.

»Bitte stellen Sie mir doch das Mittagessen in den
Backofen«, sagte er, »ich werde heute selbst für mich
sorgen. Ich habe zu tun und möchte nicht an die Mahl-
zeiten gebunden sein. Außerdem wird es schneien. Es
ist also besser, wenn Sie heute früher nach Hause gehen,
falls es wirklich schlimm wird. Ich komme sehr gut allein
zurecht, wirklich.«

Vielleicht dachte sie, er hätte diesen Entschluß aus
Trotz gegen ihre gestrige Kündigung gefaßt. Mochte sie
denken, was sie wollte, ihm war es einerlei. Er wollte
allein sein. Er wollte nicht vom Fenster aus von jemandem beobachtet werden. Die Aufwartefrau verließ das
Haus um halb ein Uhr, und sobald sie fort war, ging er
an den Backofen und aß zu Mittag. Er beeilte sich, um
den ganzen kurzen Nachmittag zum Baumfällen zur
Verfügung zu haben.

Es war kein Schnee mehr gefallen, nur einige Flocken,
die aber sofort schmolzen. Er zog den Mantel aus, rollte
die Ärmel hoch und ergriff die Säge. Mit der linken
Hand entfernte er den Draht, der den Stamm bis zur halben Höhe umgab. Dann setzte er die Säge etwa fünfund-

zwanzig Zentimeter über dem Boden an und begann zu sägen – vor und zurück, vor und zurück.

Die ersten zwölf Stöße ging alles glatt. Die Säge fraß sich ins Holz, die Zähne faßten gut. Doch dann klemmte sie plötzlich. Das hatte er gefürchtet. Er versuchte die Säge herauszuziehen, doch der Spalt war nicht breit genug, und der Stamm lastete auf dem Sägeblatt. Er trieb den ersten Keil hinein, doch ohne Erfolg. Beim zweiten Keil verbreitete sich der Spalt zwar etwas, doch war er immer noch nicht so groß, um die Säge freizugeben.

Er zog und zerrte, doch alles war nutzlos. Er begann die Geduld zu verlieren, nahm die Axt und hackte auf den Stamm los. Kleine Holzstücke flogen zur Seite ins Gras. Das war besser, so mußte man's machen.

Schlag folgte auf Schlag. Die Axt zersplitterte den Stamm und fraß sich in ihn hinein. Zuerst flog die lockere Rinde fort, dann große Späne weißen Holzes. Es war zäh und faserig.

Heraushacken! Herausmeißeln! Das zähe Gewebe auseinandersprengen! Er warf die Axt fort und kratzte mit bloßen Händen das schon vermoderte weiche Innere des Stammes heraus. Immer noch nicht genug, weiter, weiter.

Endlich waren Säge und Keile wieder befreit. Wieder hieb er mit der Axt drauflos, dorthin, wo die zähen Fasern so fest zusammenhielten. Jetzt stöhnt der Baum ... jetzt kracht es, er erzittert, wankt, gehalten nur noch von einem schmalen, blutenden Streifen. Ein heftiger Schlag, endlich! Noch ein Schlag, noch einer, ein letzter, jetzt ist es vorbei, er fällt ... Er liegt am Boden ... Dieser verdammte Baum, vernichtet ... Endlich am Boden, die

Luft saust, wie er fällt, und alle Zweige sind zersplittert, liegen verstreut auf dem Rasen umher.

Er trat zurück und wischte sich den Schweiß von Stirn und Kinn. Die Trümmer breiteten sich um ihn her, unter ihm aus. Er starrte auf den zerspellten, zerschundenen weißen Stumpf des gefällten Baumes.

Es begann zu schneien.

Nachdem der Apfelbaum gefällt war, schlug er zuerst alle Zweige herunter, soweit er sie mit der Axt vom Stamm trennen konnte. Dann wollte er den Stamm in kleinere Stücke zersägen, um ihn leichter transportieren zu können.

Die gebündelten und durch eine Schnur zusammengehaltenen dünneren Zweige eigneten sich zum Feueranzünden. Mrs. Hill würde sich sicherlich auch darüber freuen. Er fuhr den Wagen und den Anhänger ans Gartentor in die Nähe der Terrasse.

Das Abschlagen der Zweige war einfach, viele bedurften nur eines Hiebes. Schwieriger war es schon, die Zweige zu bündeln und sie über den Rasen hinunter auf den offenen Anhänger zu schaffen. Die dickeren Äste befreite er von den kleineren, teilte sie mit der Axt in zwei oder drei Teile, die er gleichfalls bündelte und auf den Anhänger brachte.

Er kämpfte verzweifelt gegen die Zeit. Um halb fünf mußte das Tageslicht, oder was man so nannte, gänzlich der Dunkelheit gewichen sein. Der Schnee fiel ununterbrochen. Als er einen Augenblick in der Arbeit innehielt, um sich den Schweiß aus dem Gesicht zu wischen, war der Rasen schon ganz vom Schnee bedeckt. Die dünnen Flocken fielen ihm auf die Lippen, schmolzen und rannen ihm sanft und heimtückisch zwischen Kragen und Hals hindurch den Nacken und den Körper herunter. Wenn er versuchte, die Augen zum Himmel zu erheben, so war er geblendet. Die Flocken fielen schneller, fielen dichter und dichter, tanzten ihm um den Kopf, und es war, als ob der Himmel selbst zu einem Schneebaldachin geworden wäre, der sich senkte, näher und immer näher kam und die Erde zu ersticken drohte. Der Schnee fiel auf die Äste und die zerhackten, kleineren Zweige und hemmte ihn in der Arbeit. Sobald er auch nur einen Augenblick innehielt, um Luft zu holen und sich zu stärken, legte der Schnee sich als sanfte, weiße Schutzhülle über die Holzbündel.

Er konnte keine Handschuhe tragen, weil er dann weder Hacke noch Axt richtig fassen noch die Schnur um die Holzbündel schlingen konnte. Die Finger waren ihm vor Kälte erstarrt, er konnte sie kaum noch krümmen. Er hatte vom Holzschleppen Leibschmerzen. Die Arbeit schien kein Ende nehmen zu wollen, denn jedes Mal, wenn er vom Wagen zurückkehrte, erschien ihm der Holzhaufen genauso groß wie vorher. Hier lagen lange Äste, dort die kurzen, dort wieder ein Haufen Zweige zum Feueranzünden, den er vergessen hatte und der fast schon zugeschneit war. Alles mußte gebündelt und fortgetragen werden. Es war bereits nach halb fünf Uhr und fast dunkel, da hatte er alles Holz – selbst den in drei Teile zersägten Stamm – über die Terrasse bis zum wartenden Anhänger geschleift.

Er war völlig erschöpft. Nur der Wille, den Baum loszuwerden, gab ihm Kraft, seine Arbeit zu Ende zu führen. Er atmete stoßweise und unter Schmerzen. Der

Schnee legte sich ihm auf Mund und Augen, so daß er kaum etwas sehen konnte.

Er nahm ein Seil, schlang es um den schlüpfrigen Stamm und verknotete es gut. Wie hart und störrisch doch das kahle Holz war, wie rauh die Rinde, an der er sich die erstarrten Finger aufriß.

»Jetzt ist es vorbei mit dir«, murmelte er, »aus und vorbei.« Er schwankte, als er den schweren Stamm schulterte und begann, ihn den Rasen hinab bis zur Terrasse und an die Gartenpforte zu schleifen. Er zog ihn hinter sich her, bum… bum… ging es die Terassenstufen hinunter. Schwer und leblos zeichneten die letzten kahlen Zweige des Apfelbaumes ihre Spur in den feuchten Schnee.

Es war vollbracht. Die Arbeit war getan. Er stützte sich auf den Anhänger. Jetzt brauchte er die ganze Ladung nur noch zum ›Grünen Mann‹ zu bringen, ehe der Schnee das Fahren unmöglich machte. Ihm fielen die Schneeketten ein, und er beschloß, sie für alle Fälle mitzunehmen, ging ins Haus, um die Kleider zu wechseln, die an ihm klebten, und einen Whisky zu trinken. Er dachte weder daran, Feuer zu machen, noch die Vorhänge vorzuziehen oder sich zu vergewissern, was er zum Abendbrot vorfinden würde – alles Arbeiten, die die Aufwartefrau sonst verrichtete. Das kam später. Zuerst mußte er einen Whisky trinken und das Holz fortschaffen.

Sein Kopf war dumpf und müde wie seine Hände und sein ganzer Körper. Einen Augenblick dachte er daran, die Arbeit liegen zu lassen und das Holz morgen zum ›Grünen Mann‹ zu fahren. Nein, das ging nicht. Morgen würde der Schnee noch höher liegen und die ganze Straße zugeschneit sein. Alle Anzeichen sprachen dafür. Außerdem konnte er Anhänger und Holz bei diesem Schneetreiben nicht draußen stehenlassen. Er mußte sich aufraffen und die Arbeit noch heute abend beenden.

Er trank das Glas leer, zog sich um und ging, den Motor anzulassen. Es schneite noch immer, aber zugleich mit dem Einsetzen der Dunkelheit war die Luft klarer und kälter geworden. Es begann zu frieren. Die hin und her tanzenden Flocken kamen jetzt langsamer, bedächtiger. Der Motor lief an, und er begann, mit dem Anhänger im Schlepp, den Berg hinunterzufahren. Wegen der schweren Ladung fuhr er langsam und sehr vorsichtig, und da er völlig erschöpft war, bedeutete es für ihn eine qualvolle Anstrengung durch den fallenden Schnee zu starren und dauernd die Scheibe zu wischen. Niemals hatten die Fenster des ›Grünen Manns‹ freundlicher geblickt als in dem Augenblick, da er in den kleinen Hof einbog. Er blinzelte, als er in der Tür stand, lächelte vor sich hin und sagte: »Ich habe Ihnen das Holz gebracht.«

Mrs. Hill stand hinter der Bar und starrte ihn an. Einige Gäste drehten sich zu ihm um, die Wurfspieler hielten einen Augenblick im Spiel inne.

»Sie können doch un...« begann Mrs. Hill, doch er wies mit dem Kopf auf die Tür und lachte sie an.

»Gehen Sie und sehen Sie selbst«, sagte er. »Aber verlangen Sie bitte nicht, daß ich den Wagen noch heute abend ablade.« Er setzte sich in seine Ecke und kicherte vor sich hin, während sich alle an die Tür drängten, durcheinandersprachen und erstaunte Ausrufe laut wurden.

Er war fast ein Held, alles scharte sich um ihn und fragte ihn aus, während Mrs. Hill ihm einen Whisky einschenkte und unter Lachen und Kopfschütteln sagte: »Heute sind Sie mein Gast.«

»Nein, das kommt gar nicht in Frage«, sagte er. »Alle Anwesenden sind heute meine Gäste. Die erste und zweite Rund bezahle ich. Kommt, Leute!«

Er war festlich gestimmt, er war glücklich, lustig und durchwärmt und wünschte allen Glück, immer wieder, wünschte Mrs. Hill Glück, sich selbst und der ganzen Welt. Wann war Weihnachten? In der nächsten Woche, in der übernächsten? Nun... trinken wir darauf, und eine fröhliche Weihnacht dazu. Was kümmerte ihn der Schnee, was das Wetter? Zum erstenmal war er einer der ihren, gehörte zu ihnen, saß nicht allein in einer Ecke. Zum erstenmal trank und lachte, ja, warf er sogar den Wurfpfeil mit ihnen. Er spürte, daß sie ihn gern hatten, daß er zu ihnen gehörte, nicht mehr der ›Herr‹ vom Hause an der Hauptstraße war.

Die Zeit verging wie im Fluge. Einige gingen nach Hause, andere nahmen ihren Platz ein, und er saß noch immer dort, leicht umnebelt, in behaglicher Stimmung. Wärme und Rauch hüllten ihn ein. Nichts von all dem, was er sah oder hörte, hatte sehr viel Sinn. Wenn schon! Die lustige, dicke Mrs. Hill, die nichts schwer nahm, blinzelte hinter der Bar zu ihm hinüber und umsorgte ihn. Noch ein Gesicht fiel ihm auf, das eines Arbeiters vom Hof, mit dem er während des Krieges zusammen den Traktor gefahren hatte. Er beugte sich vor, klopfte dem Kerl auf die Schulter und fragte: »Was ist eigentlich aus dem Mädchen geworden?«

Der Mann setzte sein Glas ab. »Was für ein Mädchen, Sir?«

»Sie erinnern sich doch sicher noch. Das Mädchen, das die Kühe melkte und die Schweine auf dem Hof fütterte. Hübsches Ding, dunkles, lockiges Haar, sie lachte immer.« Mrs. Hill hatte gerade einen anderen Gast bedient und drehte sich um.

»Meint der Herr vielleicht May?« fragte sie.

»Ja, das ist sie, so hieß sie, die kleine May«, sagte er.

»Nanu, haben Sie denn das nicht gehört«, sagte Mrs. Hill, während sie ihm ein Glas eingoß. »Wir waren damals alle ganz erschüttert. Es sprach doch jeder davon, nicht wahr, Fred?«

»Ja, Sie haben recht, Mrs. Hill.«

Der Mann wischte sich mit dem Handrücken über den Mund. »Sie ist tot«, sagte er, »vom Motorrad eines Burschen geschleudert. Kurz vor der Hochzeit. Sind jetzt wohl schon vier Jahre her. Schrecklich, nicht? Armes Ding!«

»Wir haben einen Kranz geschickt. Ihre Mutter schrieb ganz bewegt zurück und schickte einen Zeitungsausschnitt, nicht wahr, Fred? Es war ein sehr großes Begräbnis, sie hat viele Blumen bekommen. Arme May. Wir hatten sie alle so gern.«

»Ja, das stimmt«, sagte Fred.

»Und Sie haben wirklich nie etwas davon gehört, Sir?« fragte Mrs. Hill.

»Nein«, sagte er, »nein, niemand hat es mir erzählt. Es tut mir schrecklich leid.«

Er starrte vor sich hin auf sein halb geleertes Glas. Um ihn herum unterhielten sie sich, aber er gehörte nicht mehr zu ihnen. Er war wieder allein, saß still in seiner Ecke. Tot! Das arme hübsche Mädchen war also tot. Vom Motorrad geschleudert. Schon seit drei oder vier Jahren tot. Irgendein unvorsichtiger, tollkühner Kerl, der die Kurven zu scharf nahm, das Mädchen hinter sich; vielleicht hielt es sich an seinem Gürtel fest, lachte ihm fröhlich ins Ohr, und dann... aus, vorbei. Keine lockigen Haare mehr, die ihr ums Gesicht flatterten, kein fröhliches Lachen. May also hatte sie geheißen, ja, jetzt erinnerte er sich wieder. Er sah, wie sie über die Schulter hinweg lachte, als jemand sie rief.

»Ich komme«, hörte er ihre singende Stimme. Sie setzte den klappernden Eimer auf dem Hofe ab und ging pfeifend in ihren schweren Stiefeln fort.

Er hatte sie in den Arm genommen und geküßt, einen kurzen, vergänglichen Augenblick. May, das Mädchen mit den lachenden Augen!

»Gehen Sie schon, Sir?« fragte Mrs. Hill.

»Ja, ja, ich denke, es wird jetzt Zeit.«

Er schwankte auf den Eingang zu und öffnete die Tür. Draußen hatte es inzwischen stark gefroren, aber es schneite nicht mehr. Die schwere Wolkendecke war verschwunden, und die Sterne funkelten.

»Soll Ihnen jemand mit dem Wagen helfen, Sir?« fragte jemand.

»Nein, vielen Dank«, sagte er. »Ich werde schon allein fertig.«

Er koppelte den Anhänger ab und ließ ihn fallen. Ein Teil des Holzes rutschte vor. Er würde es morgen abladen. Morgen, wenn ihm danach war, würde er kommen und helfen, das Holz abzuladen. Heute abend nicht mehr. Er hatte genug getan. Jetzt war er zu müde, erledigt.

Es dauerte einige Zeit, bis der Motor ansprang, und noch ehe er die Hälfte des Weges zurückgelegt hatte, wurde ihm klar, daß er einen Fehler begangen hatte, überhaupt mit dem Auto zu fahren. Überall lag dicker Schnee, und die Spur, die er am Abend hinterlassen hatte, war schon wieder zugeschneit. Der Wagen schwankte und rutschte. Plötzlich versank das rechte Rad, und das ganze Auto legte sich auf die Seite. Er war in einen Graben geraten.

Er kletterte aus dem Wagen heraus und schaute sich um. Der Wagen lag tief im Graben, es war unmöglich, ihn ohne Hilfe von mindestens zwei oder drei Mann herauszuholen. Und selbst wenn er sofort ging, um Hilfe zu holen, war es noch fraglich, ob er wirklich im Schnee weiterfahren könnte. Das beste war, er ließ den Wagen liegen. Morgen früh, wenn er ausgeschlafen und frisch war, würde er es wieder versuchen. Es hatte keinen Zweck, umherzulaufen und die halbe Nacht den Wagen ohne Erfolg vorwärtszuschieben und zu ziehen. Es war nicht gefährlich, ihn auf dem Nebenweg stehenzulassen. In der Nacht würde hier niemand fahren.

Er begann auf sein Haus zuzugehen. Es war Pech, daß er in die Schneewehen geraten war. In der Straßenmitte lag der Schnee gar nicht so hoch. Er reichte ihm nicht einmal bis an die Knöchel. Er vergrub die Hände tief in den Manteltaschen und arbeitete sich den Berg hinauf. Die Landschaft breitete sich wie eine weite, weiße Einöde um ihn aus.

Er erinnerte sich, daß er die Aufwartefrau schon mit-

tags fortgeschickt hatte, also würde es zu Hause trostlos
und kalt sein. Das Feuer im Kamin war sicher erloschen,
wahrscheinlich sogar die Zentralheizung. Die Vorhänge waren nicht vorgezogen, und die Fenster würden
ihn öde anstarren und die Nacht hereinlassen. Das
Abendessen mußte er sich aus dem Kopf schlagen. Nun,
es war ja seine eigene Schuld, er konnte niemandem
einen Vorwurf machen. Ja, jetzt müßte jemand zu
Hause auf ihn warten, eine junge Frau aus dem Wohnzimmer in die Halle kommen, ihm die Tür öffnen und
die Halle in flutendes Licht tauchen.

»Ist dir auch nichts zugestoßen, Liebster? Ich habe
mich so um dich geängstigt.«

Er blieb stehen, um Luft zu holen. Er stand auf der
Höhe des Hügels und sah sein von Bäumen umstande-
nes Haus am Ende des kurzen Weges liegen. Es sah
dunkel und gar nicht einladend aus. Keines der Fenster
war erleuchtet. Da war es im Freien unter den funkeln-
den Sternen auf dem verharschten Schnee schon schöner
als in dem düsteren Hause.

Er hatte die Gartenpforte offen gelassen, schloß sie
jetzt hinter sich und ging auf die Terrasse zu. Tiefe
Stille lag über dem Garten. Kein Laut war zu hören. Es
war, als habe ein Geist den Ort verzaubert und alles
weiß und still zurückgelassen.

Er ging vorsichtig über den Schnee auf die Apfelbäume zu.

Jetzt stand der junge allein über den Stufen und
wurde nicht mehr von dem anderen behindert. Wie er
so mit seinen ausgebreiteten, weiß glitzernden Zweigen
dastand, schien er aus dem Traumland zu sein, aus der

Welt der Phantasie und der Geister. Er spürte den Wunsch, neben dem kleinen Baum zu stehen und sich zu vergewissern, daß er auch tatsächlich noch lebte, daß der Schnee ihm nicht geschadet und daß er im Frühjahr wieder blühen würde.

Er konnte ihn fast greifen, da stolperte er und fiel zu Boden. Er hatte sich mit dem Fuß in einem im Schnee versteckten Hindernis verfangen. Er versuchte, den Fuß zu bewegen, doch der hatte sich festgeklemmt, und plötzlich, unter heftigen Schmerzen, wußte er, daß es der zerspellte Stumpf des alten, gefällten Apfelbaumes war, der ihn festhielt.

Er beugte sich vor, stützte sich auf die Ellbogen und versuchte sich auf dem Boden vorwärtszuziehen, doch er war unglücklich gefallen, den Fuß nach hinten gedreht, so daß er bei jedem Versuch, sich zu befreien, nur noch tiefer in die Falle geriet, den Fuß noch fester einklemmte. Er suchte unter dem Schnee nach dem Boden, doch überall stieß er auf kleine Zweige des Apfelbaumes, die abgebrochen waren, als der Baum fiel, und die jetzt der Schnee bedeckte. Er rief um Hilfe, wußte jedoch in der Tiefe seines Herzens, daß niemand ihn hören konnte.

»Laß mich los, laß mich los«, rief er, als ob es in der Macht des Baumstumpfes läge, ihn freizugeben. Tränen der Angst und Verzweiflung rannen ihm über die Wangen. Er würde also in den Fängen des alten Apfelbaumes die ganze Nacht liegenbleiben müssen. Es bestand keine Hoffnung, befreit zu werden. Erst am Morgen würden sie ihn finden. Wie, wenn es dann zu spät, wenn er schon tot wäre und steif auf dem gefrorenen Schnee läge?

Noch einmal versuchte er, unter Verwünschungen

und Tränen, sich zu befreien. Es hatte keinen Zweck. Er konnte sich nicht bewegen. Erschöpft legte er den Kopf auf die Arme und weinte. Er sank tiefer, immer tiefer in den Schnee ein, und als seine Lippen auf einen kalten und feuchten Zweig trafen, da war es wie die Berührung einer zögernden, schüchternen Hand, die sich im Dunkel nach ihm ausstreckte.

M. R. James

Die
verwunschene
Pfeife

Ich nehme an, daß Sie jetzt, nachdem das Semester zu Ende ist, recht bald abreisen werden, Professor«, sagte jemand, der nichts mit dieser Geschichte zu tun hat, zu dem Professor der Ontographie. Die beiden hatten sich während eines Festes im Speisesaal des St. James College gerade nebeneinander an einen Tisch gesetzt.

Der Professor war jung, gut aussehend und sehr gewissenhaft in seiner Ausdrucksweise.

»Ja«, antwortete er; »meine Freunde haben mich dazu bewogen, das Golfspiel in diesem Semester aufzunehmen, und ich beabsichtige, für eine Woche oder zehn Tage an die Ostküste zu fahren – genauer gesagt, nach Burnstow (ich möchte annehmen, daß Sie es kennen) –, um meine Spieltechnik zu verbessern. Ich hoffe, daß ich morgen abreisen kann.«

»Oh, Parkins«, sagte sein Gesprächspartner, »wenn Sie nach Burnstow fahren, würde ich Sie bitten, sich einmal auf dem Gelände umzusehen, wo der ehemalige Orden der Tempelritter seinen Sitz hatte; dann könnten Sie mich vielleicht wissen lassen, ob es sich lohnt, dort im Sommer ein wenig nachzugraben.«

Wie Sie sicher vermuten werden, war der Fragesteller ein Mann mit archäologischen Ambitionen, aber da er lediglich in diesem Prolog erscheint, ist es nicht notwendig, eine Aufzählung seiner Titel zu geben. »Gewiß«, entgegnete Parkins, der Professor; »wenn Sie mir beschreiben wollen, wo etwa das Gelände liegt, will ich mein Bestes tun, Ihnen nach meiner Rückkehr eine ungefähre Beschreibung seiner Beschaffenheit zu geben. Ich könnte Ihnen aber auch schreiben, wenn Sie mir sagen würden, wo Sie sich aufhalten werden.«

»Vielen Dank, aber damit möchte ich Sie nicht bemühen. Es ist nur, weil ich in den großen Ferien mit meiner Familie in jene Gegend fahren will. Und da wenige der englischen Kirchengrundstücke jemals vernünftig geplant worden sind, dachte ich, daß ich dabei die Gelegenheit hätte, etwas Nützliches in meiner Freizeit zu tun.«

Der Professor hätte bei dem Gedanken, daß man den Entwurf eines Kirchengrundstückes als nützlich bezeichnen konnte, beinahe verächtlich die Nase gerümpft. Sein Gesprächspartner fuhr fort: »Das Gelände – ich bin nicht sicher, ob oberhalb der Erde etwas davon zu erkennen ist – muß jetzt ziemlich nahe an der Küste liegen. Wie Sie wissen, hat die See in jener Gegend in all den Jahren viel Land weggespült. Der Karte nach müßte es ungefähr eine dreiviertel Meile vom ›Globe Inn‹ entfernt am Nordende der Stadt liegen. Wo werden Sie wohnen?«

»Nun, zufällig im ›Globe Inn‹«, sagte Parkins, »ich habe dort ein Zimmer gemietet. Ich konnte nirgendwo anders unterkommen – die meisten Herbergen scheinen im Winter geschlossen zu sein. Man hat mir mitgeteilt, daß der einzige Raum, den ich zur Zeit haben kann, ein Doppelbett-Zimmer wäre und daß sie keinen Platz hätten, wo sie das andere Bett so lange abstellen könnten. Aber ich muß schon ein ziemlich großes Zimmer haben, denn ich will einige Bücher mitnehmen und möchte dort ein wenig arbeiten. Und obgleich ich nicht gerade gern ein leeres Bett – und schon gar nicht zwei – in einem Raum habe, den ich für die Dauer meines Aufenthaltes als mein Arbeitszimmer bezeichnen möchte, glaube ich, daß ich diesen lästigen Umstand für die paar Tage, die ich dort sein werde, schon ertragen kann.«

»Empfinden Sie ein leeres Bett in Ihrem Zimmer als eine Belästigung, Parkins?« fragte jemand, der ihnen gegenüber saß. »Was meinen Sie dazu, wenn ich hinkomme und mich ein wenig hineinlege? Sie würden sich dann nicht so allein fühlen.«

Der Professor wand sich ein wenig, brachte aber doch ein höfliches Lachen zuwege.

»Aber gewiß, Rogers; es gäbe nichts, was mir angenehmer wäre. Ich befürchte nur, Sie würden es ziemlich langweilig finden. Sie spielen doch nicht Golf, nicht wahr?«

»Nein, Gott sei Dank!« versetzte Rogers in seiner groben Art.

»Nun, ich werde aber höchstwahrscheinlich meistens auf dem Golfplatz sein, wenn ich nicht gerade arbeite; und das, wie ich schon sagte, würde für Sie recht langweilig sein, fürchte ich.«

»Vielleicht auch nicht! Sicher gibt es dort jemand, den ich kenne; aber natürlich, wenn Sie mich nicht haben wollen, sagen Sie es nur rundheraus, Parkins. Ich würde es Ihnen nicht übelnehmen. Die Wahrheit, wie Sie ja selbst immer sagen, kann niemand beleidigen.«

Parkins war in der Tat darauf bedacht, immer höflich zu sein und strikt bei der Wahrheit zu bleiben. Es ist zu befürchten, daß Mr. Rogers seine Kenntnis dieser Charaktereigenschaft manchmal ausnutzte. Widerstreitende Gefühle in Parkins Brust hinderten ihn für einen Augenblick an der Antwort. Dann sagte er: »Also gut, Rogers, wenn Sie die exakte Wahrheit wissen wollen: ich habe gerade darüber nachgedacht, ob das Zimmer, von dem ich sprach, wirklich groß genug ist, um uns beiden genügend Bewegungsfreiheit zu gestatten; und auch (glauben Sie mir, ich würde dies nicht gesagt haben, wenn Sie mich nicht dazu gedrängt hätten), ob Sie nicht doch in irgendeiner Weise meiner Arbeit hinderlich sein würden.«

Rogers lachte laut auf.

»Bravo, Parkins!« versetzte er. »Geht in Ordnung. Ich verspreche, Sie nicht bei Ihrer Arbeit zu stören; machen Sie sich deswegen keine Sorgen. Ich werde bestimmt nicht kommen, wenn Sie mich nicht haben wollen; aber ich dachte, ich könnte Ihnen vielleicht ganz gut die Gespenster vom Leibe halten.« Hier hätte man sehen können, wie er seinem Nachbarn zublinzelte und ihn mit dem Ellbogen in die Seite stieß und wie Parkins gleichzeitig leicht errötete. »Entschuldigen Sie bitte, Parkins«, fuhr Rogers fort; »ich hätte das nicht sagen sollen. Ich hatte ganz vergessen, daß Sie es nicht mögen, wenn man leichtfertig über diese Dinge spricht.«

»Nun ja«, sagte Parkins, »da Sie einmal davon sprechen, gestehe ich offen, daß ich es in der Tat nicht liebe, wenn man über das, was Sie Gespenster nennen, unbedacht redet. Ein Mann in meiner Position«, fuhr er fort, indem er die Stimme ein wenig hob, »muß sich sehr hüten, finde ich, den Anschein zu erwecken, als unterstütze er die landläufige Meinung über diese Dinge. Wie Sie wissen, Rogers – oder wie Sie wissen sollten – denn ich habe nie meine Ansichten verheimlicht...«

»Nein, das haben Sie gewiß nicht, alter Junge«, warf Rogers mit gedämpfter Stimme ein.

»...daß jeder Schein eines Zugeständnisses, solche Dinge könnten existieren, für mich gleichbedeutend wäre mit einem Verzicht auf alles, was mir heilig ist. Aber ich fürchte, es ist mir nicht gelungen, Ihre Aufmerksamkeit wachzuhalten.«

»Ihre *ungeteilte* Aufmerksamkeit, wie Dr. Blimber es immer zu formulieren pflegte«, fiel Rogers ihm in die Rede, wobei es ganz den Anschein hatte, als bemühte er sich ernsthaft um äußerste Genauigkeit. »Aber verzeihen Sie bitte, Parkins, ich habe Sie eben unterbrochen.«

»Aber keineswegs«, sagte Parkins; »ich kann mich nicht an Blimber erinnern – er war wohl vor meiner Zeit hier. Ich brauche wohl nicht fortzufahren. Sie wissen bestimmt, was ich meine.«

»Ja, ja«, pflichtete Rogers ziemlich hastig bei, »gewiß. Wir werden uns in Burnstow ausführlicher darüber unterhalten, oder auch ein andermal.«

Mit der Wiederholung dieses Gespräches habe ich versucht, den Eindruck wiederzugeben, den es auf mich gemacht hat: Parkins erinnerte mich in seiner ganzen Art irgendwie an ein altes Weib – vielleicht etwas eigensinnig. Leider schien er überhaupt keinen Sinn für Humor zu haben, war jedoch geradeheraus und aufrichtig in seinen Überzeugungen: ein Mann, der größte Achtung verdiente. Ob der Leser auch zu dieser Ansicht gekommen ist oder nicht – das war jedenfalls Parkins' Charakter.

Am folgenden Tage gelang es Parkins, wie er gehofft hatte, sich von seinen Pflichten am College zu befreien und nach Burnstow zu fahren. Er wurde im ›Globe Inn‹

freundlich empfangen und richtete sich in dem großen Doppelbett-Zimmer ein, von dem wir schon gehört haben. Bevor er es sich jedoch bequem machte, verteilte er seine Bücher mit großer Sorgfalt auf einem geräumigen Tisch, der die äußerste Ecke des Zimmers einnahm und an drei Seiten von Fenstern eingerahmt war, die zur Seeseite hin lagen; um es genauer zu sagen, das Fenster in der Mitte wies auf die See hinaus, und durch die anderen beiden konnte man einen Teil der Küste nach Süden und Norden hin sehen. Im Süden erblickte man den Ort Burnstow, im Norden waren keine Häuser, sondern nur der Strand und die niedrige Küste, die dahinter lag. Unmittelbar vor dem Haus befand sich ein schmaler Streifen rauhen Grases, übersät mit alten Ankern, Gangspills und ähnlichen Dingen; dann kam ein breiter Fußweg und danach der Strand. Wie groß auch die ursprüngliche Entfernung zwischen dem Gasthaus und der See gewesen sein mochte, jetzt trennten sie nur noch etwa sechzig Meter.

Die anderen Gäste des Hauses waren natürlich auch Golfspieler, und nur wenige von ihnen erfordern eine besondere Beschreibung. Am markantesten ragte wohl die Gestalt eines alten Offiziers heraus; er war Schriftführer eines Londoner Clubs, besaß eine unwahrscheinlich laute Stimme, und seine Ansichten waren ausgesprochen protestantisch. Diese äußerten sich in seinen Bemerkungen über die Gottesdienste des Pfarrers, eines schätzenswerten Mannes mit Neigungen zu einem bilderreichen Ritual; er hielt sich jedoch, wenn es irgend ging, höflich zurück aus Achtung vor der Tradition, die in diesem Teile Englands herrschte.

Professor Parkins, dessen hervorstechendster Charakterzug Energie war, verbrachte den größten Teil des Tages nach seiner Ankunft in Burnstow damit, seine Spieltechnik zu verbessern, und zwar in Gesellschaft des soeben beschriebenen Colonel Wilson. Während des Nachmittags – ob es nun am mangelnden Fortschritt der Spieltechnik von Parkins lag, weiß ich nicht so genau – legte der Colonel ein so finsteres Wesen an den Tag, daß sogar Parkins bei dem Gedanken, zusammen mit ihm vom Golfplatz nach Hause gehen zu müssen, unbehaglich zumute war. Nach einem kurzen, verstohlenen Blick auf dessen sich sträubenden Schnurrbart und sein gerötetes Gesicht meinte er, daß es klüger wäre, den besänftigenden Einfluß von Tee und Tabak auf den Colonel abzuwarten, bevor das gemeinsame Abendessen ein erneutes Zusammentreffen unvermeidlich machen würde.

»Ich könnte heute abend am Strand entlang nach Hause gehen«, überlegte er, »und dabei einen Blick auf die Ruinen werfen, von denen Disney sprach – es wird wohl noch hell genug dazu sein. Ich weiß zwar nicht genau, wo sie liegen, aber aller Wahrscheinlichkeit nach werde ich wohl darüber stolpern.«

Dieses traf, möchte ich sagen, im wahrsten Sinne des Wortes ein: während er sich seinen Weg vom Golfplatz zum steinigen Strand hinunter suchte, hakte sein Fuß halb hinter eine Stechginsterwurzel und halb hinter einen größeren Stein, so daß er vornüber auf die Nase fiel. Als er aufstand und seine Umgebung genauer betrachtete, fand er sich auf einem Flecken unebenen Geländes, das von kleinen Mulden und Erhebungen unterbrochen war. Als er daran ging, die letzteren zu untersuchen, erwiesen sie sich als eine Menge in Mörtel gebetteter Steine, die von einer Grasnarbe überwachsen waren. Er mußte sich, so schloß er ganz richtig, an der Stätte des Klosterhofes befinden, den er aufzusuchen versprochen hatte. Es schien nicht unwahrscheinlich, daß der Spatenstich des Forschers sich lohnen würde; von den Fundamenten war wohl noch genug und in nicht zu großer Tiefe erhalten geblieben, um eine allgemeine Vorstellung von der Anlage des Ganzen zu vermitteln. Er erinnerte sich dunkel, daß die Tempelritter, denen diese Stätte gehört hatte, runde Kirchen zu bauen pflegten, und eine Reihe dieser kleinen Hügel schienen ihm in kreisartiger Form angeordnet zu sein. Nur wenige Leute können der Versuchung widerstehen, auf einem Gebiet, das gänzlich außerhalb ihres eigenen Tätigkeitsfeldes liegt, den Amateurforscher zu spielen; sei es auch nur, um mit Genugtuung zeigen zu können, wie erfolgreich sie auf diesem Gebiet gewesen wären, hätten sie sich nur ernsthaft damit beschäftigt. Unser Professor jedoch, sollte er etwas von diesem mittelmäßigen Gefühl verspürt haben, war ebenso ehrlich bemüht, Mr. Disney einen Gefallen zu tun. So maß er sorgfältig mit seinen Schritten die kreisartige Fläche aus, die er hier vor sich sah, und schrieb ihre groben Abmessungen in sein Notizbuch. Darauf untersuchte er eine längliche, rechteckige Erhebung, die von der Mitte des Kreises aus gesehen gen Osten lag und seiner Meinung nach die Grundplatte eines Podiums oder eines Altars gewesen sein konnte. An ihrem einen Ende, dem nördlichen, fehlte ein Stückchen der Grasnarbe – von einem Jungen oder einem anderen Wesen ungebärdiger Natur entfernt. Man könnte ruhig auch hier einmal, dachte er, den Boden nach Resten von Mauerwerk prüfen. Er nahm also sein Taschenmesser und begann die Erde wegzukratzen. Eine neue kleine Entdeckung folgte: während er kratzte, stürzte ein Teil des Bodens ein und zeigte ihm eine kleine Höhlung. Er zündete mehrere Streichhölzer nacheinander an, um genauer erkennen zu können, was für ein Loch es sei, aber der Wind war zu stark und blies sie alle aus. Indem er jedoch die Seitenwände abtastete und mit seinem Taschenmesser daran kratzte, konnte er ausfindig machen, daß es eine künstliche, von Mauerwerk umgebene Aushöhlung sein mußte. Sie war rechteckig und ihre Seitenwände, der Boden und die Decke waren glatt und ebenmäßig – vielleicht sogar mit Mörtel überzogen. Sicher war sie leer. Doch nein! Als er das Messer herauszog, hörte er ein metallisches Klingen, und wie er mit der Hand hineinfuhr und herumtastete, stieß er gegen einen zylindrischen Gegenstand, der auf dem Boden des Loches lag. Es war nur natürlich, daß er ihn aufnahm, und als er ihn ans Tageslicht brachte (das jetzt schnell dahinschwand), konnte er erkennen, daß auch er von Menschenhand gemacht war – eine Metallröhre von ungefähr zehn Zentimeter Länge und augenscheinlich von beträchtlichem Alter.

Nachdem Parkins sich vergewissert hatte, daß sich nichts anderes mehr an diesem seltsamen Aufbewahrungsort befand, war es zu spät und zu dunkel geworden, um weitere Nachforschungen anstellen zu können. Seine Untersuchungen hatten jedoch ein so unerwartet interessantes Ergebnis gezeigt, daß er beschloß, am nächsten Tage der Archäologie ein wenig mehr Zeit zu opfern. Er war sicher, daß der Gegenstand, den er jetzt in seiner Tasche geborgen hatte, einen gewissen, wenn auch vielleicht nur geringen Wert besitzen mußte.

Öde und zugleich feierlich war das Bild, das sich ihm bot, als er noch einen letzten Blick über die Gegend schweifen ließ, bevor er sich auf den Heimweg machte. Ein fahles gelbes Licht im Westen lag über dem Golfplatz, auf dem noch einige Leute sichtbar waren, die sich auf das Clubhaus zu bewegten; er sah den kurzen, dicken Turm und die Lichter des Dorfes Aldsey, das blasse Band des Sandstrandes, in Abständen von schwarzen, hölzernen Buhnen unterbrochen, sowie die dunstverschleierte, murmelnde See. Der Wind, der von Norden her seinen Rücken traf, während er in Richtung auf das Gasthaus zu marschierte, war kalt. Seine Füße stießen gegen rasselnde und klappernde Steine, und bald hatte er den Sandstrand erreicht, auf dem er leicht und fast lautlos vorwärtskam; allerdings mußte er alle paar Meter über die hölzernen Buhnen klettern. Als er einen letzten Blick zurückwarf, um zu sehen, wie weit er schon von der Ruine des Klosters entfernt war, erblickte er die verschwommenen Umrisse einer Gestalt. Sie schien große Anstrengungen zu machen, ihn zu erreichen, kam aber nur wenig, wenn überhaupt näher. Ihren Bewegungen nach sah es zwar so aus, als ob sie liefe, aber der Abstand zwischen Parkins und ihr schien sich kaum zu verringern. Da es Parkins unwahrscheinlich schien, daß es ein Bekannter von ihm sein könnte, hielt er es für unnötig zu warten. Gesellschaft wäre an diesem einsamen Küstenstreifen wohl nicht unwillkommen, dachte er, aber nur, wenn man sich seinen Begleiter selbst wählen könnte.

Als er noch ein kleiner Junge war, hatte er von Begegnungen an solchen Orten gelesen, an die er selbst jetzt nicht ohne Schaudern denken mochte. Dennoch konnte er sich nicht von diesen Erinnerungen lösen, bis er sein Gasthaus erreichte. Besonders ein Bild ließ ihn nicht los, das wohl die meisten Leute in ihrer Kindheit in dieser oder ähnlicher Art einmal packt: Im Traum ging er über ein weites, einsames Feld, als plötzlich ein unheimliches, entsetzliches, unbeschreiblich grauenhaftes Ungeheuer erschien und auf ihn zukam...

»Wenn ich mich jetzt umblickte«, dachte er, »was würde ich wohl tun, wenn ich einen riesigen schwarzen Schatten sähe, gehörnt und geflügelt, der sich scharf gegen den gelben Himmel abhöbe? Ich weiß nicht, würde ich weglaufen oder stehenbleiben? Glücklicherweise sieht der Kerl dort hinten nicht so aus; er scheint auch nicht näher gekommen zu sein, seit ich ihn zum ersten Mal bemerkte. Jedenfalls wird er wohl nach mir sein Essen einnehmen müssen, wenn er sich nicht mehr beeilt – oh! Nur noch eine Viertelstunde bis zum Abendessen! Nun muß ich wohl doch laufen.«

Parkins blieb tatsächlich wenig Zeit zum Umziehen. Als er den Colonel beim Abendessen traf, regierte wieder Frieden – soweit man bei diesem eingefleischten Militaristen davon sprechen kann – in dessen Brust; auch während der Bridgepartie nach dem Essen hielt seine friedliche Stimmung an, denn auf diesem Gebiet war Parkins besser als der Durchschnitt. Und als er sich gegen Mitternacht auf sein Zimmer zurückzog, hatte Parkins das befriedigende Gefühl, einen angenehmen Abend verbracht zu haben. Unter ähnlichen Umständen würde sich das Leben im ›Globe‹ sogar zwei oder drei Wochen lang ertragen lassen – »besonders«, dachte er, »wenn ich meine Spieltechnik weiter verbessern kann«.

Als er durch die Korridore ging, begegnete er dem Hausdiener des ›Globe Inn‹, der stehenblieb und ihn ansprach: »Verzeihen Sie, Sir, aber als ich gerade Ihre Jacke ausbürstete, fiel etwas aus Ihrer Tasche. Ich habe es auf ihre Kommode gelegt, Sir – es sieht so aus wie eine Pfeife, Sir. Vielen Dank, Sir. Sie werden es auf Ihrer Kommode finden, Sir. – Ja, Sir. Gute Nacht, Sir.«

Diese Worte hatten Parkins seine kleine Entdeckung vom Nachmittag wieder ins Gedächtnis zurückgerufen. Mit ziemlicher Neugier drehte und wendete er seinen Fund im Schein der Kerzen. Wie er jetzt erkennen konnte, war der Gegenstand aus Bronze und hatte fast genau die Form einer heutigen Hundepfeife; es war wirklich – ja, es war tatsächlich nichts anderes als eine Pfeife. Er setzte sie an die Lippen, aber sie war vollkommen mit feinem, zusammengebackenem Sand gefüllt, der sich nicht herausklopfen ließ. Er mußte ihn mit dem Messer lösen. Eigen, wie es seine Gewohnheit war, leerte Parkins den Sand auf ein Stück Papier und ging damit zum Fenster, um ihn auszuschütten. Wie er sah, war die Nacht klar und hell. Er blieb einen Augenblick am geöffneten Fenster stehen und blickte auf die See hinaus. Dabei bemerkte er einen späten Wanderer, der am Strand vor dem Gasthaus stand. Ein wenig erstaunt darüber, wie lange die Leute in Burnstow aufblieben, schloß er das Fenster und ging wieder mit seiner Pfeife ans Licht. Oh, da befanden sich doch Zeichen auf dem Metall – und nicht nur Zeichen, nein, es waren Buchstaben! Nach kurzem

Reiben trat die tief eingeprägte Schrift gut lesbar hervor, aber nach einigem ernsthaften Nachdenken mußte der Professor zugeben, daß ihre Bedeutung ihm genauso rätselhaft war wie die Flammenschrift an der Wand für König Belsazar. Sowohl auf der Vorderseite als auch auf der Rückseite der Pfeife fand er eine Inschrift. Die eine lautete so:

FLA

FUR BIS

FUR

Die andere:

QUIS EST ISTE QUI VENIT

»Eigentlich müßte ich es ja herauskriegen«, dachte er, »aber mein Latein ist wohl ein bißchen eingerostet. Ich glaube, ich weiß nicht einmal mehr das Wort für Pfeife. Die längere Inschrift ist ja nicht schwer. Sie müßte heißen: ›Wer ist es, der da kommt?‹ Nun, der beste Weg, um das herauszufinden, ist wohl, nach ihm zu pfeifen.«

Versuchsweise blies er hinein, setzte die Pfeife jedoch rasch wieder ab, erschrocken und gleichzeitig erfreut über den Ton, den er hervorgebracht hatte. Ein Klang unendlicher Ferne lag in ihm, und obgleich er zart war, kam es ihm vor, als ob man ihn meilenweit im Umkreis hören müßte. Auch war es ein Ton, der die Kraft zu besitzen schien (wie sie zum Beispiel vielen Gerüchen innewohnt), im Geiste des Lauschenden ein Bild erstehen zu lassen. Einen Augenblick lang sah er ganz deutlich die Vision einer weiten, dunklen Fläche bei Nacht, über die ein frischer Wind blies und in deren Mitte sich eine einsame Gestalt befand – womit sie beschäftigt war, konnte er jedoch nicht erkennen. Vielleicht hätte er mehr gesehen, hätte nicht ein plötzlicher Windstoß gegen sein Fenster das Bild unterbrochen; er kam so plötzlich, daß er unwillkürlich hinblicken mußte, gerade rechtzeitig, um noch das Weiß der Schwinge eines Seevogels vor der dunklen Scheibe des Fensters verschwinden zu sehen.

Der Klang der Pfeife hatte ihn fasziniert – so sehr, daß er es nicht lassen konnte, es nochmals zu versuchen. Doch blies er diesmal etwas kühner hinein. Der Ton war nur wenig, wenn überhaupt, lauter als das erste Mal, und seine Wiederholung zerstörte die Illusion: kein Bild folgte, wie er es halb gehofft hatte. »Aber was ist das? Um Himmels willen – wie stark der Wind in diesen paar Minuten geworden ist! Welch ein fürchterlicher Sturm! Da haben wir's! Dachte ich mir doch, daß dieser Fensterriegel nichts taugt! Oh! Natürlich – beide Kerzen aus. Das reicht, um das ganze Zimmer in Stücke zu reißen!«

Erst einmal mußte er auf jeden Fall das Fenster schließen. Während man bis zwanzig zählen konnte, kämpfte Parkins mit dem hohen Fenster und kam sich dabei fast so vor, als wenn er einen kräftigen Einbrecher zurückdrängen mußte, so stark war der Druck. Plötzlich ließ er nach, und das Fenster knallte zu und verriegelte sich von selbst. Und nun die Kerzen anzünden und nachsehen, ob irgendein Schaden entstanden ist: nein, nichts schien zu fehlen; nicht einmal eine Fensterscheibe im Erker war zerbrochen. Aber der Lärm hatte zumindest einen Bewohner des Hauses aufgescheucht – man konnte hören, wie der Colonel oben brummend und auf bestrumpften Füßen umherstapfte.

So plötzlich wie der Wind sich erhoben hatte, hörte er jedoch nicht wieder auf. Jaulend und stöhnend raste er um das Haus, dabei manchmal zu einem so trostlosen Heulen anschwellend, daß er, wie Parkins uninteressiert bemerkte, abergläubischen Leuten Furcht einjagen konnte, selbst Leute mit weniger stark ausgeprägter Einbildungskraft, dachte er nach einer Viertelstunde, würden sich ohne ihn wohler fühlen.

Ob es nun der Wind war, die Aufregung des Golfspieles oder die Erinnerung an die Nachforschungen im Klosterhof, was Parkins nicht einschlafen ließ, konnte er nicht genau sagen. Auf jeden Fall blieb er lange genug wach, um sich einzubilden (ich muß übrigens gestehen, daß es mir unter ähnlichen Bedingungen genauso geht), daß er das Opfer aller möglichen verhängnisvollen Krankheiten wäre: er lag da und zählte die Schläge seines Herzens, überzeugt, daß es jeden Moment aufhören könnte zu arbeiten; er hegte schwerste Befürchtungen wegen seiner Lungen, seines Gehirns, seiner Leber und so weiter – Befürchtungen, die sich, dessen war er gewiß, mit der Wiederkehr des Tageslichtes in nichts auflösen würden, sich aber bis dahin nicht verdrängen ließen. Ein wenig Trost brachte ihm inzwischen der Gedanke, daß jemand anders sich im gleichen Boot befand. Ein naher Nachbar (die Richtung konnte er in der Dunkelheit nicht so genau feststellen) warf sich ebenfalls raschelnd in seinem Bett hin und her.

Als nächstes machte Parkins seine Augen zu und beschloß, dem Schlaf jede Chance zu geben. Jetzt aber äußerte sich die Überreiztheit seiner Nerven in anderer Form – er sah Bilder. *Experto crede*, so etwas kann einem passieren, wenn man mit geschlossenen Augen daliegt und sich krampfhaft bemüht einzuschlafen; und oft sind diese Bilder so wenig angenehm, daß man die Augen wieder öffnen muß, um sie zu verjagen.

Parkins machte bei dieser Gelegenheit eine sehr schmerzliche Erfahrung. Immer wieder sah er dasselbe Bild. Wenn er die Augen öffnete, verschwand es natürlich; aber wenn er sie wieder schloß, bildete es sich von neuem und lief wie ein Film vor ihm ab, weder schneller noch langsamer als vorher. Er sah folgendes:

Ein langer, steiniger Küstenstreifen mit einem vorgelagerten Sandstrand, der in kurzen Abständen von schwarzen, bis ins Wasser laufenden Buhnen unterteilt war – die Szene glich in der Tat so sehr jener, die er an seinem nachmittäglichen Spaziergang gesehen hatte, daß sie sich bis auf die fehlenden Landmarken nicht von dieser unterschied. Das Licht war trübe und vermittelte den Eindruck eines sich zusammenbrauenden Unwetters an einem späten Winterabend; ein leichter, kalter Regen schien zu fallen. Auf dieser unfreundlichen Bühne ließ sich zunächst kein Schauspieler blicken. Doch dann erschien in der Ferne ein schwarzes, hüpfendes Etwas; einen Augenblick später konnte er erkennen, daß es ein Mann war, der in langen Sprüngen über den Strand hetzte, über die Buhnen kletterte und sich immer wieder angstvoll umblickte. Je näher er kam, desto deutlicher wurde es, daß er nicht nur Angst hatte, sondern zu Tode erschrocken war, obwohl Parkins sein Gesicht nicht erkennen konnte. Er schien am Ende seiner Kräfte zu sein. Immer näher kam er, und jedes neue Hindernis schien ihm größere Mühe zu bereiten. »Wird er das nächste noch schaffen?« dachte Parkins; »es sieht etwas höher aus als die anderen.« Doch ja: halb kletternd, halb sich nach vorn werfend, schaffte er es tatsächlich und fiel auf der anderen, dem Zuschauer zugewandten Seite wie ein Bündel zusammen. Und als ob er sich wirklich nicht mehr erheben konnte, blieb er dort und kroch unter die Buhne. Da lag er nun und hob in einer Gebärde der Verzweiflung den Kopf.

Bis hierher hatte sich keine Ursache für die Furcht des Läufers gezeigt; aber jetzt konnte Parkins, noch weit entfernt, ein Flattern am Strande erkennen: ein heller Farbfleck sprang dort mit großer Schnelligkeit und Unregelmäßigkeit hin und her. Rasch wurde er größer und entpuppte sich ebenfalls als eine Gestalt, jedoch war diese in fahle, flatternde Gewänder gekleidet und von üblem Aussehen. Die Art ihrer Bewegungen war Parkins so widerwärtig, daß er sie nur mit äußerstem Unwillen aus größerer Nähe betrachten konnte. Ab und zu blieb sie stehen, hob die Arme, beugte sich tief auf den Sand hinunter und lief in gebeugter Haltung über den Strand bis an das Wasser und wieder zurück, um sich dann wieder aufzurichten und mit verblüffender, geradezu unheimlicher Geschwindigkeit ihren Lauf fortzusetzen. Und dann kam der Augenblick, in dem der Verfolger nur noch ein paar Meter jenseits der Buhne hin und her jagte, hinter der sich der Flüchtling verborgen hatte. Nachdem er ein- oder zweimal erfolglos hierhin und dorthin gelaufen war, blieb er stehen, richtete sich mit hoch erhobenen Armen auf und stürzte geradeswegs auf die Buhne zu.

Regelmäßig an dieser Stelle vermochte Parkins es

nicht, die Augen länger geschlossen zu halten. Mit vielen Befürchtungen – daß zum Beispiel sein Augenlicht nachzulassen begänne, sein Gehirn überarbeitet wäre, daß er unmäßig viel geraucht hätte und so weiter – gab er es schließlich auf und beschloß, eine Kerze anzuzünden und ein Buch vorzunehmen. Lieber wollte er wachend die Nacht verbringen, als weiterhin von diesem immer wiederkehrenden Bild gequält zu werden, das ja, wie er klar erkannte, nur eine krankhafte Widerspiegelung seines Spaziergangs und seiner Gedanken an jenem Nachmittag sein konnte.

Das Kratzen des Streichholzes an der Schachtel und das Aufflackern des Lichtes mußten irgendwelches Nachtgetier – Ratten oder was es sonst sein konnte – aufgescheucht haben: er hörte sie mit viel Geraschel von seinem Bett weg über den Fußboden laufen. Du liebe Güte! Das Streichholz ist aus! So ein dummes Ding! Doch das zweite brannte besser. Parkins zündete die Kerze an und holte sich ein Buch, über dem er brütete, bis schon nach kurzer Zeit ein wohltätiger Schlaf ihn übermannte. Wohl zum ersten Mal in seinem ordentlichen und sparsamen Leben vergaß er, die Kerze auszublasen, und als man ihn am nächsten Morgen um acht weckte, flackerte immer noch ein Flämmchen im Kerzenhalter, und eine trübe Masse übergelaufenen Wachses befleckte das kleine Tischchen.

Als er nach dem Frühstück in seinem Zimmer noch einmal den Sitz seines Golfanzuges überprüfte – das Los hatte ihm wiederum den Colonel als Partner zugespielt –, trat eines der Zimmermädchen ein.

»Verzeihen Sie bitte«, sagte es, »möchten Sie vielleicht noch eine zusätzliche Wolldecke für Ihr Bett haben?«

»Vielen Dank«, sagte Parkins. »Ja, ich glaube, ich könnte eine gebrauchen. Es sieht so aus, als ob es kälter würde.«

In kürzester Zeit war das Mädchen mit der Decke zurück.

»Auf welches Bett soll ich sie legen, Sir?« fragte sie.

»Wie? Ach so, natürlich auf dieses – in dem ich die letzte Nacht geschlafen habe«, antwortete er und wies mit der Hand auf das Bett.

»Oh ja! Verzeihen Sie bitte, Sir, aber Sie scheinen beide Betten ausprobiert zu haben; wenigstens mußten wir heute früh beide fertigmachen.«

»Wirklich? Aber das ist doch gar nicht möglich!« versetzte Parkins. »Ich habe das andere ganz gewiß nicht berührt, außer, um ein paar Sachen darauf zu legen. Sah es tatsächlich so aus, als ob jemand darin geschlafen hätte?«

»O ja, Sir!« sagte das Mädchen. »Das ganze Bettzeug war verknüllt und durcheinander, als ob – verzeihen Sie bitte, Sir –, als ob jemand darin eine sehr unruhige Nacht verbracht hätte.«

»Du liebe Güte!« sagte Parkins. »Nun, wahrscheinlich habe ich es beim Auspacken meiner Sachen mehr in Unordnung gebracht, als ich dachte. Es tut mir sehr leid, daß ich Ihnen dadurch mehr Mühe gemacht habe; übrigens, ich erwarte demnächst einen Freund – einen Herrn aus Cambridge –, der ein oder zwei Nächte darin schlafen wird. Das geht doch in Ordnung, nicht wahr, nehme ich an?«

»O ja, Sir, selbstverständlich. Danke schön, Sir. Es

macht bestimmt keine Mühe«, sagte das Mädchen und ging, um mit ihren Kolleginnen zu kichern.

Parkins machte sich mit dem festen Entschluß auf den Weg, seine Spieltechnik zu verbessern.

Erfreulicherweise kann ich Ihnen berichten, daß er bei diesem Unterfangen wenigstens insoweit Erfolg hatte, daß der Colonel, der anfangs bei der Aussicht, noch einen ganzen Tag mit ihm spielen zu müssen, ziemlich mürrisch gewesen war, im Laufe des Vormittags recht gesprächig wurde. Seine Stimme dröhnte über den Platz ›wie ein großes Brausen im Turm eines Münsters‹, wie einige unserer unbedeutenderen Poeten gesagt haben würden.

»Toller Wind, den wir da letzte Nacht hatten«, sagte er. »In meiner alten Heimat würde man sagen, jemand hätte ihn herbeigepfiffen.«

»Tut man das wirklich!« rief Parkins aus. »Gibt es immer noch diese Art von Aberglauben in Ihrer Gegend?«

»Ich weiß nicht, ob man es Aberglauben nennen soll«, versetzte der Colonel. »Sowohl in ganz Dänemark und Norwegen als auch an der Küste von Yorkshire glaubt man daran; und meiner Erfahrung nach liegt diesen Dingen, an denen das Landvolk seit Generationen festhält, meistenteils etwas Wahres zugrunde. Aber Sie sind am Schlag« (oder wie es richtig heißen mag; der golfspielende Leser wird sich die betreffenden Fachausdrücke an den entsprechenden Stellen denken müssen).

Als die Unterhaltung wieder aufgenommen wurde, sagte Parkins etwas zögernd: »Apropos, was Sie da gerade sagten, Colonel, ich glaube, ich sollte es Ihnen nicht länger vorenthalten, daß meine Ansichten über diese Dinge sehr streng sind. Ich bin in der Tat ein überzeugter Leugner des sogenannten ›Übernatürlichen‹.«

»Wie!« entgegnete der Colonel, »wollen Sie mir etwa weismachen, Sie glaubten nicht an das zweite Gesicht, an Gespenster oder Ähnliches?«

»An überhaupt nichts dergleichen«, antwortete Parkins fest.

»Nun gut«, sagte der Colonel, »aber mir scheint, Sir, daß Sie kaum besser sind als ein Sadduzäer.«

Parkins hätte beinahe geantwortet, daß seiner Meinung nach die Sadduzäer die vernünftigsten Leute waren, von denen er je etwas im Alten Testament gelesen hatte; aber da er sich nicht mehr genau erinnerte, was und wieviel über sie in jenem Buche zu finden war, zog er es vor, mit einem Lachen über diesen Vorwurf hinwegzugehen.

»Vielleicht bin ich es wirklich«, sagte er; »aber... hier, gib mir meinen langen Schläger, Junge! – Entschuldigen Sie mich einen Augenblick, Colonel.« Eine kurze Pause. »Also, was das Herbeipfeifen des Windes anbetrifft, will ich Ihnen einmal meine Theorie darüber darlegen. Die Gesetze, denen die Winde gehorchen, sind in der Tat noch nicht völlig erforscht – den Fischerleuten und dem Landvolk sind sie natürlich überhaupt nicht bekannt. Ein Mann oder eine Frau von exzentrischen Gewohnheiten oder auch ein Fremder wird wiederholt zu ungewöhnlicher Stunde am Strand gesehen, und man hört ihn pfeifen. Kurz darauf bricht ein heftiger Sturm los. Jemand, der die Vorgänge am Himmel deuten kann oder ein Barometer besitzt, hätte das voraussagen können. Die einfachen Leute in einem Fischerdorf aber haben kein Barometer und vielleicht nur ein paar grobe Faustregeln, um das Wetter vorauszubestimmen. Nichts wäre für sie natürlicher, als zu glauben, diese sonderbare Person, von der ich sprach, habe den Wind herbeigerufen; ebenso natürlich wäre es, daß sie sich nur zu gern in dem geheimnisvollen Ruf sonnt, diese Fähigkeit zu besitzen. Nehmen Sie zum Beispiel den Sturm in der letzten Nacht: zufällig habe ich selbst gepfiffen. Ich blies zweimal in eine Pfeife, und jedesmal schien der Wind unmittelbar als Antwort auf meinen Ruf zu kommen. Wenn mich jemand gesehen hätte...«

Sein Zuhörer hatte etwas unwillig diese Ansprache über sich ergehen lassen, und Parkins war, fürchte ich, in einen Ton verfallen, als ob er eine Vorlesung hielte; aber bei dem letzten Satz horchte der Colonel auf.

»Gepfiffen haben Sie?« fragte er. »Und was für eine Pfeife haben Sie dazu benutzt? Schlagen Sie erst Ihren Ball.« Pause.

»Sie fragten nach der Pfeife, Colonel. Ich habe sie hier in meiner... nein; ich muß sie wohl doch in meinem Zimmer gelassen haben. Übrigens habe ich sie erst gestern gefunden.«

Und dann erzählte Parkins, auf welche Weise er die Pfeife gefunden hatte, worauf der Colonel grunzte und meinte, er an Parkins' Stelle hätte sich gehütet, etwas zu benutzen, was einer Bande von Papisten gehört hatte, von denen man, wie allgemein feststünde, niemals wüßte, was sie gerade im Schilde führten. Von diesem Thema schweifte er dann ab zu den Ungeheuerlichkeiten des Pfarrers, der am letzten Sonntag angekündigt hatte, er würde am kommenden Freitag, dem Fest des Heiligen

Apostels Thomas, um elf Uhr in der Kirche einen Gottesdienst halten. Dies und ähnliche Vorfälle erhärteten nach Ansicht des Colonels seinen starken Verdacht, daß der Pfarrer ein heimlicher Papist, wenn nicht sogar ein Jesuit sei; und Parkins, der ihm auf diesem Gebiet nicht so recht folgen konnte, widersprach ihm nicht. An diesem Vormittag kamen sie in der Tat so gut miteinander aus, daß keiner von beiden auch nur die Möglichkeit erwähnte, sich nach dem Mittagessen zu trennen.

Beide spielten auch am Nachmittag so gut – oder zumindest gut genug, daß sie alles andere vergaßen, bis das Licht zu schwach wurde. Erst dann erinnerte sich Parkins daran, daß er ja eigentlich beabsichtigt hatte, seine Nachforschungen auf dem verfallenen Klosterhof fortzusetzen. Doch das war nicht so wichtig, dachte er, ein Tag war dazu so gut wie der andere; er konnte jetzt genausogut mit dem Colonel heimgehen.

Als sie um die Ecke des Hauses bogen, wurde der Colonel beinahe von einem Jungen über den Haufen gerannt, der mit äußerster Geschwindigkeit gegen ihn prallte; anstatt jedoch wegzulaufen, blieb er stehen und klammerte sich keuchend an den Colonel. Die erste Reaktion des alten Kriegers waren natürlich tadelnde und verweisende Worte, aber dann entdeckte er sehr schnell, daß der Junge vor Furcht fast die Sprache verloren hatte. Alles Fragen war zunächst nutzlos. Als das Kerlchen wieder zu Atem gekommen war, begann es zu heulen, hielt sich aber immer noch an den Beinen des Colonels fest. Schließlich konnten sie ihn losmachen, er hörte jedoch nicht auf zu heulen.

»Was um alles in der Welt ist mit dir los? Was hast du

getan? Was hast du gesehen?« fragten ihn die beiden Männer.

»Hu, es hat mir aus dem Fenster zugewinkt«, jammerte der Junge, »und ich hab' solche Angst!«

»Aus welchem Fenster?« fragte der Colonel erregt. »Komm, nimm dich zusammen, mein Junge!«

»Aus dem Vorderfenster«, sagte der Junge, »im Hotel.« Hier war Parkins der Ansicht, man sollte den Jungen nach Hause schicken, aber der Colonel war nicht damit einverstanden; er wolle der Sache auf den Grund gehen, sagte er. Es wäre sehr gefährlich, einen Jungen so sehr zu erschrecken, und wenn es sich herausstellen würde, daß jemand sich einen üblen Scherz erlaubt hätte, müßte er auf irgendeine Weise dafür büßen. Und durch eine Reihe von Fragen bekam er diese Geschichte heraus: Der Junge hatte mit einigen anderen auf dem Rasen vor dem ›Globe Inn‹ gespielt; die anderen waren bereits zum Tee nach Hause gegangen, und er wollte auch gerade gehen, als er zufällig zum Fenster hochblickte und sah, wie etwas ihm zuwinkte. Es war eine Gestalt, die, soweit er sich erinnern konnte, ganz in Weiß gekleidet war – das Gesicht konnte er nicht erkennen, aber sie winkte ihm zu. Es war so unheimlich – gar nicht so, als ob es ein richtiger Mensch gewesen wäre. Ob Licht in dem Zimmer gebrannt hätte? Nein, das könnte er nicht sagen, er hätte nicht darauf geachtet. Welches Fenster es gewesen sei? Das oberste oder das im ersten Stock? Das im ersten Stock wäre es gewesen, das mit den beiden kleinen Fenstern an den Seiten.

»Es ist gut, mein Junge«, sagte der Colonel nach einigen Fragen. »Lauf jetzt nach Hause. Ich nehme an, daß dich nur jemand erschrecken wollte. Das nächste Mal benimmst du dich wie ein tapferer kleiner Junge und wirfst einen Stein – nein, das lieber nicht, sondern geh und sprich mit dem Kellner oder mit Mr. Simpson, dem Wirt, und – ja – und sag ihm, ich hätte dir dazu geraten.«

Das Gesicht des Jungen drückte einigen Zweifel aus: er fand es wohl unwahrscheinlich, daß Mr. Simpson seine Klagen freundlich anhören würde. Aber der Colonel schien dies nicht zu bemerken und fuhr fort: »Hier ist ein Sixpence – nein, ich sehe, es ist ein Schilling – und nun schwirre ab nach Hause und denk nicht mehr daran.«

Nachdem er sich überschwenglich bedankt hatte, sauste der Junge los, und der Colonel und Parkins gingen um das Haus herum zur Vorderseite des Gasthauses, um der Sache nachzuspüren. Es gab nur ein Fenster, das der eben gehörten Beschreibung entsprach.

»Hm, das ist sonderbar«, sagte Parkins; »allem Anschein nach ist es mein Fenster, von dem der Bursche erzählt hat. Würden Sie bitte mit hinaufkommen, Colonel Wilson? Wir müßten doch feststellen können, ob sich jemand in meinem Zimmer zu schaffen gemacht hat.«

Sie gingen schnell hinauf und durch den Korridor, und Parkins versuchte die Tür zu öffnen. Plötzlich hielt er inne und suchte in seinen Taschen.

»Das ist ernster, als ich dachte«, bemerkte er. »Ich erinnere mich jetzt, daß ich heute morgen, bevor ich losging, die Tür abgeschlossen habe. Auch jetzt ist sie verschlossen. Hier ist der Schlüssel.« Er wies ihn vor. »Nun«, fuhr er fort, »wenn die Dienstboten die Gewohnheit haben, in unsere Zimmer zu gehen, wenn wir tagsüber weg sind, kann ich nur sagen – nun ja, daß ich es nicht eben angenehm finde.« Mit dem Gefühl, daß etwas Ungewisses sie erwarte, öffnete er die Tür (die in der Tat verschlossen gewesen war) und zündete Kerzen an. »Nein«, sagte er, »es scheint alles in Ordnung zu sein.«

»Außer Ihrem Bett«, warf der Colonel ein.

»Entschuldigen Sie bitte, das ist gar nicht mein Bett«, sagte Parkins. »Dieses Bett benutze ich nicht. Aber es sieht so aus, als habe sich jemand einen dummen Streich damit erlaubt.«

Und so sah es tatsächlich aus: die Bettücher waren zerknüllt und in heilloser Verwirrung durcheinander geworfen. Parkins grübelte nach.

»Das wird es sein«, sagte er schließlich: »Ich habe das Bett gestern abend beim Auspacken in Unordnung gebracht, und sie haben es seitdem nicht gemacht. Vielleicht waren sie gerade dabei, es zu machen, als der Junge sie durch das Fenster sah; dann wurden sie abgerufen und haben die Tür wieder hinter sich verschlossen. Ja, ich glaube, so wird es gewesen sein.«

»Gut, läuten und fragen Sie«, versetzte der Colonel, und dies erschien auch Parkins als zweckmäßig.

Das Mädchen kam, und um es kurz zu machen: sie erklärte, daß sie das Bett am Morgen gemacht hätte, als der Herr noch im Zimmer war, und seitdem nicht hier gewesen wäre. Nein, sie hätte keinen zweiten Schlüssel. Mr. Simpson verwahrte die Schlüssel. Er würde den Herren sagen können, ob jemand im Zimmer gewesen wäre.

Das war ein Rätsel. Nachforschungen ergaben, daß nichts von Wert abhanden gekommen war, und Parkins erinnerte sich noch recht gut, wie er all seine Kleinigkeiten auf den Tischen und im Raum verteilt hatte, um ganz sicher zu sein, daß niemand damit seine Possen getrieben hatte. Außerdem bestätigten Mr. und Mrs. Simpson, daß keiner von ihnen den zweiten Schlüssel zum Zimmer im Laufe des Tages jemand gegeben hätten. Auch konnte Parkins – objektiv wie er war – nicht das geringste in dem Benehmen des Wirtes, der Wirtin oder des Mädchens entdecken, das ein Schuldbewußtsein angedeutet hätte. Er war viel eher geneigt zu glauben, daß der Junge den Colonel angelogen hatte.

Letzterer war während des Essens und den ganzen Abend über ungewöhnlich schweigsam und nachdenklich. Als er Parkins gute Nacht wünschte, murmelte er mürrisch und mit gedämpfter Stimme: »Wenn Sie mich während der Nacht brauchen – Sie wissen ja, wo ich zu finden bin.«

»Wie – ach so, ja, vielen Dank, Colonel Wilson; aber es besteht wohl nicht viel Aussicht, daß ich Sie stören werde, hoffe ich. Übrigens«, fügte er hinzu, »habe ich Ihnen schon die alte Pfeife gezeigt, von der ich Ihnen erzählte? Ich glaube nicht. Hier ist sie also.«

Der Colonel drehte sie vorsichtig im Kerzenschein nach allen Seiten.

»Können Sie die Inschrift entziffern?« fragte Parkins, als er sie wieder an sich nahm.

»Nein, nicht bei diesem Licht. Was wollen Sie mit ihr anfangen?«

»Oh, wenn ich nach Cambridge zurückkomme, werde ich sie den Archäologen dort geben und hören, was sie darüber denken. Wenn sie meinen, daß die Pfeife irgendeinen Wert für sie besitzt, werde ich sie sehr wahrscheinlich einem Museum stiften.«

»Hm!« meinte der Colonel. »Es mag vielleicht richtig sein, was Sie da vorhaben. Was mich betrifft, würde ich das Ding, wenn es mir gehörte, schleunigst in die See werfen. Es hat zwar keinen Zweck, daß ich Ihnen dies erzähle, aber ich nehme an, daß Sie durch Erfahrung klug werden. Wenigstens hoffe ich es. Auf jeden Fall wünsche ich Ihnen eine gute Nacht.«

Er wandte sich ab und ließ Parkins, der gerade noch etwas erwidern wollte, am Fuß der Treppe stehen. Bald darauf befanden beide sich in ihren Schlafzimmern.

Aus irgendeinem unglücklichen Zufall hatte das Zimmer des Professors weder Vorhänge noch Läden an den Fenstern. In der vorhergegangenen Nacht hatte er sich deswegen kaum Gedanken gemacht, aber heute sah es so aus, als würde der helle Mond, der sich über dem Meer erhob, später direkt auf sein Bett scheinen und ihn dadurch wecken. Als er dies feststellte, war er ziemlich ärgerlich darüber. Aber mit einer Findigkeit, um die ich ihn nur beneiden kann, richtete er mit Hilfe einer Reisedecke, einiger Sicherheitsnadeln, eines Stockes und eines Regenschirms erfolgreich eine Schutzwand auf, die, wenn sie nur zusammenhielt, das Mondlicht vollkommen von seinem Bett abhalten würde. Wenig später lag er bequem ausgestreckt in seinem Bett. Nachdem er lange genug in einem wissenschaftlichen Werk gelesen hatte, um sich entschieden nach Ruhe zu sehnen, warf er einen schlaftrunkenen Blick durch das Zimmer, blies die Kerze aus und fiel zurück auf das Kopfkissen.

Eine Stunde oder länger mußte er tief geschlafen haben, als ein plötzliches Klappern ihn auf höchst unangenehme Weise hochfahren ließ. In einem Augenblick stellte er fest, was geschehen war: seine sorgfältig konstruierte Schutzwand war eingestürzt, und ein sehr heller, frostiger Mond schien ihm direkt ins Gesicht. Das war äußerst lästig. Würde er es über sich bringen, aufzustehen und die Wand wieder hochzustellen? Oder würde es ihm möglich sein, auch ohne ihren Schutz weiterzuschlafen?

Einige Minuten lag er so und grübelte über die verschiedenen Möglichkeiten nach... dann drehte er sich mit einem Ruck um, hielt den Atem an, lag still und lauschte. Er war ganz sicher, daß sich in dem leeren Bett auf der anderen Seite des Zimmers etwas bewegt hatte. Morgen würde er es hinausschaffen lassen, denn bestimmt spielten Ratten oder sonstiges Nachtgetier darin herum. Jetzt war es ruhig. Nein! Der Tumult begann von neuem: ein Rascheln und Schütteln, bestimmt heftiger, als Ratten es verursachen konnten.

Ich kann mir recht gut die Bestürzung und das Entsetzen des Professors ausmalen, denn in einem Traum vor dreißig Jahren habe ich genau dasselbe gesehen; der Leser aber wird sich wahrscheinlich kaum vorstellen können, wie grauenhaft es für ihn war, als er plötzlich sah, wie eine Gestalt sich in dem Bett aufsetzte, von dem er doch wußte, daß es leerstand. Mit einem Sprung war er aus seinem eigenen Bett und machte einen Satz nach dem Fenster hin, wo seine einzige Waffe lag, der Stock, mit dem er die Schutzwand aufgerichtet hatte. Doch wie sich gleich herausstellte, war dies das Dümmste, was er tun konnte; denn mit einer plötzlichen, fließenden Bewegung schlüpfte die Gestalt aus dem anderen Bett in den Raum und bezog mit ausgebreiteten Armen Stellung zwischen den beiden Betten und der Tür. Parkins beobachtete sie in schrecklicher Verwirrung. Der Gedanke, an ihr vorbei zu müssen, um durch die Tür zu entfliehen, war ihm unerträglich; er hätte es nicht über sich gebracht, sie zu berühren – warum, wußte er nicht. Und bevor er sich von ihr berühren ließe, hätte er sich lieber durch das Fenster gestürzt. Im Augenblick stand sie in einem Streifen dunklen Schattens, und er hatte noch nicht sehen können, wie ihr Gesicht aussah. Jetzt begann sie sich in gebückter Haltung zu bewegen, und im gleichen Augenblick erkannte Parkins, teils mit Schrecken, teils mit Erleichterung, daß sie blind sein mußte; denn unsicher mit verhüllten Armen umherfühlend schien sie sich den Weg zu suchen. Sich halb von ihm abwendend, wurde sie plötzlich des Bettes gewahr, das er gerade verlassen hatte. Sie sprang auf es zu, beugte sich darüber und tastete die Kissen ab in einer Weise, die Parkins erschauern ließ, wie er es nie für möglich gehalten hätte. In wenigen Sekunden schien sie zu wissen, daß das Bett leer war, und indem sie danach ins Licht trat und ihr Gesicht dem Fenster zuwandte, zeigte sie zum ersten Mal, wie sie eigentlich aussah.

Parkins, der sich nur sehr ungern darüber befragen läßt, beschrieb sie einmal in meiner Gegenwart, und ich schloß daraus, daß er sich in der Hauptsache an ein grauenhaftes, an ein unsagbar grauenhaftes Gesicht aus *verknülltem Leinen* erinnert. Was für einen Ausdruck er darauf las, konnte oder wollte er nicht erzählen, aber daß die Furcht davor ihm nahezu den Verstand raubte, ist sicher.

Doch er hatte keine Muße, es lange zu betrachten. Mit beachtlicher Geschwindigkeit bewegte die Gestalt sich zur Mitte des Zimmers, und während sie hin und her wallte und um sich griff, streifte ein Zipfel ihrer Gewänder Parkins' Gesicht. Obwohl er wußte, wie gefährlich jedes Geräusch für ihn war, konnte er doch nicht einen Ausruf des Abscheus zurückhalten, und dies führte die Suchende unmittelbar auf die richtige Spur. Sofort sprang sie mit einem Satz auf ihn zu, und im nächsten Augenblick hing er rückwärts mit dem Oberkörper aus dem Fenster, in höchster Angst Schrei um Schrei ausstoßend, während das leinene Gesicht dicht vor seinem eigenen stand. In dieser beinahe letztmöglichen Sekunde kam, wie Sie sicher erraten haben, die Rettung: Colonel Wilson sprengte die Tür auf und kam gerade zur rechten Zeit, um die schreckliche Gruppe am Fenster zu sehen. Als er sie erreichte, war nur noch Parkins übriggeblieben. Er sank ohnmächtig vornüber ins Zimmer, und vor ihm auf dem Boden lag ein Haufen von zusammengefallenen Bettüchern.

Colonel Wilson stellte keine Fragen, sondern bemühte sich, alle anderen aus dem Zimmer zu halten und Parkins wieder in sein Bett zu schaffen. Er selbst hüllte sich in eine Decke und ließ sich für den Rest der Nacht auf dem anderen Bett nieder. Früh am nächsten Morgen kam Rogers an, freudiger empfangen, als es noch vor einem Tag der Fall gewesen wäre, und die drei beratschlagten lange im Zimmer des Professors. Danach sah man den Colonel aus der Hoteltür schreiten, einen kleinen Gegenstand zwischen Daumen und Zeigefinger haltend, den er hinaus ins Meer warf, so weit sein sehniger Arm es bewerkstelligen konnte. Später stieg der Rauch eines Feuers von dem hinter dem ›Globe Inn‹ gelegenen Teil des dazugehörigen Grundstückes auf.

Was für eine Erklärung man sich im einzelnen für die Angestellten und Gäste des Hauses ausgedacht hatte, ist, wie ich gestehen muß, meinem Gedächtnis entfallen. Jedenfalls wurde der Professor auf irgendeine Weise von dem bereits aufgekommenen Verdacht des Delirium tremens gereinigt und das Hotel von dem Ruf eines Spukhauses.

Es ist kaum daran zu zweifeln, was Parkins passiert wäre, wenn der Colonel nicht im rechten Augenblick dazugekommen wäre: entweder wäre er aus dem Fenster gestürzt, oder er hätte seinen Verstand verloren. Aber es ist nicht so klar, was dieses Unwesen, das als Antwort auf sein Pfeifen kam, mehr hätte anrichten können als bloß zu schrecken. Überhaupt nichts an ihm schien fest und greifbar gewesen zu sein als die Betttücher, aus denen es sich selbst einen Körper geformt hatte. Der Colonel, der sich an ein ganz ähnliches Erlebnis in Indien erinnerte, war der Meinung, daß diese Gestalt, falls Parkins sich gewehrt hätte, wirklich nur sehr wenig hätte tun können. Ihre einzige Macht bestände darin, die Menschen zu erschrecken. Die ganze Angelegenheit, sagte er, hätte ihn nur in seiner Meinung über die Römische Kirche bestärkt.

Es ist wirklich nichts mehr darüber zu erzählen; aber wie Sie sich wohl vorstellen können, sind die Ansichten des Professors über gewisse Dinge nicht mehr so klar umrissen wie früher. Auch seine Nerven haben gelitten: er kann nicht einmal mehr ein weißes Hemd an einer Tür hängen sehen, ohne davon erschreckt zu werden, und der Anblick einer Vogelscheuche an einem späten Winternachmittag hat ihn mehr als einmal eine schlaflose Nacht gekostet.

A. J. ALAN (gestorben 1941, sein Geburtsdatum ist nicht bekannt) war der Schriftstellername von Leslie Lambert. Er war zu seiner Zeit einer der beliebtesten Rundfunkerzähler in England und erfand speziell für den Rundfunk die Art der Gespenstergeschichte, wie sie hier als Beispiel gebracht ist. Indem er sie überarbeitete und verfeinerte, bis sie seinen unfehlbaren Geschmack zufriedenstellte, soll er drei Monate gebraucht haben, um eine solche Geschichte zu schreiben. Leider ist seine Methode des ›Überraschungsschlusses‹ mit verheerender Wirkung nachgeahmt worden; seine eigene Anwendung dieser Technik jedoch bleibt einzigartig.

ENID BAGNOLD (Lady Jones), 1889–1981, ist vielleicht am bekanntesten durch ihren Roman ›National Velvet‹. Daneben hat sie noch andere Romane von unterschiedlichem Wert geschrieben. Das Übernatürliche ist in ihrem Falle kein wesentlicher Bestandteil ihres Schaffens.

E. F. BENSON, 1887–1940, war zu seiner Zeit ein außerordentlich bekannter Schriftsteller und Verfasser von Gesellschaftsromanen. Seine zwei Romane ›Dodo‹ und ›Dodo the Second‹ sollen ein Porträt der späteren Lady Asquith sein. Auch schrieb er über die zeitgenössische Geschichte während des Ersten Weltkrieges. Außer seinen Gespenstergeschichten – ›The Room in the Tower‹, ›Spook Stories‹, ›More Spook Stories‹ – ist fast alles von ihm in Vergessenheit geraten.

ALGERNON BLACKWOOD, 1869–1950, schrieb nur über das Übernatürliche, jedoch weniger über Gespenster als über Naturerscheinungen. Seine bekanntesten Werke: ›The Centaur‹, ›The Willows‹, ›Ten Minute Stories‹, ›A Prisoner in Fairyland‹. Er wird wahrscheinlich durch einige seiner Kurzgeschichten in Erinnerung bleiben.

ELIZABETH BOWEN, 1899–1973, halb englischen, halb irischen Blutes, ›besitzt sowohl in ihrer Prosa als auch in der Wahl ihrer Themen eine wohlwollende Würde – eine gelassene, doch ironische Ruhe, mit der sie die klassischen sittlichen und gedanklichen Werte aufrechterhalten hat‹ (Richard Church). Hauptwerke: ›The Last September‹, ›The Death of the Heart‹, ›The Heat of the Day‹ und einige Bände

Kurzgeschichten, von denen ein guter Teil sich mit übernatürlichen Themen befaßt.

BULWER-LYTTON, Edward Lytton-Bulwer, Lord Lytton, 1803–1873, ein sehr bekannter Romanschriftsteller seiner Tage, hauptsächlich durch seine historischen Romane ›The Last Days of Pompeii‹, ›The Last of the Barons‹ usw. Außerdem schrieb er eine Anzahl Geschichten über Gespenster und Zauberei, neben der hier veröffentlichten Geschichte ›Zanoni‹ und ›A Strange Story‹. Sein ausdrucksreicher und anspruchsvoller Stil macht es heute nicht leicht, seine Werke zu lesen, wenn auch Kritiker ständig betonen, daß sie von größerem Wert sind, als ihre gegenwärtige Vernachlässigung glauben läßt.

WILKIE COLLINS, 1824–1889, Freund und Mitarbeiter von Dickens. Seine Erzählung ›The Moonstone‹ gilt immer noch als eine klassische Detektivgeschichte und läßt sich ausgezeichnet lesen. Nach heutiger Auffassung leiden seine Geschichten an der Konstruiertheit ihrer Handlung, aber er versteht es meisterlich, Spannung zu wecken und überraschende Lösungen zu finden. Das Übernatürliche spielt in fast allen seinen Werken eine Rolle. Neben ›The Moonstone‹ sind ›Armadale‹ und ›The Woman in White‹ am bekanntesten.

DANIEL DEFOE, 1660–1731, Journalist und Romanschriftsteller. Er war der erste, der seine Wirkungen mit ›Tatsachenberichten‹ erzielte und durch eine Ansammlung von Indizienbeweisen Glaubwürdigkeit für seine eigenen Erfindungen und für Berichte aus zweiter Hand erlangte. Hauptwerke: ›A Journal of the Plague Year‹, ›Robinson Crusoe‹, ›Moll Flanders‹. Die vorliegende Geschichte erschien in Form einer Broschüre und war sehr erfolgreich.

WILLIAM FRYER HARVEY, Dr., 1885–1937, wurde als Quäker erzogen und studierte unter anderem in Oxford und Leeds Medizin. Seine Lebensaufgabe jedoch fand er in der Erwachsenenbildung und widmete sich aus reiner Liebhaberei dem Schreiben. Krankheit und äußere Umstände hinderten ihn daran, eine feste Form zu finden, wie überhaupt ein seltener Gegensatz in seinem Schrifttum liegt. Auf der einen Seite verfaßte er Romane und eine Serie von Aufsätzen über das Quäkertum, bekannt jedoch wurde er durch seine meisterhaft geschriebenen Gespenstergeschichten und Erzählungen über das Unheimliche, die in drei Sammelbänden veröffentlicht wurden: ›Midnight House‹, ›The Beast with Five Fingers‹, ›Moods and Tenses‹. Man kann sie daher wohl mit Fug und Recht als sein Hauptwerk bezeichnen.

MARY HOTTINGER (gestorben 1978) begann Gespenstergeschichten zu schreiben, nachdem sie ihr Leben lang sehr prosaischen Beschäftigungen nachgegangen war. Keine dieser Geschichten wurde bewußt als eine Gespenstergeschichte angefangen. Sie alle entwickelten sich erst während des Schreibens dazu. Möglicherweise ist dies eine Folge ihrer schottischen Abstammung.

W. W. JACOBS, 1863–1943, wurde in Wapping im Osten Londons geboren, war viele Jahre lang in Staatsdiensten angestellt. Er schrieb Kurzgeschichten über Seeleute und Werftarbeiter, die bei ihrem Erscheinen durch seine scharfe Beobachtungsgabe und seinen milden Humor weitbekannt wurden. Die wesentlichsten Sammlungen: ›Many Cargoes‹, ›The Skippers Wooing‹, ›Sea Urchins‹. ›Die Affenpfote‹, die eine Sonderstellung in seinem Werk einnimmt, ist zu einem klassischen Stück ihrer Gattung geworden; sie wurde im *Grand Guignol* in Paris aufgeführt und auch verfilmt.

MONTAGUE RHODES JAMES, 1862–1936, war einer der größten und vielseitigsten Gelehrten seiner Zeit und Provost von Eton. Seine Gespenstergeschichten, gesammelt unter dem Titel ›Ghost Stories of an Antiquary‹, waren sein Steckenpferd und ein Nebenprodukt seines großen Wissens, besonders seiner Kenntnis mittelalterlicher Schriften.

DAPHNE DU MAURIER (Lady Browning), 1907–1989, war die Tochter des bekannten Schauspielers Gerald du Maurier und die Enkelin von George du Maurier, dem Autor von ›Trilby‹. Sozusagen mit dem Federhalter in der Hand geboren, hat sie viele Bestseller geschrieben: ›Jamaica Inn‹, ›Rebecca‹, ›Frenchman's Creek‹, ›My Cousin Rachel‹. Das Übernatürliche ist eher eine Nebenerscheinung als ein wesentlicher Bestandteil ihres Werkes.

RICHARD MIDDLETON, 1882–1911, war ein sehr sensibler und hochbegabter Schriftsteller, der jedoch nur wenig geschrieben hat. Seine Stoffe bezog er hauptsächlich aus der Welt der Geister und aus der Welt der Kinder. Er beging Selbstmord, bevor er genügend Zeit gehabt hatte, seine Fähigkeiten voll zu entwickeln oder den Ruhm zu erlangen, der ihm sonst zugefallen wäre.

Nachweis

Die Herausgeberin und der Verlag danken folgenden Autoren, Verlegern und Agenturen für die Erteilung der Rechte: Charles Lavell Ltd., London, für *A. J. Alan: My Adventure in Norfolk;* A. P. Watt Ltd., London, als Vertreter der Erben von E. F. Benson und Algernon Blackwood sowie Mohrbooks AG, Zürich, für *E. F. Benson: The Face* und *Algernon Blackwood: The Doll;* A. M. Heath, London, und Mohrbooks AG, Zürich, für *Enid Bagnold: The Amorous Ghost;* Curtis Brown Ltd., London, als Vertreter der Erben von Elizabeth Bowen sowie Herrn Hans Hermann Hagedorn, Hamburg, für *Elizabeth Bowen: The Demon Lover;* J. M. Dent & Sons Ltd., London, für *W. F. Harvey: Across the Moors;* The Society of Authors, London, als Vertreter der Erben von W. W. Jacobs für *W. W. Jacobs: The Monkey's Paw;* Edward Arnold (Publishers) Ltd., London, für *M. R. James: O Whistle and I'll come to ye, my Lad;* Alfred Scherz Verlag, Bern, für *Daphne du Maurier: Der Apfelbaum.*

Mary Hottingers Anthologien
im Diogenes Verlag

Mord
Kriminalgeschichten aus England und Amerika von Edgar Allan Poe bis Raymond Chandler, Vorwort von Mary Hottinger. Mit Vignetten von Paul Flora

Mehr Morde
Kriminalgeschichten aus England und Amerika von Margery Allingham bis Henry Slesar, Vorwort von Mary Hottinger. Mit Vignetten von Paul Flora

Noch mehr Morde
Kriminalgeschichten aus England und Amerika von Dorothy Sayers bis Peter Cheyney, Vorwort von Mary Hottinger. Mit Vignetten von Paul Flora

Wahre Morde
Die berühmtesten Kriminalfälle und -prozesse aus England, gesammelt und vorgeführt von Mary Hottinger, übersetzt von Peter Naujack

Gespenster
Die besten Gespenstergeschichten aus England von Daniel Defoe bis Elizabeth Bowen

Mehr Gespenster
Die besten Gespenstergeschichten aus England, Schottland und Irland von Rudyard Kipling bis H.G. Wells

Noch mehr Gespenster
Die besten Gespenstergeschichten aus aller Welt von Nikolai Gogol bis Guy de Maupassant. In memoriam Mary Hottinger, herausgegeben von Dolly Dolittle

Ehegeschichten
von Joseph Conrad bis Mary McCarthy

Familiengeschichten
von W. Somerset Maugham bis F. Scott Fitzgerald, Vorwort von Mary Hottinger

Kindergeschichten
von Charles Dickens bis Doris Lessing

Ganz gemeine Geschichten
von Herman Melville bis W. Somerset Maugham

Unheimliche Geschichten
Eine Sammlung von ungewöhnlichen, kuriosen und gar schauerlichen Geschichten von Ambrose Bierce bis G.K. Chesterton

Horror
Klassische und moderne Horrorgeschichten von Charles Dickens bis Ernest Hemingway, Nachwort von Mary Hottinger

Mehr Horror
Moderne Horrorgeschichten von Graham Greene bis Patricia Highsmith. In memoriam Mary Hottinger, ausgewählt von Barbara Birrer

Noch mehr Horror
Klassische Horrorgeschichten von Edgar Allan Poe bis Anton Čechov. In memoriam Mary Hottinger, ausgewählt von Christian Strich

Gespenster

Die besten Gespenstergeschichten aus England
Herausgegeben von Mary Hottinger

Sie mißverstehen mich. Ich bin tot! – spätestens bei diesem Satz wird Ihnen klar, daß Sie sich mit einem Gespenst unterhalten. Und Mary Hottinger bürgt für Unterhaltung mit den besten Gespenstern, die die englische – und nur die englische – Literatur zu bieten hat: Gespenster von Daniel Defoe, Edward Bulwer-Lytton, Wilkie Collins, W. W. Jacobs, E. F. Benson, Richard Middleton, W. F. Harvey, Enid Bagnold, A. J. Alan, Mary Hottinger, Elizabeth Bowen, Algernon Blackwood, Daphne du Maurier und M. R. James.

»Nirgends sind die Treppenstufen vom Nebel so glitschig wie in West Kensington, nur in einem englischen Garten kann ein Apfelbaum zum Mörder werden, nur in England kann sich das Grimmsche Märchen von den ›Drei Wünschen‹ wiederholen (und nun freilich in einer Weise, die einem eiskalt über den Rücken geht). Zu dieser Auswahl: Sie ist mit behutsamer Hand geschehen, das Handfest-Berichtende ist ebenso vertreten wie die lähmende Story oder die mit letzter literarischer Finesse erzählte Geschichte. Es sind 14 Erzählungen. Einige davon gehen lange mit einem um.« *Richard Kirn/Frankfurter Neue Presse*

Mehr Gespenster

Die besten Gespenstergeschichten aus England,
Schottland und Irland
Herausgegeben von Mary Hottinger

Gespenstergeschichten von George Mackay Brown, H. G. Wells, Rudyard Kipling, William F. Harvey, Sheridan Le Fanu, Ambrose Bierce, Saki, Andrew Lang, Forbes Bramble, James Allan Ford, Angus Wolfe Murray, Iain Crichton Smith, Fred Urquhart, John McGahern, Brian Moore und Terence de Vere White. Das Spektrum von Bloody Marys Auswahl ist breit:

abgesehen von traditionellen Totenbeschwörungen, Familienflüchen und plötzlich verschwindenden Herrenhäusern, erfährt der Leser etwas über die Nöte eines Gespenstes ohne Berufserfahrung, wird vor die Frage gestellt, ob auch tote Gegenstände als Gespenster wiederkommen können, und begegnet feigen Kriegshelden, grauenerregenden Seehunden und wahnsinnigen Priestern.

»Mary Hottinger – eine Art Hitchcock der literarischen Gourmets.« *Westdeutscher Rundfunk, Köln*

Noch mehr Gespenster

Die besten Gespenstergeschichten aus aller Welt
Herausgegeben von Dolly Dolittle

Achtzehn Begegnungen mit poetischen und unheimlichen, feenhaft schönen und abgrundhäßlichen, bösar- tigen und hilfsbereiten, philosophierenden und ver- liebten, grauenvollen und verspielten Gespenstern aus aller Welt; erzählt von Heinrich Heine, Washington Irving, Alexander Puschkin, Heinrich von Kleist, Honoré de Balzac, Edgar Allan Poe, Nikolai Gogol, Pu Ssung-Ling, Yakumo Koizumi, Gottfried Keller, Iwan Turgenjew, Ambrose Bierce, O. Henry, Guy de Maupassant, Amadou Hampate Ba, Anton Čechov, Tania Blixen und Walter De la Mare.
Ein unentbehrliches Buch für Romantiker, Geisterseher, Nekrophile und Nostalgiker, die wissen, daß die Zeit noch andere Begräbnismöglichkeiten als das Grab hat, sowie für aufgeklärte Zeitgenossen, die wieder etwas mehr daran glauben möchten.

»Auch erregen Gespenstererzählungen ein noch schauerlicheres Gefühl, wenn man sie auf der Reise liest, und zumal des Nachts, in einer Stadt, in einem Hause, in einem Zimmer, wo man noch nie gewesen. ›Wieviel Gräßliches mag sich schon zugetragen haben auf diesem Flecke, wo du eben liegst?‹ so denkt man unwillkürlich.« *Heinrich Heine*

Henry Slesar
im Diogenes Verlag